ULRICH PFEIFER-SCHAUPP

Achtsamkeit in der Kunst
des Nicht Helfens

Ulrich Pfeifer-Schaupp

Achtsamkeit in der Kunst des Nicht Helfens

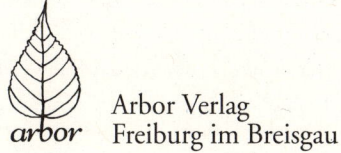

Arbor Verlag
Freiburg im Breisgau

© 2010 Arbor Verlag GmbH, Freiburg

Alle Rechte vorbehalten
2. Auflage 2014

Titelfoto: © plainpicture/KuS
Lektorat: Richard Reschika
Gestaltung: Anke Brodersen
Druck und Bindung: Kösel, Krugzell

Dieses Buch wurde auf 100 % Altpapier gedruckt und ist alterungsbeständig.
Weitere Informationen über unser Umweltengagement
finden Sie unter www.arbor-verlag.de/umwelt.

www.arbor-verlag.de

ISBN 978-3-86781-028-9

Wichtiger Hinweis

Die Ratschläge zur Selbstbehandlung in diesem Buch sind vom Autor und vom Verlag
sorgfältig erwogen und geprüft worden. Dennoch kann eine Garantie nicht übernommen
werden. Bei ernsthafteren oder länger anhaltenden Beschwerden sollten Sie auf jeden Fall
einen Arzt oder einen Heilpraktiker Ihres Vertrauens zu Rate ziehen. Eine Haftung des
Autors oder des Verlages für Personen-, Sach- und Vermögensschäden ist ausgeschlossen.

Was ist der wahre Weg?
Der alltägliche![1]

CHAO-CHOU

Ich widme dieses Buch meiner Mutter, meinem Vater, meiner Schwester Regine, meiner Frau Hanne und meinen Kindern Simon und Julia. Sie waren und sind meine wichtigsten Lehrmeisterinnen und Lehrmeister in der Kunst des Helfens und des Nicht-Helfens.

Inhalt

Herz, Kopf und Hand

Wirkliches Helfen verbindet immer Herz, Kopf und Hand. Johann Heinrich Pestalozzi, der große Reformpädagoge aus der Schweiz, hat zu Beginn des 19. Jahrhunderts dieses wichtige Prinzip formuliert. Es gilt nicht nur für die Erziehung, sondern auch für die Pflege, die Medizin und die Soziale Arbeit. Der Kopf: Das sind die Theorien und Konzepte. Die Hand sind die Methoden und Techniken. Diese beiden Dimensionen von Kopf und Hand standen und stehen im Mittelpunkt von Ausbildung und Weiterbildung von Helferinnen und Helfern. Darüber wird viel geschrieben und geforscht. Mit der weniger bedachten und beschriebenen „Herzensdimension" des Helfens möchte ich mich in diesem Buch beschäftigen. Die Dimension des Herzens ist schwieriger begrifflich zu fassen. Man könnte in unserer modernen Sprache formulieren: Es geht dabei um Haltungen wie Menschlichkeit, Respekt oder Achtung vor dem anderen – oder einfach um Mitgefühl. Das andere zentrale Element der Dimension des Herzens ist für mich die Achtsamkeit. Sie steht im Zentrum dieses Buches. Beim Helfen komme es zu 80 % auf die Haltung an, zu 10 % auf Technik und zu 10 % auf Theorie. Diese Behauptung zitiere ich gerne in Seminaren, weil sie in provozierender Weise das übliche Verständnis des Helfens vom Kopf auf die Füße stellt. Aber wie jede „Wahrheit" hat auch diese ihre andere Seite. Veronika, Dozentin an einer Weiterbildungsakademie, gibt zu bedenken, dass manches Mal Haltung erst durch Wissen entstehen kann. „Mein Vater sagt das öfter und es macht ihn manchmal traurig, dass er so manches Wissen, vor allem das Liebevolle, erst so spät hört." Es geht also nicht darum, Wissen und Haltung gegeneinander auszuspielen oder zu sagen: Wissen ist nicht so wichtig. Beides gehört zusammen und wirkt zusammen.

Es hat lange gedauert, bis ich den Mut fand, dieses Buch zu schreiben. Es hat noch länger gedauert, bis es fertig wurde. Das Manuskript hat mich viele Jahre lang begleitet. Das hängt zum Teil damit zusammen, dass es nicht nur darum ging zu denken und zu schreiben, sondern die entsprechenden Erfahrungen zu machen und das zu praktizieren, worüber ich schreibe. Das Buch ist also buchstäblich herangereift. Es hat mich dann noch einige innere Kämpfe gekostet, bis ich mich durchgerungen habe, das Geschriebene auch zu veröffentlichen. Ich danke den Menschen, die mich dazu ermuntert haben, die Veröffentlichung zu wagen.

Die Angst, die ich hin und wieder verspürte, hat auch damit zu tun, dass es ein sehr persönliches Buch ist. Im Unterschied zu den mehr „wissenschaftlichen" oder theoretischen Büchern und Artikeln, die ich bisher geschrieben habe, zeige ich hier viel mehr von mir selbst. Das macht angreifbarer und birgt Risiken, missverstanden oder in Schubladen gesteckt zu werden. Aber ich bin jetzt bereit, dieses Risiko einzugehen.

Ich habe mich viele Jahre lang intensiv mit Theorien und Methoden des Helfens beschäftigt, besonders mit systemischen Konzepten und ihrer Bedeutung für die Soziale Arbeit. Das Thema dieses Buches beschäftigte mich vor Jahren auch in einer empirischen Studie – „Helfen sollen und Hilfe annehmen müssen". Jetzt nähere ich mich dem gleichen Thema mit einem anderen Blick. In meiner Praxis des Helfens war mir die Dimension des Herzens dabei immer wichtig. Aber ich habe sie bislang weniger nach außen gebracht, vielleicht weil mir das zu persönlich war oder weil es „unzeitgemäß" schien.

Achtsamkeit und Mitgefühl, man könnte es auch die „Spiritualität des Helfens" nennen, schienen mir lange Zeit sehr persönliche Themen zu sein, die nur wenige andere wirklich interessieren. Über das, was den Einzelnen wirklich im Leben trägt, wurde lange Zeit wenig gesprochen. Je länger ich mich damit beschäftige und je mehr ich mich über dieses Thema mit anderen Menschen auszutauschen wage und Aspekte davon in meine Seminare an der Hochschule, in Weiterbildungskurse und in meine Supervisions- und Beratungstätigkeit einbringe, desto mehr bekomme ich den Eindruck, dass die Frage nach dem Sinn und nach

„Spiritualität" in einem weiten Sinne sehr viele Menschen bewegt, insbesondere Menschen in helfenden Berufen. Aber nur wenige sprechen – außerhalb von „esoterischen Zirkeln", die für mich manchmal peinlich, abschreckend und welt-flüchtig wirken – auf einer persönlichen Ebene darüber. Es gibt zwar viele Bücher über Achtsamkeit, aber auch da scheint es mir oft, als sei die Welt der Achtsamkeit und Spiritualität meilenweit entfernt von der „normalen Arbeit" des professionellen Helfens: Meilenweit entfernt von den Hochschulen, in denen Helferinnen und Helfer ausgebildet werden, und von ihrem täglichen Berufsalltag in ganz normalen Institutionen – im Krankenhaus, im Sozialamt, im Pflegeheim. Es wirkt so, als seien das zwei verschiedene Welten, die völlig getrennt voneinander sind und nichts miteinander zu tun haben. Tagsüber wird gearbeitet. Da gelten die Gesetze und Normen des Arbeitslebens: Rationalität, Ökonomie, Effizienzorientierung, Zeitdruck, Konkurrenz. Abends, am Wochenende oder in speziellen Meditationskursen redet und handelt man dann völlig anders. Manchmal habe ich fast den Eindruck, dass es genauso ein Tabu ist, über Themen wie „Achtsamkeit" oder „Spiritualität" zu reden, wie über Geld, Sexualität oder Tod. Einerseits gibt es offenbar eine tiefe Sehnsucht danach, andererseits erlebe ich oft eine „heilige Scheu", darüber zu reden. Vielleicht kann dieses Buch auch eine Ermunterung dazu sein, dass Helferinnen und Helfer es wagen, sich über diese Themen auf einer persönlichen, nicht nur auf einer theoretischen Ebene mitzuteilen.

Die Bonbonfrau

Die Bonbonfrau hatte immer ein freundliches Wort für uns. Es war ganz erstaunlich: Sie schien immer Zeit zu haben. Auch wenn die Schlange an der Kasse im Supermarkt sehr lang war, hatte sie ein Lächeln. Jedes Mal, wenn wir mit dem Kinderwagen zum Einkaufen kamen, stellten wir uns an der Kasse an, bei der die „Bonbonfrau" kassierte, auch wenn dort die meisten Kunden vor uns warteten. Sie hat meinen Kindern Simon und Julia immer eine Süßigkeit geschenkt, wenn wir kamen. Ebenso wie allen anderen Kindern, die mit ihren Müttern an ihrer Kasse vorbeikamen. (Väter waren sehr selten da.) Sie hat die Süßigkeiten aus eigener Tasche bezahlt, wie sie mir viel später einmal erzählte. Der Marktleiter schätzte diese Kontakte mit den Kundinnen nicht so sehr. Er vermutete wohl, dass das Zeitverschwendung sei, was sie da tat. Unsere Kinder hatten sie ins Herz geschlossen und haben ihr irgendwann ein Bild gemalt, auf das sie mit krakeliger Kinderschrift geschrieben hatten: „für die bonbonfrau". Seither hatte sie in unserer Familie diesen Namen. Und noch Jahre später, als Simon und Julia längst nicht mehr zum Einkaufen mitgegangen sind, hatte die Bonbonfrau dieses Bild an der Glaswand ihrer Kasse aufgehängt. Sie erinnerte sich an die Namen der Kinder und erkundigte sich, wie es ihnen ging. Seit sie in den wohlverdienten Ruhestand gegangen ist, fehlt mir etwas.

Diese einfache Frau war für mich die Verkörperung von Achtsamkeit im Alltag. Achtsamkeit heißt, ganz im Hier und Jetzt gegenwärtig zu sein, mit ungeteiltem Herzen präsent zu sein und das wahrzunehmen, was ist, ohne es zu bewerten.

Genau das lebte die Bonbonfrau. Sie strahlte Zufriedenheit und Glück aus. Sie war manchmal müde, die Rationalisierungsmaßnahmen im Markt machten ihr zu schaffen. Irgendwann erfuhr ich, dass sie viele Sorgen in ihrer Familie hatte. Aber sie verschenkte ihr Lächeln, auch wenn ringsum alle im Stress waren. Sie schien ihre Arbeit zu genießen und die Menschen zu lieben, mit denen sie es zu tun hatte. Sie war ganz da bei dem, was sie tat. Sie „half", ohne es zu wissen oder zu wollen. Sie ist immer noch eine große Lehrerin für mich. Ein „Grund" dieses Buches sind Begegnungen mit Menschen wie der Bonbonfrau.

Für mich hat Achtsamkeit auch viel mit Spiritualität in einem sehr weiten, offenen Sinne zu tun. Aber die Bedeutung der Praxis der Achtsamkeit überschreitet religiöse Grenzen und Traditionen. Achtsamkeit zu praktizieren kann für Menschen ohne religiöse Bindung, für Agnostiker oder Atheisten bzw. für überwiegend oder ausschließlich säkular orientierte Menschen, gleichermaßen sinnvoll sein, wie für Christen oder für Menschen, die von der Tradition des Buddhismus, des Islam oder des Hinduismus geprägt sind. Es kann unser persönliches Leben wie unser helfendes Handeln bereichern und vertiefen, ganz gleich, wo wir unsere Wurzeln haben. Meine Perspektive in diesem Buch ist eine interreligiöse oder „transreligiöse". Damit möchte ich nicht zu einer Verwässerung von Traditionen oder zu einer Vermischung in Form eines „spirituellen Eintopfs" einladen, sondern Menschen mit und ohne religiösen Hintergrund gleichermaßen ansprechen. Wichtig ist mir die Erfahrung und Überzeugung, dass die Praxis der Achtsamkeit uns (wieder) in Verbindung bringen kann mit unseren eigenen Wurzeln, ob sie nun religiös sind oder nicht.

Wer hilft?

Ich schreibe nicht als Meditationslehrer, sondern als „normaler Helfer": als Sozialarbeiter, Sozialwissenschaftler und Hochschullehrer, als Ehemann, Vater und Erzieher von zwei Kindern. Ich berichte über meine eigenen Erfahrungen und die anderer Menschen aus unterschiedlichen helfenden Berufen – Pflegekräfte, Pfarrer, Erzieher/innen, Sozialarbeiter/innen, Lehrer/innen –, mit denen ich in meiner Arbeit als Berater, Supervisor und Fortbildner zusammenarbeiten durfte. Viele von ihnen versuchen ebenfalls, die Praxis der Achtsamkeit in ihren beruflichen Alltag zu integrieren. Das ermutigt mich. Ich spreche von „Helfen" im umfassenden Sinne. Dieses Helfen liegt jenseits von Berufs- oder Professionsgrenzen und „Domänen", die in unserer Zeit so sorgsam aufgebaut und gehütet werden. „Helfen" kann Soziale Arbeit, Pflege, Schule und Hochschule, Erziehung, Psychotherapie und Medizin gleichermaßen umfassen. Helfen ist aber nicht nur eine berufliche Tätigkeit. In irgendeiner Form sind wir alle „Helferinnen" und – vermutlich in deutlich geringerem Ausmaß – „Helfer", denn das Helfen ist nach wie vor überwiegend die Domäne der Frauen. Gleichzeitig sind wir alle Menschen, denen geholfen wird, die auf Hilfe angewiesen sind oder waren. Wir erziehen unsere Kinder und versuchen, ihnen zu helfen, einen guten Weg ins Leben zu finden. Wir helfen unseren Freunden und Verwandten, wenn sie krank sind oder in Not geraten. Wir unterstützen unsere Eltern, die alt und pflegebedürftig werden. Und wir waren selbst einst Kinder, denen die Eltern oder andere erwachsene Personen geholfen haben. Wir werden krank und sind auf Hilfe angewiesen. Und wir werden alt und viele von uns werden irgendwann auch einmal pflegebedürftig und vielleicht auch dement sein. So gibt es, wenn wir genau schauen, keine Trennung zwischen der Helferin und demjenigen, dem geholfen wird. Beide sind eins.

Wir sind andererseits auch alle Menschen, die *nicht* helfen: die Hilfe – aus welchen Gründen auch immer – verweigern, die lernen müssen, nein zu sagen, die sich, oft aus guten Gründen, dagegen abgrenzen, helfen zu müssen oder zu sollen. Und wir alle lehnen immer wieder Hilfe ab, die uns angeboten wird. Wir weisen sie zurück – als Zumutung, als Angebot, das wir nicht wollen oder nicht brauchen. Oder wir lehnen die Hilfe ab, weil wir anderen nicht zur Last fallen wollen. So ist das Helfen wie das Nicht-Helfen, eine existentielle Grunderfahrung, nicht nur eine Tätigkeit von Menschen mit entsprechenden Berufen. Ebenso wie es nicht nur eine Erfahrung der anderen ist, die arm, krank, verwirrt sind, hilfsbedürftig zu sein, Hilfe anzunehmen oder sie abzulehnen oder zurückzuweisen. „Wer hilft?" Gibt es eine Trennung zwischen dem, der hilft und demjenigen, dem geholfen wird? Diese einfache Frage kann zu einem Koan werden, einem tiefen Rätsel, das uns hilft, zu unserem wahren Wesen zu erwachen.

Achtsamkeit als Poesie des Alltags

Achtsamkeit ist eine Kunst und wie jede Kunst fällt sie den meisten Menschen nicht einfach zu, sie will geübt werden. Und wie bei jeder Kunst gibt es Menschen, die ein Naturtalent dafür besitzen. Sie brauchen nicht zu üben, sie *sind* einfach achtsam. Für andere – zu denen ich mich selbst zähle – ist der Weg weiter. Sie müssen üben. Das Buch enthält immer wieder Einladungen oder Anregungen zu Übungen, die helfen, Achtsamkeit im Alltag – ganz besonders, aber nicht nur beim Helfen – zu üben. Durch das Lesen auch von tausend Büchern wird man nicht achtsam. Achtsamkeit ist eine Praxis. Man kann diese Übungen als Einladungen zu etwas auffassen, dessen Sinn darin besteht, Wohlgefühl und Freude zu entwickeln. Man kann die Übungen der Achtsamkeit aber auch benützen, um sich ein schlechtes Gewissen zu machen und festzustellen, was man alles tun sollte, aber (noch) nicht tut. „Ich sollte achtsamer sein!" – „Ich sollte meditieren!" – „Ich müsste mehr Yoga machen!" Auf diese Weise können Meditation und die Praxis der Achtsamkeit dazu dienen, unsere grundlegenden Muster – z. B. das Muster der Selbstabwertung – zu hegen und zu pflegen, sie gar zu verstärken. Deshalb möchte ich das Buch mit der Empfehlung beginnen, die lösungsorientierte Berater ihren Klientinnen und Klienten oft geben: „Wenn etwas funktioniert, mach mehr davon! Wenn etwas nicht funktioniert, lass es und mache etwas anderes!"

Dieses Buch enthält meine Tränen ebenso wie mein Lachen und meine Liebe zur Poesie. Die Dichterinnen und Dichter können uns viel lehren über Achtsamkeit. Deshalb finden sich in diesem Buch auch immer wieder Gedichte oder Texte aus verschiedenen spirituellen Überlieferungen, aus der Bibel, aus der Zen-Tradition oder aus Buddhas Reden. Sie laden ein zum Innehalten, wie Blumen am Weg. Es sind nicht einfach irgendwelche Gedichte oder Texte. Die meisten von ihnen habe ich im Lauf der Zeit auswendig gelernt. Sie begleiten mich im Alltag und sie sind ein Teil von mir geworden. „Wozu lernst du Gedichte auswendig", fragt Hanne, „du kannst sie doch lesen?!" Die Antwort ist ganz einfach: Ich mag ihre Schönheit. Ich freue mich, die Schönheit der Poesie und die Weisheit nahe am Herzen zu haben. Sie blühen in mir und in manchen Situationen fallen sie mir ein. Für mich ist das Auswendiglernen von Gedichten und Weisheitstexten eine heilsame Übung des Herzens. Oft waren es in schwierigen Zeiten in meinem Leben solche Texte, die mich getröstet und ermutigt haben.

Vielleicht mag es hilfreich sein, auch die Hinweise zu den Übungen wie Poesie zu lesen, an der man sich freut und die still wirkt, ohne dass man viel tut. Blumen, die wir im Garten pflanzen, müssen regelmäßig gegossen werden. Das ist der Aspekt der Übung. Ihnen Zeit zu geben, dass sie in Ruhe wachsen können, ist der Aspekt des Lassens. Sie staunend erblühen zu sehen ist der Aspekt der Freude. Alle drei sind wichtig für die Kunst der Achtsamkeit. Mir gefällt die Metapher, Achtsamkeit als Poesie des Alltags zu verstehen.

Manche Gedanken und Übungen tauchen immer wieder auf. Wir versuchen meist, Wiederholungen zu vermeiden. Aber auf einem Weg der Übung dienen diese Wiederholungen der Ver-Körperung, sie können eine Transformation des Herz-Geistes bewirken, wenn sie langsam in uns einsickern. Deshalb sind die Wiederholungen ein Teil dessen, was ich ausdrücken möchte.

Worum geht es in diesem Buch?

Ich berichte in diesem Buch immer wieder über eigene persönliche Erfahrungen. Das tue ich nicht, weil ich mich und meine eigenen Erfahrungen für etwas Besonderes halte. Ich habe häufig erfahren, dass das Erzählen über persönliche Erfahrungen andere Menschen tief berührt und dass es eine gute Form ist, sie einzuladen, nach ihrer eigenen Form der Praxis und nach dem ihnen gemäßen Weg zu suchen. Jedes Kapitel enthält die Beschreibung einer oder mehrerer Übungen der Achtsamkeit – sie sind im Inhaltsverzeichnis kursiv gedruckt – sowie die Erfahrungen anderer Menschen und meine eigenen mit diesen Übungen.

Im ersten Kapitel gehe ich der Frage nach, was Achtsamkeit eigentlich ist, was sie für unser Leben insgesamt bedeutet und in welchem Verhältnis sie zur Spiritualität und Religion steht. Die Übungen dieses Kapitels sind die Einladung zur *Suche nach den eigenen Wurzeln* und die *Übung des Lächelns*.

Im zweiten Kapitel beschäftige ich mich damit, wie man Achtsamkeit im Alltag lernen kann. Ich beschreibe die Grundübungen der Achtsamkeit – das *Sitzen in der Stille, achtsames Atmen, Stehen wie ein Baum, die Verbeugung und das achtsame Essen.*

Wie kann ich lernen, das tatsächlich zu tun, was mir gut tut? Wie kann ich die Praxis im Alltag trotz Stress und Zeitdruck aufrechterhalten? Wie kann ich das Training der Unachtsamkeit in meinem Leben transformieren, so dass Achtsamkeit nicht selbst zum Stress und zur Last wird? Diesen Fragen gehe ich im dritten Kapitel nach. Dabei spielen *heilsame und unheilsame Rituale, die Glocke der Achtsamkeit und die Übung mit Gathas,* kleinen Gedichten, eine wichtige Rolle.

Das vierte Kapitel ist dem professionellen Helfen gewidmet: Was heißt es, Helfen als Beruf auszuüben? (Wie) kann Helfen Spaß machen? Wie kann ich Mitgefühl in Strukturen praktizieren, in denen es um Effizienz und das Erbringen und Verkaufen einer Dienstleistung geht? Die *Übung der Fünf Betrachtungen* hilft uns, das Wunder zu erfahren, dass da keiner ist, der hilft, und niemand, dem geholfen wird.

Das führt direkt zum Thema des fünften Kapitels, dem Mitgefühl für uns selbst: Wie können wir uns selbst helfen, für uns selbst gut sorgen, so dass uns das Helfen nicht zur Last wird? Wie können wir unser eigenes Leiden berühren und transformieren? Dazu helfen die *Übungen des Begießens heilsamer Samen* in uns, die *Übung zur Transformation unheilsamer Gefühle, die Tiefenentspannung und die Erdberührungen.*

Die Fragen des sechsten Kapitels kreisen um die Praxis des Helfens und des Nicht-Helfens. Wie können wir Mitgefühl kultivieren? Wie können wir liebevoll mit den Schattenseiten des Mitgefühls umgehen? Was ist, wenn wir keine Lust (mehr) haben zu helfen, wenn wir widerwillig helfen oder diejenigen uns zur Last werden, denen wir helfen sollen? Die *Übung mit dem Mantra der Vier Grenzenlosen Geisteszustände* und das *achtsame Atmen für Klientinnen und Klienten* können uns dabei unterstützen.

Helfen heißt, dem Leiden in verschiedener Form zu begegnen, ihm nicht auszuweichen, sondern sich ihm zu stellen. Wie können wir unser Herz für das Leiden öffnen? Wie kann man es aushalten, sich dauernd mit Leiden und Not zu beschäftigen, und dabei selbst glücklich bleiben? Das sind die Themen des siebten Kapitels. Sie werden praktisch erfahrbar durch die *Meditation des Mitgefühls* und die *Phowa-Übung*, bei der wir die „Wahrheit" visualisieren.

Thema des achten Kapitels ist die Heilung (in) der Institution. Viele Helfer und Helferinnen leiden unter den Bedingungen in ihrer Institution, die oft viel mehr Ärger und Stress verursachen, als die schwierige Arbeit mit den Klientinnen oder Patienten. Wie können wir einen kleinen Beitrag dazu leisten, Organisationen heilsamer zu gestalten? Wie können wir auch unter schwierigen institutionellen Bedingungen unsere Arbeit gut und gerne tun? Die *Übung des achtsamen Gehens* ist hierfür ein wertvolles Geschenk. Außerdem beschreibe ich Erfahrungen mit der *Arbeitsplatz-Sangha, die positive Runde und die Gestaltung von Räumen.*

Im neunten Kapitel lade ich zur Kontemplation über die Ethik des Helfens ein. Ist Achtsamkeit immer gut und richtig? Was unterscheidet rechte von falscher Achtsamkeit? Was brauchen wir, um unsere Praxis des Helfens nicht zur Machtausübung werden zu lassen? Gibt es eine Ethik des Helfens, die „alltagstauglich" ist und sich nicht in theoretischen oder philosophischen Reflexionen erschöpft? „Achtsamkeit ist der Weg zum Glück", sagt Thich Nhat Hanh. Die von ihm formulierten *Fünf Achtsamkeitsübungen* fassen die Grundübungen einer Ethik der Achtsamkeit in einfachen, zeitgemäßen Worten zusammen. Es geht dabei um eine praktische Ethik, die als Übung der Achtsamkeit nicht nur für Buddhisten relevant ist, sondern für „alle Menschen guten Willens". Diese Achtsamkeitsübungen können also auch eine Brücke zwischen Menschen verschiedenen Glaubens sein.

Das abschließende zehnte Kapitel greift ein wichtiges Thema auf: Die Gefahren und Risiken der Achtsamkeit: Achtsamkeit als Zwang, als spiritueller Zuckerguss oder als Flucht vor dem Leben. Hier geht es darum, das *Nicht-Üben zu üben:* Wir müssen nirgendwo hin – wir sind schon da!

„Du tust so, als wäre Achtsamkeit das Einzige, worauf es ankommt. Ist das nicht zu einfach?" Achtsamkeit ist, um es mit Bertold Brecht zu sagen „das Einfache, das schwierig zu machen ist". Sie kann unser Leben verändern. Sie kann auch unser Helfen zu einem Weg machen, der uns Glück und Frieden bringt. Und sie kann unser Lächeln zurückbringen, wenn wir es verlieren. Es ist immer da.

Ich habe mein Lächeln verloren,
aber keine Sorge.
Der Löwenzahn hat es.[2]

1

Bambus im Schnee

Was Achtsamkeit (nicht) ist

Je mehr Worte und Gedanken,
desto weiter entfernt von der Wirklichkeit.
Schneide Worte und Gedanken ab,
und Es durchdringt alles.

SENG-T´SAN, SHINJIN MEI (8. JAHRHUNDERT)

„Eigentlich geht es mir gut … ", sagt die Klientin leise nach unserer Begrüßung. Ich überhöre dieses „Eigentlich" und frage nicht sofort nach.

Was bedeutet mir Achtsamkeit in meinem Beruf als „Helfer"? Warum schreibe ich dieses Buch? Es bedeutet zum Beispiel, dieses *„Eigentlich"* nicht zu überhören. Achtsamkeit fügt dem Helfen nichts hinzu, kein goldenes Dach, keine Hinterwelt und keine Religion. Sie hilft uns, einfach „wahr" zu nehmen, was ist: Das Leiden, den Tod, die Freude, den Gesang der Amsel am Morgen, das Lächeln auf dem zerfurchten Gesicht, das, was hinter den Worten des anderen Menschen liegt …

Achtsamkeit heißt auch, meiner Gewohnheitsenergie[3] nicht nachzugeben und bei der Suche nach der Bedeutung dieses Wortes nicht zuerst zu einem der Bücher zu greifen, die mich begleiten, oder in einem etymologischen Wörterbuch nachzuschauen, im Duden nachzuschlagen oder zu einem Lexikon der Spiritualität zu greifen. Achtsamkeit heißt jetzt gerade: mich zu fragen, was dieser Begriff, diese Haltung für mich ganz persönlich, in meinem Alltag bedeutet.

- Achtsamkeit bedeutet, das Schwalbennest mitten in der Stadt zu sehen, auf dem Weg zur Straßenbahnhaltestelle, den ich fast täglich gehe;
- das Tanzen der Blätter der Linde vor meinem Fenster zu bemerken, wenn ich beim Schreiben den Blick hebe;
- den Duft des Tees zu riechen, bevor ich den ersten Schluck davon trinke;
- den Schweiß auf meinem Körper nach dem Laufen zu spüren und zu merken, wie er meine Haut kühlt, während sie wieder trocknet;
- die Zeitung vor dem Frühstück wieder wegzulegen und das Müsli wirklich zu schmecken.

Wenn ich achtsam bin, erfahre ich, was wirklich ist – manchmal stellen sich dann wie von selbst Worte dazu ein und ich drücke meine Erfahrung in einem Gedicht aus.

> Bambus im Schnee
> Verbeugt sich
> Vor der Wintersonne.

Was ist Achtsamkeit?

Was ist Achtsamkeit? Greg Johanson und Ron Kurtz sagen es in ihrem Buch *Sanfte Stärke. Heilung im Geiste des Tao te king* so: „Achtsamkeit bezeichnet ein waches, aber entspanntes Bewusstsein. Es beschränkt das Wahrgenommene nicht, fügt nichts hinzu und greift nicht ein. Es ist eine Form reiner Aufmerksamkeit, die rezeptiv ist und unsere Wahrnehmung dessen, was ist, fördert. Achtsamkeit ist ein wirkungsvolles therapeutisches Werkzeug, wenn wir erforschen wollen, wie wir unsere Anschauungen von der Welt entwickeln. Sie erlaubt eine mutige, aufrichtige Begegnung mit der gegenwärtigen Realität, mit dem, was im Augenblick schlicht und einfach *ist*."[4]

Was Achtsamkeit ausmacht, ist mit Worten nicht zu erfassen. Es muss erfahren, erlebt, geschmeckt werden. Wer erfahren möchte, was Achtsamkeit heißt, kann sich fünf Minuten Zeit nehmen und mit ganzer Konzentration, mit allen Sinnen einen Apfel essen. Es ist gut, dazu zuerst die Augen zu schließen. Wie fühlt sich der Apfel an? Ich fühle die glatte Kühle. Wie riecht der Apfel? Wie stelle ich mir seinen Geschmack vor? Was schmecke ich, wenn ich hineinbeiße? Wie ist er gewachsen? Wie ist er hierhergekommen? Das Essen eines Apfels kann so zu einem Erlebnis werden.

Die Blume des Herzens

Fragen wir, nachdem wir den Apfel gegessen haben, noch einmal: Was ist Achtsamkeit? Dogen Zenji, der große japanische Zen-Meister des 13. Jahrhunderts, drückt es im *Shobogenzo*, seinem Hauptwerk, so aus:

> *Die grünen Nadeln einer Kiefer im Frühling*
> *Oder die Schönheit einer Chrysantheme im Herbst*
> *Ist die wahre Form der Wahrheit.*[5]

Achtsamkeit ist keine Last, deren Übung uns – zusätzlich zu all dem Kummer und Stress, die wir sowieso schon haben – auferlegt wird. Sie ist der Schlüssel zu einem glücklichen Leben. Sie ist das „Herz von Buddhas Lehre". Aber nicht nur in der buddhistischen, auch in der christlichen Tradition spielt die Achtsamkeit eine große Rolle. Intensiv haben z. B. die Wüstenväter den Weg der Achtsamkeit gepflegt, wie uns der Benediktinermönch Anselm Grün zeigt. In seinem Buch *Der Himmel beginnt in dir* über *Das Wissen der Wüstenväter für heute* spricht Anselm Grün von diesem Wissen um die Bedeutung der Achtsamkeit und um die Wichtigkeit, diese Achtsamkeit auch zu üben. Sie ist also durchaus nicht nur eine Angelegenheit für Buddhisten, Zen-Mönche oder Hindus, sie gewinnt auch in der heutigen christlichen Spiritualität (wieder) an Bedeutung. David Steindl-Rast, ebenfalls Benediktinermönch, spricht von der „Achtsamkeit des Herzens" als dem Schlüssel zur christlichen Kontemplation. Er erinnert daran, dass der heilige Benedikt, der Gründer des Benediktinerordens, seine Mönche ermahnte, jeden Topf und jede Pfanne im Kloster – und nicht nur dort! – als heiliges Altargerät anzusehen. Er ruft sie auf, jede Tätigkeit, ob Holzhacken oder Kochen, als Gebet und Gottesdienst zu betrachten und sie mit entsprechender Hingabe zu tun, mit der religiösen Haltung, die im Herzen wurzelt, „jenem Zentrum unseres Wesens, wo wir am innigsten eins sind mit allem, was wir sind, und mit allem, was ist".

Wenn wir so wahrnehmen, kann es geschehen, dass das Leben sich wandelt. Davon sprechen auch die Dichter. Diese Verwandlung besingt z. B. Hilde Domin[8]:

> *Lass uns landeinwärts gehen,*
> *wo die kleinen Kräuter die Erde verankern.*
> *Ich will einen festen Boden,*
> *grün, aus Wurzeln geknotet*
> *wie eine Matte.*
> *Zersäge den Baum,*
> *nimm Steine*
> *und bau mir ein Haus.*
>
> *Ein kleines Haus*
> *mit einer weißen Wand*
> *für die Abendsonne*
> *und einem Brunnen für den Mond*
> *zum Spiegeln,*
> *damit er sich nicht,*
> *wie auf dem Meere,*
> *verliert.*
>
> *Ein Haus*
> *neben einem Apfelbaum*
> *oder einem Ölbaum*
> *an dem der Wind*
> *vorbeigeht*
> *wie ein Jäger, dessen Jagd*
> *uns*
> *nicht gilt.*

Die eigenen Wurzeln suchen

Meine eigene Erfahrung ist: Wir können mit der Praxis des aufmerksamen Gewahrseins lernen, unsere Wurzeln zu achten und sie auf einer tieferen Ebene zu verstehen und wertzuschätzen. Und wir können lernen, andere Traditionen tiefer zu respektieren und uns an ihren Schätzen zu erfreuen. „Prüft aber alles und das Gute behaltet" (1 Thess 5,22), sagt der Apostel Paulus. Wir alle sind Bäume mit verschiedenen Wurzeln, genährt aus verschiedenen Traditionen, ob uns das bewusst ist oder nicht. Wir alle haben Wurzeln, die uns nähren. Sie können in der Familie liegen, in den einfachen Gebeten unserer Kindheit. Es kann eine religiöse Tradition sein, in der wir einmal verwurzelt waren. Es können Rituale sein oder Bilder, etwa ein Christusbild oder eine Ikone. Bestimmte Menschen können Wurzeln sein. Wir erinnern uns vielleicht an die Großmutter, die in der Dämmerung mit murmelnder Stimme den Rosenkranz gebetet hat. Oder es gibt besondere Orte der Kraft, die uns inspiriert haben. Auch ganz säkulare Menschen haben geistige Wurzeln, etwa die Tradition der Aufklärung, des Humanismus, die Werte der französischen Revolution, bestimmte Philosophen oder Dichter. Manchmal vergessen wir unsere Wurzeln. Wir glauben dann, dass wir aus uns selbst leben, uns selbst zu dem gemacht haben, was wir sind. Es kann deshalb hilfreich sein, sich immer wieder einmal zu fragen: Wo liegen meine Wurzeln, was sind meine Kraftquellen? Habe ich noch Kontakt zu ihnen? Suche ich die Quellen oft genug auf? Pflege ich sie ausreichend? Manchmal ist es notwendig, vergessene Wurzeln auszugraben, sich alter Traditionen zu erinnern, ihnen neues Leben einzuhauchen, indem wir sie transformieren, so dass sie wieder angemessen sind und in uns lebendig werden können. Im fünften Kapitel, Mitgefühl für uns selbst, stelle ich die Übung der Erdberührungen vor, die uns in wunderbarer Weise in Kontakt mit unseren Wurzeln bringen kann.

Ich erzähle noch etwas genauer von meinen Wurzeln, um damit zur eigenen Wurzel-Suche einzuladen. Ich lerne immer mehr, mich selbst dankbar zu sehen wie einen Baum, der verschiedene Wurzeln hat. Für mich sind es vor allem drei Wurzeln, die mich prägen: die christliche Tradition, die Weisheit des Buddhismus und die Vision von sozialer Gerechtigkeit und politischer Befreiung. Die Erfahrungen als Zen-Schüler, die langen Jahre des Sitzens in der Stille und der Yoga-Praxis, die Übung der Achtsamkeit im beruflichen und familiären Alltag, beim Kochen, Putzen oder Schreiben und mein Engagement für soziale Gerechtigkeit und menschenwürdige Lebensverhältnisse sind auch ein „Grund" dieses Buches.

Als Kind und Jugendlicher war ich geprägt von der christlichen Tradition. Die Gebete meiner Mutter haben mich ins Leben geleitet. Bei vielen Besuchen in Taizé habe ich erste Erfahrungen mit der Stille gemacht. Frère Roger Schutz war mein erster „spiritueller Lehrer", wie ich viel später erst erkannte. Ich habe auch schon im Alter von 16 Jahren angefangen, Yoga zu praktizieren. Es war das Leiden, das mir diese Wege gezeigt hat. Meine Sehbehinderung verhinderte, dass ich Fußball spielen oder Moped und Motorrad fahren konnte, wie die anderen Jungen in meinem Alter. Statt nach außen habe ich deshalb angefangen, mehr nach innen zu schauen. So gehört eigentlich das Leiden, das „schlechte Sehen", auch zu meinen kostbaren Wurzeln, für die ich inzwischen dankbar bin. Es hat lange gedauert, bis die Yoga-Praxis, deren positive Wirkungen ich so deutlich spürte, tatsächlich ein selbstverständlicher Teil meines Lebens wurde, wie das Waschen oder Zähneputzen. Mir ging es so, wie es vielen Menschen geht: Die Übungen haben mir gut getan, aber ich schaffte es nicht, sie regelmäßig zu tun.

Viel später, im Alter von etwa dreißig Jahren, habe ich dann begonnen, regelmäßig zu meditieren, zu „sitzen": Zunächst viele Jahre lang in der Tradition des japanischen Sanbo-Kyodan-Zen, deren Strenge mein Zen-Lehrer Rico Mark mit seiner Güte und Herzlichkeit zu einem Weg der Freude und des Mitgefühls gemacht hat. Immer wichtiger wurde dann für mich die Praxis von Thich Nhat Hanh. Thay, wie ihn seine Freunde und Schülerinnen nennen, ist vietnamesischer Zen-Meister, Dichter und Gärtner. Seine Form des engagierten Buddhismus, sein Engagement für Frieden und Gerechtigkeit, das er seit den Zeiten des Vietnamkriegs unermüdlich und lächelnd pflegt, inspirieren mich sehr und bereichern mein persönliches Leben ebenso wie meine Praxis des Helfens, mein politisches Engagement und meine Lehrtätigkeit an der Hochschule. Die meisten Übungen in diesem Buch stammen aus dieser Tradition.

Erst nach vielen Jahren habe ich gelernt, die verschiedenen Quellen als Wurzeln *eines* Baumes zu sehen und die tiefere Bedeutung der christlichen Überlieferung (wieder) zu erkennen, deren äußere Formen mir fremd geworden waren. Das Bemühen, diese Wurzeln mit der dritten, der Leidenschaft für soziale Gerechtigkeit, mit dem Engagement für eine kritische (Sozial)Wissenschaft, und besonders mit systemischem Denken und Handeln zu verbinden, hat mich ebenfalls tief geprägt. Immer mehr wird mir deutlich, dass all das gar nicht so weit auseinander liegt.

Achtsamkeit und Spiritualität

In welchem Verhältnis stehen Achtsamkeit und Spiritualität? Bevor ich dem Begriff der Spiritualität und seiner Bedeutung weiter nachgehe, frage ich mich wieder zunächst selbst, was Spiritualität für mich persönlich bedeutet. Wenn ich mit dieser Frage nach innen horche und nach der Art des Focusing[9] auf die Antwort meines Körpers lausche, spüre ich zunächst meinen Rücken im Liegestuhl, in dem ich auf der Terrasse liege. Ich spüre mich in einer Art Hohlraum liegen. Aus diesem Körpergefühl entsteht ein Bild. Es ist wie eine Erinnerung an das Bild einer Plastik: eine große Hand, in der ein Mensch liegt, leicht zusammengerollt, wie ein Baby. „Aufgehoben sein", „geborgen sein", „Vertrauen" sind Worte, die mir dazu einfallen. Aber sie treffen nicht ganz das Wichtige an diesem Bild. Es gilt, dem Körper weiter geduldig zuzuhören, wie ich es so oft getan habe, meistens mit überraschenden Ergebnissen. Da kommt die Antwort – und ich weiß genau: Das ist das Entscheidende. Die Gefühle von Aufgehobensein, Vertrauen, Geborgenheit sind zu klein, das sind meine eigenen kleinen Gefühle. Das Umfassende, das Größere, die Hand, in der das Kleine aufgehoben ist, ist wesentlich. Umfasst sein von etwas Größerem, das die Geborgenheit und das Vertrauen erst ermöglicht. Nun spüre ich, was Spiritualität für mich bedeutet. Ich weiß es nicht nur mit dem Kopf, sondern mit dem Körper. Wenn ich mit dieser Antwort meines Körpers verschiedene Definitionsversuche vergleiche, erhalten sie eine andere Bedeutung.

Alexander Lowen, der Begründer der Bioenergetik, versteht Spiritualität als das Gefühl, „mit einer Kraft oder Ordnung in Verbindung zu stehen, die größer ist als wir selbst"[10]. Das Wort Spiritualität ist vom Lateinischen *spiritus* abgeleitet, das zunächst einmal „Atem", „Hauch" bedeutet. Atem und Hauch sind etwas Physisches, jedoch Unsichtbares und haben mit der Luft zu tun, die wir atmen, und den Gerüchen, die wir riechen. Aber bereits zur Zeit der griechisch-römischen Antike wurde mit *spiritus* auch die „Inspiration" (wörtlich: „Einhauchung") durch einen Dichter oder Gott bezeichnet."[11] Spiritualität hat – anders als Theologie – nicht nur mit Gedanken, Meinungen, Theorien zu tun, sie ist eine Sache der Erfahrung und sie bezieht die Dimension des Körpers mit ein.[12]

Sogyal Rinpoche, ein großer tibetischer Lehrer, sagt es so: „Die wahre Spiritualität besteht darin, sich der Tatsache bewusst zu sein, dass dann, wenn uns eine Beziehung der gegenseitigen Abhängigkeit mit jedem Ding und jedem Wesen verbindet, der einfachste unserer Gedanken, das kleinste Wort oder die winzigste Tat wirkliche Rückwirkungen auf den gesamten Kosmos hat."[13]

Eine Tasse Tee ist eine Tasse Tee

In welcher Beziehung stehen nun Achtsamkeit und Spiritualität? Achtsamkeit liegt jeder wahren Spiritualität zugrunde. Ohne Achtsamkeit wird der religiöse Glaube leicht zum engstirnigen dogmatischen Gefängnis, zum Für-wahr-Halten von Sätzen. Glaube sei „herzliches Vertrauen", sagte dagegen schon Martin Luther. Diese Definition des Glaubens mussten wir damals im Konfirmandenunterricht auswendig lernen. Heute erinnere ich mich gerne daran. Achtsamkeit liegt diesem „herzlichen Vertrauen" für mich zugrunde. Sie ist jenseits von Weltanschauungen, von Glaubensinhalten und Dogmen. Achtsamkeit ist zugleich einfacher und umfassender. Achtsamkeit ist die Grundlage jeder wahren spirituellen Erfahrung, also auch der Zen-Erfahrung. Sie findet ihren Ausdruck (nicht nur) im Zazen, im Sitzen in der Stille. „Ich werde oft von Christen gefragt, besonders von Katholiken, ob sie Zen praktizieren und dennoch ihren christlichen Glauben bewahren können", sagt Koun Yamada, ein japanischer Zen-Meister. „Auf diese Frage antworte ich gewöhnlich, dass Zen keine Religion ist im gleichen Sinn, in dem Christentum eine Religion ist. Deshalb gibt es keinen Grund, warum Christentum und Zazen nicht ko-existieren können. Das äußere Kleid ist von verschiedener Form und Farbe, aber was darunter ist, das Herz, bleibt das Gleiche. Und dieses Herz, diese Erfahrung ist nicht geschmückt mit irgendwelchen Gedanken oder Philosophien. Sie ist ein reines Faktum, wie das Schmecken des Tees ein Faktum ist. Eine Tasse Tee hat keinen Gedanken, keine Ideen, keine Philosophie. Sie schmeckt für Buddhisten und für Christen gleich. Da gibt es nicht den geringsten Unterschied."[14]

Sabine, die Dozentin an einer Weiterbildungsakademie ist, sagt: „Ich habe keine Spiritualität". Aber sie geht achtsam mit ihren Weiterbildungsteilnehmer(n)/innen um, sie tut ihre Arbeit achtsam. Sie ist äußerst sensibel für ihr Pferd und sehr achtsam beim Reiten. Vielleicht hat sie doch „Spiritualität", ohne es selbst so zu nennen. Achtsamkeit und Spiritualität haben nichts mit „Gott" zu tun, so wie ihn viele Menschen verstehen, mit einer Person, die das Weltgeschehen lenkt, zu der man betet, wenn man etwas möchte, und die dann, wenn das Gebet gut genug war, den Lauf der Dinge ändert.

Ulla Hahn beschreibt in ihrem Roman *Das verborgene Wort* sehr eindrücklich, wie ein kleines Mädchen diese „Vater-und-Mutter-Religion" erlebt. „Am Anfang erschuf Gott Hölle, Teufel und Kinder, und er sah, dass es schlecht war. Meine Großmutter auch. Kinder kamen schlecht auf die Welt. Erwachsen werden hieß besser werden. Dafür sorgten die Erwachsenen, die alles besser wussten, besser konnten, besser machten, eben weil sie erwachsen waren. Kind sein hieß schuldig sein. Sündig sein. Der Reue, Buße, Strafe bedürftig, in Ausnahmefällen der Gnade. Gebote und Verbote kamen direkt von Gott. Gott aber war der, vor dem alle in die Knie gingen. Letzten Endes waren es also nicht die Erwachsenen, die alles besser wussten, sondern der liebe Gott, der durch ihren Mund sprach."[15]

Diese Form von Religion ist wirklich nicht mehr zeitgemäß – und sicher auch nicht dem tieferen Sinne der biblischen Überlieferung angemessen. Viele Menschen im Westen lehnen jede Form von „Religion" heute ab, weil sie sie nur in dieser Form kennen gelernt haben. Das ist völlig verständlich und vielleicht sogar eine positive und notwendige Entwicklung, diese Art von „Religion" hinter sich zu lassen. Aber es ist eben nur *eine* Form und es gibt andere Formen und Begriffe von Religion, die viele von uns vielleicht mehr angehen, als wir vermuten. Mir gefällt der Religionsbegriff des protestantischen Theologen Paul Tillich, der vor den Nazis von Deutschland in die USA floh. Er sagt, Glaube sei nicht das Für-wahr-Halten bestimmter Überzeugungen, sondern das Ergriffensein vom Ewigen, die Besinnung auf den Seins- und Sinngrund unseres Lebens.[16] Die autonome Religion, so sagt Tillich, ist im Gegensatz zur Vater- und Mutterreligion – in der Gott uns straft, wenn wir „böse", uns liebt, wenn wir „brav" sind – wesensmäßig gebetslos, weil sie Gott nicht kirchlich vergegenständlicht. Sie ist „autonomes Nur-in-der-Andacht-Stehen".[17] Sitzen in der Stille, ohne etwas zu wollen, nur auf den Atem zu achten ist eine Form dieses „Nur-in-der-Andacht-Stehens", die auch für Menschen ohne Glauben Bedeutung haben kann.

Die Grundhaltung und die Übung der Achtsamkeit können eine zeitgemäße Form der Religio, d. h. der Rückbindung oder auch der Rückkehr zu unseren spirituellen oder geistigen Wurzeln sein, jenseits von Dogmen, von religiösen Glaubensinhalten oder leeren Ritualen. Achtsamkeit ist weltanschaulich oder interkonfessionell offen. Achtsamkeit ist anschlussfähig an Versuche des Dialogs der Religionen, wie Hans Küngs „Projekt Weltethos"[18]. Die Praxis der Achtsamkeit ist auch für Atheisten oder Agnostiker plausibel, sie setzt keinen wie auch immer gearteten „Glauben" voraus. Und trotzdem hat sie mit Glauben im Sinne von „herzlichem Vertrauen" viel zu tun.

Die Übung des Lächelns

Wie können wir mit der Praxis der Achtsamkeit beginnen? Gibt es eine ganz einfache Übung, mit der wir anfangen können, Achtsamkeit in unseren Alltag zu bringen, ohne dass wir dazu unseren Tagesablauf ändern oder lange Zeit still sitzen müssen? Ein wundervoller Anfang kann diese Übung sein: „Einatmend bin ich mir des gegenwärtigen Moments bewusst und weiß, dass es ein wunderbarer Moment ist – ausatmend lächle ich dem gegenwärtigen Moment zu." Kurz: „Wunderbarer Moment – lächeln."[19] Wir atmen drei- oder viermal ruhig ein und aus und sprechen leise dazu bei der Einatmung: „Wunderbarer Moment" und bei der Ausatmung „Lächeln". Wir strengen uns nicht an, tatsächlich zu lächeln, wir beeinflussen unseren Atem dabei nicht, sondern genießen einfach den gegenwärtigen Moment. Das können wir überall tun, auch wenn wir ganz wenig Zeit haben – an der roten Ampel, im Bus, morgens nach dem Aufstehen oder bei einer kleinen Pause während wir am PC arbeiten. Ich bin immer wieder erstaunt, wie wirksam diese kleine Übung bei mir selbst und bei anderen ist. Nach einigen Atemzügen, nach nicht einmal fünf Minuten, sieht die Welt ganz anders aus. Wir verbinden das achtsame Atmen mit der Übung des Lächelns. Sie kann unsere gesamte Einstellung zum Leben, zu unseren Gefühlen, zur Arbeit, zu unserem Chef, zu Klienten und Klientinnen verändern. Dabei geht es darum, einfach *wahr zu nehmen, was ist* und das Sonnenlicht der Achtsamkeit auf unsere Gefühle, unsere Gedanken und Tätigkeiten scheinen zu lassen. Es wird sie verwandeln. Wenn wir genügend geübt haben und uns sicher genug über die Wirkung sind, können wir diese Übung als kleines wunderbares Geschenk auch an unsere Klientinnen oder Patienten weitergeben.

2

Die kleinen Dinge mit großer Liebe tun

Der Alltag als Übung

In diesem Leben
können wir keine großen Dinge tun.
Wir können nur kleine Dinge mit großer Liebe tun.

MUTTER TERESA

Dieser Satz hing lang an der Tür zu meinem Büro. Inzwischen trage ich ihn im Herzen. Er fällt mir immer wieder ein und erinnert mich daran, worauf es ankommt. Er bringt einfach und klar zum Ausdruck, worum es bei der Achtsamkeit geht. Es geht nicht um die großen Dinge. Es geht einfach darum zu lernen, die kleinen Dinge mit großer Liebe zu tun. Aufstehen am Morgen, Zähne putzen, mich waschen, kochen, mit den Kindern spielen, beim Frühstück mit meiner Frau präsent sein und nicht einfach hinter der Zeitung verschwinden. Am Computer sitzen und schreiben unter dem schrägen Dachfenster, durch das ich die Wipfel der Lindenbäume sehe, wenn ich hinausschaue. Ich kann sogar lernen, auch die kleinen Dinge des Alltags mit großer Liebe zu tun, die mir schwerfallen, gegen die ich innerlich Widerstand leiste oder die mir langweilig sind. Überrascht stelle ich irgendwann fest, dass mein Widerstand gegen den Hausputz geschmolzen ist, und ich erlebe, dass mir sogar das Putzen

Freude macht. Ich ärgere mich über den „bürokratischen Kleinkram", der täglich anfällt und der so viel Zeit braucht. Aber der innere Widerstand und der Ärger kosten so viel Energie – und sie nutzen nichts. Das Leben ist zu kurz, um die Dinge mit halbem Herzen zu tun. Deshalb übe ich, mich auch diesen Dingen mit großer Liebe zuzuwenden: E-Mails beantworten, Termine koordinieren, Anträge ausfüllen, Akten ablegen.

Im *Buch der Unruhe* beschreibt der portugiesische Schriftsteller Fernando Pessoa in eindrücklichen Bildern die banale Tragödie unseres Lebens. „Ich begreife mein Verharren in diesem immer gleichen Leben, diesem Staub, diesem Schmutz an der Oberfläche des Nie-Veränderns einzig als ein Fehlen persönlicher Hygiene. So wie wir unseren Körper waschen, sollten wir auch unser Schicksal waschen, das Leben wechseln wie Wäsche – nicht, um uns am Leben zu erhalten, wie durch Nahrung oder Schlaf, sondern aus jener wertfreien Selbstachtung, die genau wir Hygiene nennen. … Wie ich suhlen sich manche Schweine in ihrem Schicksal und lassen, fasziniert vom eigenen Unvermögen, nicht ab von der Banalität ihres Lebens. Sie sind wie Vögel, die allein der Gedanke an die Schlange fesselt, wie Fliegen, die blindlings Baumstämme umkreisen, bis sie in die klebrige Reichweite einer Chamäleonzunge geraten."[20] Mit Achtsamkeit können wir unser Schicksal waschen und den Staub an der Oberfläche der Nie-Veränderung abwischen – bis wir irgendwann merken, dass es keine Oberfläche der Nicht-Veränderung gibt und keinen Staub, den es abzuwaschen gilt.

Achtsamkeit wird oft in enger Verbindung gesehen zur Meditation. Das ist sicher richtig. Aber Meditation ist nur eine Form, Achtsamkeit zu üben. Achtsamkeit drückt sich nicht nur im Sitzen in der Stille aus, sondern kann in allen Tätigkeiten, in den kleinen Tätigkeiten des Alltags, geübt werden. „Das lange Sitzen in der Meditation ist nicht meins", sagt Regine. „Da bekomme ich Schmerzen in den Beinen und das kann nicht gut sein." Man braucht nicht unbedingt mit gekreuzten Beinen auf einem Kissen sitzen, obwohl das die beste Übung ist, die ich kenne, um Achtsamkeit im Alltag zu lernen. Man kann auch achtsam duschen achtsam Tee trinken, oder achtsam das Frühstück zubereiten.

Die Erfahrung, die man machen kann, wenn man das versucht, hat Joseph von Eichendorff dichterisch so ausgedrückt:[21]

Wünschelrute

Schläft ein Lied in allen Dingen,
die da träumen fort und fort,
und die Welt hebt an zu singen,
triffst du nur das Zauberwort.

Wir sind schon da

„Nicht schon wieder, keine Lust auf Disziplin", sagt Monika. „Ich will nicht achtsam sein, bloß weil das etwas Gutes sein soll. Ich will glücklich sein. Nur: Wie komme ich dahin? Wenn ich mich frage nach Gipfelerlebnissen, nach Momenten der Stille, die nicht wirklich geplant waren, fallen mir in erster Linie bestimmte Musikstücke ein, Stunden am Meer und natürlich verliebt sein. Warum also üben, wenn's auch einfach geht? Ich pfeif' auf die Absichtslosigkeit, ich will glücklich sein, mehr nicht. Ich will, dass sich mein Herz öffnet für die Welt, für das Leben. Aber wie erlange ich diesen Zustand der ganz besonderen inneren Freude und des Friedens? Wenn ich ein paar Yoga-Asanas oder Atemübungen mache, dann bin ich ziemlich schnell in einem besonderen Zustand voller Kraft und Wachheit, aber warum mache ich das dann so selten? Warum gelingt mir das im Alltag nicht und warum kann ich es nicht *herstellen?*"

Meditation und Achtsamkeit können aus zwei verschiedenen Blickwinkeln betrachtet werden. Einerseits ist Achtsamkeit nichts, was irgendwo hinführt, was geübt werden müsste oder wofür wir uns anstrengen müssen. Achtsamkeit ist kein Mittel für irgendetwas. Wir sind einfach da. Jetzt. Nichts muss getan werden. Es gibt nichts zu erreichen. „Wir sind schon da, wo es geschieht", sagt Rico Mark, mein Zen-Lehrer, seit vielen Jahren bei jedem Sesshin. Das ist die eine Seite der Medaille. Aber die andere Seite gehört auch dazu: Um achtsam leben zu können, müssen wir üben, wir brauchen tatsächlich Disziplin und Ausdauer.

Die Kraft der Unachtsamkeit ist sehr stark. Unsere ganze Umgebung – beim Einkaufen, Arbeiten, beim Gang durch den Supermarkt, wenn wir den Fernseher einschalten – ist geprägt von Zerstreuung und Achtlosigkeit.

Wie können wir Achtsamkeit üben? Es gibt einige Grundübungen der Achtsamkeit, die in vielen spirituellen Traditionen bedeutsam sind: Sitzen in der Stille und im Gebet, achtsames Atmen, die Übung des Lächelns, achtsames Gehen und einfache Regeln oder heilsame Rituale, die unseren Tag strukturieren. Es gibt wundervolle und einfache Übungen wie die Verbeugung oder die Glocke der Achtsamkeit, die uns immer wieder an das erinnern können, was wichtig ist. Nicht zuletzt achtsames Essen und Trinken können uns helfen, das Leben neu zu sehen. Viele von uns kennen diese Übungen bereits und manche praktizieren sie auch. Oft geschieht das aber in einem abgegrenzten Raum, der mit dem Alltag unseres (beruflichen) Helfens wenig zu tun hat. Wir meditieren, praktizieren Yoga oder T'ai Chi oder wir beten. Aber es geschieht in einer „Sonderwelt". Der tägliche Kampf am Arbeitsplatz ist wenig berührt davon. Wir hasten und rennen, genau wie unsere Kollegen, wir streiten mit den Vorgesetzten und beteiligen uns an negativem Klatsch und Tratsch, von dem wir immer wieder erfahren, dass er uns nicht guttut – und der nichts verändert. Wie können wir lernen, die Übungen der Achtsamkeit in die Tätigkeit im Büro, auf der Station, in unsere Hausbesuche bei Klientinnen oder in die Konferenzen zu integrieren, die so viel Kraft und Zeit rauben? Müssen wir aussteigen aus dem Alltag des normalen Helfens, eine spirituellere Institution mit achtsameren Kollegen und verständnisvolleren Chefs suchen? Manchmal kann das tatsächlich sinnvoll sein. Aber grundsätzlich sind das normale Büro, die durchschnittliche Familie, die ganz normalen Vorgesetzten wunderbare Gelegenheiten zum Üben. Es bleibt uns gar nichts anderes übrig, als einfach da zu üben, wo wir sind. Ein Wort aus der jüdischen Talmud-Tradition sagt es so:

Wenn nicht ich – wer?
Wenn nicht jetzt – wann?
Wenn nicht hier – wo?

„Naja, und ich merke ja doch", sagt Monika fast widerstrebend, „dass sich durch meine wenn auch sporadische Praxis etwas verändert hat, dass ich ein Gefühl für diesen Frieden habe und dass ich auch ein Stück Weg gegangen bin. Und für diesen inneren Schatz bin ich dankbar."

Das Geschenk der Meditation

„Meditation zu erlernen ist das größte Geschenk, das Sie sich in diesem Leben machen können. Denn nur durch Meditation können Sie sich aufmachen zur Entdeckung Ihrer wahren Natur. Und nur in ihr werden Sie die Stabilität und das Vertrauen finden, die nötig sind, um gut zu leben und um gut zu sterben. Meditation ist der Weg, der zur Erleuchtung führt"[22], sagt der tibetische Lehrer Sogyal Rinpoche. Ein wichtiger Schritt, um Meditation zu erlernen, ist die Übung der Achtsamkeit. Oder ist es umgekehrt: Ein wichtiger Schritt, um Achtsamkeit zu lernen, ist die Übung der Meditation? Wenn wir beginnen, auf irgendeine Weise ernsthaft eine spirituelle Praxis zu üben, werden wir Veränderungen feststellen.

Zur Übung gehören einerseits die Entschlossenheit und die Bereitschaft, es zu versuchen, und andererseits der wertschätzende Umgang mit uns selbst. Wenn wir damit beginnen, Achtsamkeit zu üben, begegnen wir unweigerlich unserer eigenen Neurose: Ich klage mich dafür an, was ich nicht kann. Ich möchte perfekt sein. Ich bin ärgerlich, dass ich es wieder nicht geschafft habe … Meditation ist wie immer wieder in den Spiegel schauen. Und das ist nicht immer angenehm. Wir schauen in den Spiegel und finden uns nicht schön und liebenswert, sondern hässlich und langweilig. Wenn wir uns daran erinnern, wie wir Lesen und Schreiben gelernt haben, dann ist es vermutlich so, dass es manchmal Spaß gemacht hat – und manchmal mühevoll und langweilig war.

Achtsamkeit zu üben ist nicht deshalb lohnend, weil es zu einem Ziel führt. Achtsames Handeln macht mich hier und jetzt schon glücklich – oder hilft mir, in meiner Trauer und meinem Unglück ganz gegenwärtig zu sein. Ich werde immer weniger davon abhängig, glücklich zu sein, sondern lerne, da zu sein, ob ich mich nun glücklich oder unglücklich fühle. Jeder achtsame Schritt ist ein Schritt ins „Reich Gottes". Das Reich Gottes ist nicht irgendwann einmal, sondern es ist „mitten unter uns", wie Jesus sagt. Und manchmal ist es auch mühevoll, Achtsamkeit zu üben, es ist uns langweilig und wir haben keine Lust dazu. Aber wir können es trotzdem tun.

Sitzen in der Stille

Was heißt Sitzen in der Stille? Wir sitzen nicht, um etwas zu erreichen, sondern genießen einfach das Sitzen. Oder wir nehmen wahr, dass wir es nicht genießen, dass es uns langweilig ist oder wir keine Lust haben. Wir üben, das wahrzunehmen, was ist. Dazu setzen wir uns bequem hin, den Rücken gerade aufgerichtet. Es ist hilfreich, wenn der Po ein wenig höher ist, als die Knie. Das hilft, den Rücken aufzurichten, und die Knie sind ganz von selbst in einer stabilen Position, die es uns erlaubt, uns zu entspannen. Wenn wir auf einem Stuhl sitzen, können wir ein Handtuch zusammenrollen und es hinten unter den Po schieben. Sitzen wir auf einem Kissen oder auf einem Bänkchen, ist es gut, wenn die Sitzfläche etwas nach vorn abgeschrägt ist (etwa durch Unterlegen eines Tuches) und die Knie tiefer sind als das Becken. Die Augen können halb geöffnet sein, dann lassen wir den Blick ohne Anstrengung vor uns auf den Boden fallen, ohne etwas zu fixieren. Wenn es angenehmer ist, können wir die Augen auch schließen, allerdings ist es leichter, wach und konzentriert zu bleiben, wenn sie halb geöffnet sind. Die Hände liegen locker auf den Oberschenkeln, die Handflächen nach unten oder sie ruhen entspannt im Schoß. Wir folgen dann mit der Aufmerksamkeit einfach dem Atem, ohne ihn zu bewerten oder zu verändern. Wir versuchen nicht krampfhaft, Gedanken zu vermeiden. Meditation heißt nicht, dass wir aufhören zu denken. Wir nehmen die Gedanken freundlich wahr, wie sie kommen, und lassen sie wieder gehen. Dazu kann es hilfreich sein, wenn wir die Gedanken kurz benennen und „Denken" sagen oder „kritischer Gedanke" – „ängstlicher Gedanke!". Wir kehren sanft mit der Aufmerksamkeit zurück zum Atem, wenn uns bewusst wird, dass wir abgeschweift sind. Mit Gefühlen verfahren wir genauso. Wir versuchen nicht, sie zu vermeiden oder zu verdrängen, sondern nehmen sie liebevoll wahr. Wir spüren die Gefühle, wie sie aufsteigen, und nehmen wahr, wie sie wieder vergehen. Wir spüren den Impuls, aufzustehen und tausend Dinge zu erledigen. Wir hören die Geräusche, das Auto, das Kreischen des Mopeds. Und kehren zurück zum Fluss des Atems. Wir spüren die Fliege auf dem Arm, den Schmerz in den Beinen – und bleiben da. Wenn wir große Schmerzen irgendwo im Körper haben, ist es gut, die Position langsam und achtsam zu verändern. Wir sitzen nicht, um Schmerz auszuhalten oder Helden zu sein, sondern um gegenwärtig zu sein. Anfangs können wir fünf Minuten üben und dann die Zeit langsam steigern.

Was ist das Sitzen in der Stille? Was geschieht da? Mein verehrter Zen-Lehrer Rico Marc drückt es so aus: „Wir haben uns hingesetzt, schon wieder, zum ersten Mal. Und was tun wir? Wir üben, da zu sein. Wir üben das Da-Sein! Dies ist wohl die kürzeste Umschreibung unserer Praxis. Wir üben das Da-Sein, üben glücklich zu sein, wenn wir glücklich sind, und unglücklich zu sein, wenn wir unglücklich sind. Ich glaube, durch mein ‚Mich-immer-wieder-Hinsetzen' gelingt es mir schon etwas besser, dies Dasein und es ist freundlicher geworden und freier. Ich bin eben doch nicht so abhängig vom Glück und vom Unglück und kann ungefähr sehen, wie es ist, jetzt schon, jetzt gleich. Die „Fluchtlosigkeit" gelingt mir schon etwas besser, die Bejahung dessen, was ist, und dies sogar am Morgen, wenn ich in den Badezimmerspiegel schaue und meine Falten sehe, mein alterndes Gesicht, meinen Mangel an Güte, meine Ungeduld und Aggression und Ängstlichkeit und all den ganzen Mist. Ja, und ich bin dabei auch freundlicher geworden, freundlicher mir selbst gegenüber und habe eine mitfühlende Achtung vor dem, was ich da zu Gesicht bekomme. Und manchmal trifft mich sogar das höchste Entzücken, das es wohl gibt, das Entzücken der Wahrheit. Ich habe mich auch mit mir selbst angefreundet und so erscheinen mir auch die äußeren Umstände in einem freundlichen Licht und daran freuen sich alle, auch mein Hund, die Sträucher vor und die Hügel hinter dem Haus."[23]

Das schweigende Dasein, ohne etwas zu wollen oder zu müssen, ist das wichtigste Element der Übung der Achtsamkeit. Dieses schweigende Dasein können wir auch Gebet nennen. Diese Form des Gebets ist keine Fortsetzung des unendlichen Rede- und Gedankenstroms, sondern einfaches Dasein vor Gott. Das wirkliche Schweigen ist der Kern der christlichen Kontemplation und vielleicht das Herzstück jeder Spiritualität. Möglicherweise kann das Sitzen in der Stille einen neuen Weg zum Gebet auch für Menschen eröffnen, für die das Beten in seiner traditionellen Form leer und bedeutungslos geworden ist.

„Mir fehlt ein Ort der Kraft", sagt Friederike in der Supervision. Sie ist Religionspädagogin und liebt ihren Beruf. Aber die liturgischen Formen, die sie so lange praktiziert hat, die sie praktizieren muss, sind leer geworden für sie. Wie oder wo können wir einen Ort der Kraft finden, um aufzutanken für den Alltag, um zur Ruhe zu kommen? Müssen wir dazu weite Reisen in ferne Länder, auf einsame Berggipfel, in ehrwürdige Klöster oder zu berühmten Meistern unternehmen? Das alles kann vielleicht manchmal hilfreich sein. Aber das Sitzen in der Stille ist für mich der wichtigste Ort der Kraft, den es gibt. Das Schöne daran ist: Wir brauchen nirgendwohin zu gehen oder zu reisen, um an diesen Ort zu kommen. Er ist immer da.

Das Sitzen ist eine einfache, aber trotzdem sehr anspruchsvolle Übung, die durchaus nicht immer angenehm ist. Vor allem wenn man damit beginnt, aber auch wenn man bereits längere Zeit geübt hat, ist es durchaus normal, dass man Schwierigkeiten begegnet. Eine Studentin beschreibt ihre anfänglichen Erfahrungen so: „Ich empfand die Meditation im Sitzen als unangenehm. Vor allem wenn ich die Augen geschlossen hielt, ist es öfter passiert, dass es mir schwindelig wurde und ich das Gefühl hatte, den Boden unter den Füßen zu verlieren." Wenn wir dableiben, lernen wir, auch den Schwierigkeiten zu begegnen, wir lernen, nicht davonzulaufen, wenn wir den Boden unter den Füßen verlieren oder wenn unangenehme Gefühle auftauchen.

Wie ein klarer Wind: Achtsames Atmen

Die Übung des achtsamen Atmens hilft uns, beim stillen Sitzen gegenwärtig zu bleiben. Wir können jederzeit achtsames Atmen praktizieren, auch wenn wir gehen, wenn wir an der Bushaltestelle warten oder in der Straßenbahn sitzen, wenn wir einkaufen, bügeln oder in einer Besprechung sitzen und zuhören. Wir atmen aufmerksam ein und sind uns dabei des Körpers und des sanften Flusses des Atems ganz bewusst. Wir tun das, anders als in vielen Yogaformen, ohne den Atem zu kontrollieren, ohne ihn zu verändern oder zu bewerten. Wir nehmen einfach freundlich wahr, was ist. Wenn die Gedanken abschweifen, wenn Bilder oder Geschichten auftauchen, können wir sie mit einem freundlichen Lächeln begrüßen und zur Aufmerksamkeit auf den Atem zurückkehren. Es ist hilfreich und unterstützt die Konzentration, den Atem mit einfachen Worten zu begleiten. „Einatmend weiß ich, dass ich einatme – ausatmend weiß ich, dass ich ausatme." Das hat schon Buddha selbst vor zweieinhalbtausend Jahren gelehrt.

Karola arbeitet in einem Allgemeinen Sozialen Dienst mit sehr schwierigen Familien. Ihr beruflicher und auch ihr privater Alltag mit drei Kindern ist oft sehr aufreibend und belastend. „Das achtsame Atmen hilft mir gerade in Momenten, in denen ich persönlich im Stress bin, sowohl bei der Arbeit als auch privat, wieder zur Ruhe zu kommen. Diese fünf Minuten Aus-Zeit kann ich mir vor einem ,schwierigen' Gespräch nehmen und auch zu Hause. Aber sogar während eines Gespräches in einer kurzen Pause hilft mir immer wieder eine kurze Zeit der bewussten Atmung weiter."

Das achtsame Atmen kann uns auch helfen, dass wir uns unserer leidvollen Gefühle überhaupt erst bewusst werden, die wir vorher gar nicht wahrgenommen haben. Eine Studentin der Sozialen Arbeit beschreibt ihre Erfahrungen so: „Oft habe ich die Atemübung in Momenten gemacht, in denen ich gestresst und abgehetzt war oder emotional unter hohem Druck stand, diese Gefühle jedoch nicht richtig wahrgenommen hatte. Ich habe dann gemerkt, wie das achtsame Atmen meinen Körper und meinen Geist zusammenführten. Erst dann ist mir aufgefallen, wie mein Körper und vor allem meine Emotionen gerade am Rotieren waren. Im ersten Moment hat sich das oft angefühlt, als säße ich in der Achterbahn. Durch freundliche Annahme dieser Gefühle und weiteres achtsames Atmen kam ich immer mehr zur Ruhe und nach einigen Minuten fühlte es sich an, als wäre ein klarer Wind durch mich gezogen, der alle schlechten Gedanken und Gefühle weggeweht hätte."

Stehen wie ein Baum

Achtsamkeit zu üben kann so einfach und so schön sein. Mit meiner ganzen Konzentration an einem Ort zu stehen, ohne etwas anderes zu tun, als hier zu stehen, ist vielleicht bereits eine kleine Revolution. Stehen und wahrnehmen: das leichte Vibrieren und Schwanken meines Körpers, die kalte, klare Luft, die in meine Lungen strömt, den Wind, wie er sanft mein Gesicht streichelt. Wenn ich mit dem Fahrrad fahre, durchquere ich oft einen kleinen Park. Beim Mammutbaum steige ich immer wieder ab, wenn ich Zeit habe. Ich stehe einige Minuten dicht neben dem mächtigen Baum mit seinem roten Fellkleid zwischen den dicken Ästen, die mich umfangen, wie Arme. Ich sehe, wie der Wind die Zweige bewegt, und rieche den würzigen Duft des Baumes. Der Baum ist mein Freund geworden. „Das Wichtigste im Leben ist, zu wissen, was das Wichtigste ist." Diesen Satz des japanischen Zen-Meisters Shunryu Suzuki habe ich kürzlich Simon, meinem Sohn, auf eine Karte geschrieben. Wie aber können wir wissen, was das Wichtigste ist?

Wenn ich bei dem Baum anhalte, denke ich manchmal, dass er ein guter Lehrer ist. Er zeigt mir, was wichtig ist. Es geht mir wie ihm. Der Wind bewegt meine Äste. Manchmal erschüttert mich der Stress – die Sitzungen, die Planungen und all das Unerledigte, was sich anhäuft wie ein Berg. Immer wieder einmal habe ich das Gefühl, dass die Zeit zu knapp ist für all das, was zu tun ist. In diesem Sturm von Stress und Hektik stehe ich, meine Zweige bewegen sich, ja, aber ich bin fest verwurzelt wie dieser Baum.

Die Verbeugung

Eine weitere hilfreiche und ganz einfache Übung ist für mich die Verbeugung. Im japanischen Zen wird sie Gassho genannt. Dabei legt man die Handflächen vor der Brust zusammen und beugt den Oberkörper kurz nach vorn. Sie eignet sich auch als Ritual, d.h., wir können uns angewöhnen, uns regelmäßig in bestimmten Situationen zu verbeugen, etwa wenn wir am Morgen den ersten Blick aus dem Fenster werfen. Ich erinnere mich noch daran, wie ich vor vielen Jahren zum ersten Mal an einem Zen-Meditationskurs teilnahm. Bei jedem Betreten der Meditationshalle, des Zendo, sollten wir uns dreimal verbeugen: zum Tisch hin, auf dem ein Spiegel und eine Schale mit einem Blumengesteck

stand, dann zu unserem Kissen und zum Raum hin. Mir war dieses Verbeugen fremd. Ich konnte nichts damit anfangen. „Wovor verbeugen
wir uns?", fragte Rico Mark, der Lehrer. „Vor gar nichts Besonderem.
Wir verbeugen uns einfach. Oder, man könnte es vielleicht auch so sagen: Wir verbeugen uns vor dem Tisch, auf dem nichts ist, unter dem,
hinter dem nichts ist. Wir verbeugen uns vor unserem Kissen, auf dem
wir sitzen. Wir verbeugen uns vor den anderen Menschen, die mit uns
sitzen. Oder auch so: Wir verbeugen uns vor den Hunden, Katzen, Hügeln und Bäumen. Wir verbeugen uns einfach." Inzwischen verbeuge ich
mich sogar, bevor ich mein eigenes Zimmer betrete. Ich verbeuge mich
vor dem Wegkreuz beim Walken, manchmal verbeuge ich mich auch –
wenn es niemand sieht – vor der herrlichen Morgensonne und vor den
Lindenbäumen am Weg. Die Verbeugung ist eine Grundübung, in der
sich für mich die Dankbarkeit und die Ehrfurcht dem Leben gegenüber
ausdrücken. Es ist eine kleine Übung, die mein Leben ganz unmerklich verändert hat.

„Ich werde oft gefragt", sagt Rev. Eido Tai Shimano, ein japanischer
Zen-Meister, „wie ein Buddhist die Frage nach Gott … beantwortet.

Vor ein paar Tagen ging ich am Fluss entlang. Der Wind wehte. Plötzlich dachte ich: ‚Oh, die Luft existiert wirklich!' Wir wissen, dass die Luft
da ist, aber solange uns nicht der Wind ins Gesicht weht, sind wir uns
ihrer nicht bewusst. Vom Wind umweht, wurde mir plötzlich bewusst,
dass sie wirklich da ist.

Genauso ist es mit der Sonne. Plötzlich nahm ich die Sonne wahr,
die durch die kahlen Bäume schien. Ihre Wärme, ihre Helligkeit – alles
vollkommen frei, vollkommen gratis. Wir können sie einfach genießen.
Und ohne es bewusst zu wollen, völlig spontan, legte ich die Hände
gegeneinander und machte ‚Gassho'. Da wurde mir klar, dass es nur
darauf ankommt: dass wir uns verbeugen, tief verbeugen können. Nur
das. Einfach nur das."[24]

Ich übe, meinen Tee achtsam zu trinken. Es ist eine Übung, die Freude macht, schon wenn ich sie tue. Ich schaue tief und sehe in dieser Tasse Tee den Regen, die Wolken und die Sonne. Ohne Regen gibt es keine Teepflanzen, also sind der Himmel und die Wolken in diesem Tee. Ohne Erde wächst keine Teepflanze. Ich sehe die Teepflückerinnen, das Schiff, das den Tee von Indien nach Europa transportiert. Auch dieses Schiff ist in meinem Tee. Der Stahl, aus dem es gemacht ist, das Stahlwerk, die Arbeiter in der Fabrik. So sehe ich tatsächlich in dieser Tasse Tee die ganze Globalisierung, ja das ganze Universum. Vor dem Essen habe ich mir angewöhnt, einen Vers zu sprechen, den ich auf dem Sonnenhof gelernt habe:

Wir sind dankbar für diese Speise, die wir erhalten durch die Arbeit vieler Menschen. Wir nehmen sie zu uns ohne Gier, um alles Leben zu nähren und den Weg zu vollenden.[25]

Ein Spruch, ein Gebet, eine Verbeugung können uns helfen, beim Essen gegenwärtig zu sein und Dankbarkeit zu entwickeln. Als unsere Kinder noch kleiner waren, haben wir den Vers vor dem Essen gemeinsam gesprochen. Eines Tages sagte ich ihn still für mich und verbeugte mich – und dachte, dass es für die anderen, besonders für die Kinder, keine Bedeutung mehr hätte. Irgendwann sagte Julia, meine damals 16jährige Tochter: „Papa, was hast du jetzt gerade gesagt? War das der Vers, den wir früher immer gesprochen haben? Das ging aber schnell diesmal. Ich spreche ihn nämlich immer leise mit."

Achtsames Essen bedeutet eine grundlegende Veränderung unserer Gewohnheiten. Das drückt eine Seminarteilnehmerin so aus. „Das achtsame Essen fing schon beim Kochen an. Wenn ich selbst etwas koche, esse ich es auch schon mit einer anderen Einstellung, eben weil ich selbst am Entstehungsprozess der Mahlzeit beteiligt bin. Weil ich abends meist alleine esse, konnte ich mich bei dem Versuch des achtsamen Essens selbst gut beobachten. Ich bemerkte, wie viele Gedanken mir durch den Kopf gingen, wenn ich mich nicht ganz bewusst aufs Essen konzentrierte. Zum Teil denke ich beim Essen daran, was ich noch alles zu erledigen habe, zum Teil fahren mir irgendwelche Bilder oder Erinnerungen durch den Kopf, die vom bewussten Essen ablenken." Die Veränderung unserer Gewohnheiten ist nicht einfach: „So gesehen kostet es einige Überwindung und auch geistige Kraft, bewusst zu essen."

Deshalb üben wir – aber ohne Anstrengung, nicht verbissen und streng, sondern heiter und gelassen. Ich übe, achtsam die Treppe hochzugehen zum Dachzimmer, wo ich mein Büro habe. Ich übe, langsam zu gehen, Schritt für Schritt. Manchmal vergesse ich es. Das ist nicht schlimm. Wichtig ist nur, dazu zurückzukehren, wenn ich mich daran erinnere. „Einatmend weiß ich: Ich bin angekommen. – Ausatmend weiß ich: Ich bin zu Hause". Ich sitze am PC, die Sonne scheint durchs Dachfenster, ich sehe die Schwarzwaldberge, deren Gipfel in Wolken verhüllt sind, und höre durch das geöffnete Fenster das Zwitschern der Vögel – „Ich muss nirgendwo hin – ich bin schon da!" Diesen Satz hatte ich mir auf ein Schild aus Karton gemalt und er hing lange Zeit neben meinem Bett an der Wand.

Das Leben neu sehen

Achtsamkeit kann uns helfen, die Wunder des Lebens bewusst wahrzunehmen, sie neu zu sehen und jeden Tag als ein herrliches Geschenk zu betrachten. In einem Gedicht von Thich Nhat Hanh heißt es:[26]

Vierundzwanzig brandneue Stunden

Heute Morgen wache ich auf und sehe den blauen Himmel.
Ich lege meine Hände zusammen im Dank
für die vielen Wunder des Lebens;
für die vierundzwanzig brandneuen Stunden,

die vor mir liegen.
Die Sonne geht auf,
und der Wald, getaucht in das Licht der Sonne,
wird zu meiner Achtsamkeit.

Ich laufe durch ein Feld von Sonnenblumen.
Zehntausende von Blumen wenden sich
dem strahlenden Osten zu.
Meine Achtsamkeit ist wie die Sonne.
Meine Hände säen Samenkörner für die nächste Ernte.
In meinen Ohren erschallt der Klang der steigenden Flut.
Aus allen Richtungen tauchen Wolken
am strahlenden Himmel auf
und begegnen sich voller Freude.

Aber die Energie des Rennens beherrscht unser ganzes Leben und deshalb sehen wir den blauen Himmel nicht, wir gehen durch das Feld von Sonnenblumen und sehen unsere Sorgen wie Schwärme schwarzer Raben daraus aufsteigen. Wir rennen an den Wundern des Lebens vorbei. Manchmal hat es den Anschein, als sei es das wichtigste Ziel in unserer Zeit, alle Dinge schneller, „effizienter" zu tun. Aber wozu? Wohin gelangen wir, wenn wir schneller rennen, arbeiten, leben? Was gewinnen wir, wenn wir die Dinge schneller tun? „Bestenfalls gewinnen wir lohnendes Leben", sagte mir immer wieder Birger, mein Supervisor, dem ich dafür sehr dankbar bin. „Das lohnende Leben haben wir aber schon, wenn wir die Dinge langsam und mit Genuss tun. Deshalb entscheide ich mich dagegen, keine Zeit zu haben."

Zeit haben

Immer wieder entscheide ich mich, zu Fuß zum Büro oder zum Einkaufen zu gehen. Ich genieße das Gehen, das Schwätzchen mit der Bäuerin am Marktstand und mit der Kassiererin im Supermarkt, wenn gerade keine Schlange hinter mir wartet. Ich bin dankbar für das Geschenk, das mir das Leben damit macht, dass mir das möglich ist. Ich weiß sehr gut, dass viele Menschen nicht die Möglichkeit dazu haben. Aber vielleicht haben wir manchmal mehr Wahlmöglichkeiten, als wir denken. Möglicherweise würde es sich lohnen, weniger Zeit in beruflichen Aufstieg zu investieren und mehr Zeit dafür, Lebensqualität oder „lohnendes Leben" zu erfahren, Ein kluger Mensch hat gesagt: „Lebenslust ist zu 70 % Verzicht auf Hast, zu 20 % Verzicht auf Dinge, die man unbedingt glaubt, haben zu müssen, und zu 10 % Genuss an offensichtlich Überflüssigem."[27]

Wenn mein PC lange braucht, bis er das tut, was ich möchte, kann ich mich ärgern. Ein Sprichwort sagt: „Man kann sich dauernd ärgern. Aber man ist nicht verpflichtet dazu!" Ich kann das Warten am PC auch genießen und erinnere mich – manchmal, nicht immer! – an den Vers: „Warte, warte, dieser wunderbare Moment bringt mich zu meinem wahren Selbst zurück." Dann wird das Warten von einem Ärgernis zu einer Chance.

Die Übung der Achtsamkeit kann uns helfen, heiterer und gelassener zu werden – wenn wir sie nicht zum Selbst-Verbesserungs-Programm machen. Vielleicht ist es deshalb gut, dieses Kapitel mit dem Satz von Elias Canetti zu beenden:

*Man kann nur leben, indem man oft genug
nicht macht,
was man sich vorgenommen hat.*

3

Wie können wir
die Praxis aufrechterhalten?

Achte gut auf diesen Tag

Achte gut auf diesen Tag,
denn er ist das Leben –
das Leben allen Lebens.

In seinem kurzen Ablauf liegt alle Wirklichkeit
und Wahrheit des Daseins.
Die Wonne des Wachsens – die Größe der Tat –
die Herrlichkeit der Kraft.

Denn das Gestern ist nichts als ein Traum
und das Morgen nur eine Vision.
Das Heute jedoch – recht gelebt –
macht jedes Gestern zu einem Traum voller Glück
und jedes Morgen zu einer Vision voller Hoffnung.

Darum achte gut auf diesen Tag! [28]

Die Trägheit des Herzens
und das Training der Unachtsamkeit

Es gibt inspirierte Zeiten in unserem Leben, in denen es uns nicht schwer-fällt, zu üben. Wir sind motiviert und spüren Energie. Besonders nach einem Retreat, einem Meditationskurs, nach der Begegnung mit einem inspirierenden Menschen oder nach dem Lesen eines wundervollen Bu-ches sind wir voller guter Vorsätze. Aber es kommen immer auch ande-re Zeiten. Dann sind wir verzagt, mutlos, uns fehlt das Vertrauen in die Übung, uns fehlt die Tatkraft. Die Sorgen des Alltags, die vielen klei-nen täglichen Pflichten und die tausend Zerstreuungen erdrücken uns und ersticken auch unsere Praxis. Die Praxis verdorrt buchstäblich, wie eine Blume, die kein Wasser bekommt. Immer wieder sagen Menschen: „Ich schaffe es nicht, regelmäßig zu üben. Ich weiß zwar, dass mir die Praxis guttut, aber dann vergesse ich das Üben oder komme vor lauter anderem nicht dazu. Ich weiß genau, was wichtig ist und wie ich üben kann. Mein Problem ist, dass ich es trotzdem nicht tue." Oft ist es sogar so, dass wir die Praxis gerade dann besonders vernachlässigen, wenn wir sie am dringendsten bräuchten. „Ich habe so viel zu tun, ich habe keine Zeit zum Üben. Ich bin so im Stress, ich kann nicht zur Meditations-gruppe kommen." Das ist, wie wenn jemand in der Wüste sagen würde. „Ich habe keine Zeit und Kraft, um zur Oase zu gehen und zu trinken, weil ich immer wandern muss und so Durst habe." Manchmal verausga-ben wir uns tatsächlich so, dass uns die Energie fehlt, das zu tun, was uns helfen würde. Wir verwenden so viel Kraft aufs Wandern, dass wir keine Kraft mehr haben zu trinken.

Unser Alltag ist ein andauerndes Training der Unachtsamkeit. Mög-lichst viele Dinge gleichzeitig zu tun scheint eine „Kernkompetenz" un-serer Zeit zu sein. „Multitasking" ist angesagt. Und „Zeitvertreib". „Wir vertreiben uns die Zeit und dann wundern wir uns am Schluss, wenn keine mehr da ist." Wir funktionieren oft wie Maschinen: Wir tun etwas, ohne wirklich dabei zu sein. Wir putzen die Zähne und denken dabei an die Besprechung, die uns im Büro erwartet. Wir trinken am Morgen unseren Tee, lesen dabei Zeitung und schlürfen gleichzeitig – statt des Tees – die nächsten Projekte, die wir planen. Wir essen nicht das Müsli in der Schüssel, sondern unsere Ängste und Sorgen.

Wie kann man die Praxis aufrechterhalten, auch außerhalb von Retreats oder Klöstern? Wie kann man unabhängiger werden von Lust und Unlust? Wie kann man das überwinden, was der Schriftsteller Stefan Zweig so treffend „die Trägheit des Herzens" nennt? Wie kann man im Alltag zurückkehren zur Stille, wenn die Zeit oder die Kraft zum Meditieren fehlt, wenn die Hektik so groß ist, dass das Sitzen in der Stille nicht gelingen will?

Ich möchte zu diesen Fragen sechs mögliche Antworten vorschlagen. 1. Kleine Brötchen backen, die „alltagstauglich" sind, und die nötige Wertschätzung für uns selbst entwickeln. 2. Die Unterstützung durch die Glocke der Achtsamkeit. 3. Das Entwickeln heilsamer Rituale für den Alltag. 4. Die Praxis mit Gathas, mit kleinen Gedichten, die uns in verschiedenen Situationen des Alltags an unsere Übung erinnern. 5. Die Zuflucht zu den drei Kostbarkeiten und die Unterstützung durch die Kraft der Gemeinschaft. 6. Die Herz-Geist-transformierenden Kontemplationen, die Reflexion über die Notwendigkeit zu üben, die uns helfen kann, die Motivation zur Praxis zu kultivieren und zu stärken. Zusammenfassend möchte ich die zehn Regeln vorstellen, die der Theologe und Religionspädagoge Fulbert Steffensky für die Praxis des Gebets vorschlägt und die hilfreich sein können für unser ganzes spirituelles Leben.

Alltagstauglichkeit: Mit kleinen Schritten beginnen

Unsere Übung ist absichtslos und „ziellos". Blumen wachsen von selbst, ohne dass wir sie aus dem Boden ziehen. Wir üben, weil es uns Freude macht, nicht weil wir irgendwo hinkommen möchten. Die andere Seite der Medaille, die die Absichtslosigkeit der Übung ergänzt, ist die Notwendigkeit, die Praxis im Alltag zu verankern, sie stetig sich entwickeln zu lassen und sie von Lust und Launen, momentanen Gefühlen und dem Auf und Ab des Lebens zu befreien. Wir müssen die notwendigen Bedingungen schaffen, dass die Blumen wachsen können. Sonst geschieht es immer wieder, dass wir die Achtsamkeit vergessen, dass sie unmerklich in den Hintergrund tritt und verdrängt wird durch die tausend Dinge und Sorgen des Lebens. Es ist gut, sich dabei ganz kleine, bescheidene Ziele zu setzen. Hilfreich kann es sein, wenn wir uns immer wieder einmal klarmachen, dass wir so viel Zeit dafür verwenden, Dinge zu lernen, die nützlich sind, um irgendetwas anderes zu erreichen. Wie viel Zeit wenden wir dafür auf, unseren Intellekt zu schulen, unser Wissen zu vermehren, unseren Körper zu trainieren? Und wie viel Zeit verwenden wir, um unnütze Dinge zu lernen? Um die Achtsamkeit in unserem Leben fest zu verankern, müssen wir erkennen, dass sie es wert ist, ihr genauso einen großen Stellenwert einzuräumen wie anderen Dingen. Aus dieser Einsicht kann sich Disziplin entwickeln. Disziplin ist nicht einfach etwas, das man hat oder auch nicht hat. Disziplin ist wie ein Muskel: Wenn wir ihn trainieren, wird er kräftiger, wenn wir ihn nicht trainieren, verkümmert er. Es ist also nicht hilfreich zu sagen: „Ich habe einfach nicht die nötige Disziplin" – wenn wir es wirklich wollen, können wir Disziplin entwickeln, indem wir mit kleinen, realistischen Schritten beginnen.

Allerdings gibt es vielleicht für viele von uns noch einen tiefer liegenden Grund, warum es uns so schwerfällt, Zeit aufzuwenden, um Dinge zu lernen, die uns Glück und Wohlgefühl vermitteln. Wie schon erwähnt, habe ich bereits als Jugendlicher damit begonnen, Yoga zu praktizieren. Ich spürte schon damals klar, dass es mir sowohl körperlich wie auch seelisch guttut, täglich diese Übungen zu machen. Aber trotzdem fiel es mir schwer, sie tatsächlich zu tun. Ich brachte einfach nicht die Disziplin dafür auf. Keinerlei Schwierigkeiten hatte ich aber z. B. damit, mindestens eine halbe Stunde oder länger täglich Zeitung zu lesen. Erst viele Jahre später, in meiner eigenen Therapie, wurde mir klar, dass ich es mir selbst nicht wert war, so viel Zeit nur für mich aufzuwenden. Ich war mir selbst nicht wichtig genug, würde ich heute rückblickend sagen: Ich liebte mich selbst nicht genug. Seit mir das bewusst wurde, fällt es mir viel leichter, mir diese Zeit zu nehmen.

Wohldosierte Unterschiede machen

Unsere Übung muss alltagstauglich sein. Systemiker/innen sprechen gerne mit Gregory Bateson davon, dass es darauf ankommt, einen Unterschied zu machen, der einen Unterschied macht. Dieser Unterschied muss wohl dosiert sein. Der Unterschied, den die Übung in unserem Alltag macht, darf nicht zu groß sein, sonst lässt sie sich nicht in unser normales Leben integrieren. Wenn die Übung, die wir uns vornehmen, zu anspruchsvoll ist, zu lange dauert oder zu schwierig für uns ist, werden wir sie nicht durchhalten können. Wir geben sie wieder auf, wenn sie langweilig oder anstrengend wird oder wenn wir in Zeitdruck kommen, wenn unsere Kinder uns immer wieder unterbrechen oder wenn wir hundert Dinge zu erledigen haben. Der Unterschied darf aber auch nicht zu klein sein, sonst spüren wir ihn nicht, sonst verändert die Übung nichts. Wir müssen also unsere Praxis unseren Lebensumständen, unseren Möglichkeiten und unserem inneren Entwicklungsrhythmus anpassen. Sie muss angemessen sein für die Zeit, die uns zur Verfügung steht und passend sein für unsere momentane Lebenssituation. In manchen Zeiten kann es anspruchsvoll genug sein, den Tag mit einem Lächeln oder einer Verbeugung zu beginnen, ab und zu im Getriebe des Tages für eine halbe oder eine Minute innezuhalten, dabei achtsam zu atmen und den Tag mit einem Spruch, einem Gebet oder einem schönen Text zu beenden. Wichtig ist es, dass wir das, was wir tun, regelmäßig tun. Lieber wenig, aber regelmäßig zu üben ist heilsam.

Die Glocke der Achtsamkeit

Meditieren heißt nicht, dass man immer dreißig Minuten bewegungslos auf einem Kissen sitzen muss. In christlichen und buddhistischen Klöstern, bei Meditationskursen und Retreats erklingt immer wieder eine Glocke. Sie erinnert die Übenden daran, kurz innezuhalten, auf den Atem zu achten und sich bewusst zu werden, was sie tun. Aber die meisten von uns leben außerhalb von Klöstern und Retreats machen nur einen kleinen Teil unserer Zeit aus. Trotzdem können auch wir die Glocke hören und innehalten, indem wir die alltäglichen Geräusche und Begebenheiten um uns herum zu einer Glocke der Achtsamkeit machen. Thich Nhat Hanh empfiehlt uns, immer wieder innezuhalten und einen kleinen Vers zu sprechen, der uns in Kontakt mit uns selbst bringt „Lausche, lausche, dieser wunderbare Klang bringt mich zum gegenwärtigen Moment zurück."

Lange Zeit haben mich die Tauben auf unserem Dach ziemlich geärgert. Das ständige Gurren, vor allem früh am Morgen, wenn ich schlafen wollte, störte mich sehr. Nachdem ich einige Zeit geübt habe, das Gurren der Tauben als Glocke der Achtsamkeit anzusehen, hat sich der Klang verwandelt. Der Ärger ist verschwunden. Ich kann mich an den Tauben freuen. Mit dem Heulen der Mopeds auf der Straße geht es mir ähnlich. Ich übe auch da zu sagen: „Lausche, lausche, dieser wunderbare Klang bringt mich zum gegenwärtigen Moment zurück." Es funktioniert! Wenn ich an eine rote Ampel komme, warte ich nicht mehr ärgerlich oder ungeduldig, bis es grün wird. Ich habe mir angewöhnt zu sagen: „Einatmend schenke ich meinem Körper Ruhe. – Ausatmend lächle ich meinem Körper zu." Die rote Ampel ist tatsächlich auch zu einer Glocke der Achtsamkeit geworden, für die ich dankbar bin und die mir, ganz ohne Anstrengung, die Möglichkeit schenkt, Stress und Hektik hinter mir zu lassen und einen Moment der Muße und des Glücks zu erleben. Jetzt übe ich auch mit dem Hundedreck, über den ich mich beim Gehen aufrege. „Schaue, schaue, dieser wunderbare Hundedreck bringt mich zu meinem wahren Selbst zurück." Das braucht noch Übung. Aber ich gewinne das Vertrauen, dass ich die Erfahrungen im Alltag transformieren kann, wenn ich sie nicht bekämpfe, sondern als Glocke der Achtsamkeit ansehe, für die ich dankbar sein kann: das Läuten des Telefons oder der Türglocke, das Warten am Computer, bis er hochgefahren ist.

Möglicherweise hört sich das für manchen an, als würden wir damit die schwierigen Erfahrungen des Lebens mit Zuckerguss zukleistern. Das kann tatsächlich eine Gefahr sein. Aber nur dann, wenn wir Achtsamkeit ersetzen durch ein „Programm", eine „positive Konditionierung". Darum geht es aber nicht. Wenn ich wütend bin, geht es darum, meine Wut wahrzunehmen und ihr zuzulächeln, sie zu umarmen, nicht sie mit rosarotem Zuckerguss zu übertünchen.

Heilsame und unheilsame Rituale im Alltag

Was können wir noch tun, damit Achtsamkeit zum natürlichen Bestandteil unseres Alltags wird? Wie können wir es lernen, achtsam zu sein, ohne uns dauernd anstrengen zu müssen? Eine weitere wichtige Hilfe für mich sind kleine Rituale im Alltag. Wir alle strukturieren unsere Tage durch Rituale, die mehr oder weniger hilfreich sind, von dem Moment an, da wir morgens aufwachen bis zum Einschlafen. Der Wecker klingelt. Wir stehen auf, waschen uns und putzen uns die Zähne, nehmen die Morgenzeitung aus dem Briefkasten, lesen die Überschriften auf der ersten Seite, bereiten das Frühstück zu … Wir überlegen nicht lange, was wir tun, sondern tun es einfach: Das ist ein Ritual. Es gibt hilfreiche Rituale, die uns das Leben erleichtern. Wir müssen uns nicht jeden Morgen entscheiden, ob wir uns waschen oder die Zähne putzen wollen, und müssen dafür Zeit und Energie aufwenden. Wir tun es einfach. Wir gehen zur Arbeit, ohne lange zu überlegen, ob wir es tun wollen. Es wäre anstrengend und mühsam, all das jeden Tag neu entscheiden zu wollen.

All unsere Gewohnheiten werden im Lauf der Zeit zu Ritualen, zu Abläufen, die sich in immer gleicher Weise wiederholen. Manche Rituale in unserem Leben sind nicht hilfreich, sie sind manchmal sogar schädlich: die Zigarette in der Pause, der Alkohol am Abend zur Entspannung, das Essen ohne Hunger zu haben.

Ein wichtiger Schritt auf unserer Lebensreise besteht darin, die unheilsamen Rituale im eigenen Alltag zu erkennen und zu beginnen, sie (ab und zu) zu lassen, zu transformieren oder sie durch heilsame Rituale zu ersetzen. Wir lernen zu unterscheiden: Ist es heilsam, was ich da tue, oder unheilsam? Ist es z. B. heilsam, am Morgen als Erstes die Zeitung aus dem Briefkasten zu nehmen und die Schreckensmeldungen auf der ersten Seite vor dem Frühstück schon zu lesen? Das war für mich eine wichtige Frage, die mich lange Zeit begleitet hat, bevor ich so weit war, an dieser Gewohnheit etwas zu verändern. Es ist nicht sinnvoll, uns selbst zu beschimpfen, wenn wir merken, dass wir unheilsame Rituale pflegen. Es ist nicht hilfreich, allzu streng mit uns zu sein. Es genügt, unsere Gewohnheitsenergie zu erkennen und ihr freundlich zuzulächeln, sagt Thich Nhat Hanh.[29] Es reicht aus, die Dinge mit Humor und Gelassenheit zu erkennen: „Ah, hallo Gewohnheitsenergie, da bist du ja wieder!" Gewohnheitsenergien zu erkennen und sie zu transformieren kann uns helfen, heilsame Rituale einzuüben.

In christlichen oder buddhistischen Klöstern sind die Gebets- oder Meditationszeiten ritualisiert. Die Glocke läutet und die Mönche folgen ihrem Ruf, ohne Entscheidungsenergie aufbringen zu müssen. Im Islam ist der Tag aller Gläubigen durch feste Gebetszeiten strukturiert. Uns fehlen diese Inseln der Stille oft in der Hektik unseres Alltags. Die meisten von uns leben nicht in Klöstern. Für viele sind die liturgischen Formen leer geworden. Können wir trotzdem aus diesen Traditionen lernen?

Der Beginn des Tages

Wie wir am Morgen den Tag beginnen, ist prägend dafür, wie der Tag verlaufen wird. Wie wir den Tag beenden, beeinflusst sehr stark, wie wir schlafen und was wir träumen werden. Das wussten die Menschen früher noch besser als wir heute. Martin Luthers Morgen- und Abendsegen oder das Beten des Rosenkranzes sind Formen, die früher vielen Menschen geholfen haben, den Anfang und das Ende ihrer Tage zu gestalten. Diese Formen sind heute den meisten Menschen fremd geworden. Trotzdem können wir uns wieder an solche rituellen Abläufe erinnern, uns davon inspirieren lassen oder neue Formen suchen, die für uns selbst passend sind. Statt unsere Tage mit dem Griff zur Zeitung und den neuesten Schreckensmeldungen über Krieg und Terror zu beginnen und sie mit Mord und Totschlag im Fernsehkrimi oder den Spätnachrichten zu beenden, können wir heilsame Formen suchen, wie wir den neuen Tag begrüßen und den vergangenen Tag verabschieden wollen. Was wir morgens zuerst tun, stellt tatsächlich die Weichen dafür, wie es weitergeht. Was wir abends zuletzt tun, begleitet uns in den Schlaf. Es macht einen Unterschied, ob ich den Tag positiv beginne oder mit einem inneren Fluch über das zu frühe Aufstehen oder die schlechten Nachrichten im Radio oder in der Zeitung. Aber früh am Morgen haben wir vielleicht noch nicht die Kraft, uns zu entscheiden. Deshalb kann es hilfreich sein, diesen positiven Tagesbeginn zu ritualisieren.

Ich habe lange gebraucht, um das zu lernen – vielleicht ist es auch eine Frage des Älterwerdens. Inzwischen achte ich bewusst darauf, meine Tage positiv zu beginnen. Ich spreche jeden Tag als Erstes den wundervollen Vers „Achte gut auf diesen Tag", der am Anfang dieses Kapitels steht. Ich denke nicht nach, ob ich Lust habe, diesen Text zu sprechen, ich spreche ihn einfach. Die Gewohnheit hilft mir. Ich spreche ihn gerne – leise für mich – direkt nach dem Aufwachen, wenn ich noch mit geschlossenen Augen im Bett liege: Dann gehe ich – nicht immer, aber immer öfter – langsam die Treppe hinunter, schaue aus dem Fenster, schaue die Wolken, die Bäume und die Häuser an und lächle ihnen zu.

„Schaffen Sie das denn dann immer, so zu leben, wie es in diesem Spruch heißt?", fragt mich ungläubig die Teilnehmerin eines Weiterbildungskurses für Pflegekräfte, in dem ich davon erzähle. Aber es geht gar nicht darum, etwas zu „schaffen", eine neue Norm aufzustellen, der wir wieder entsprechen müssen. Es geht um das Erlernen einfacher Gewohnheiten, die uns helfen, uns wohlzufühlen, und um den gnädigen Umgang mit unserer Schwäche oder Vergesslichkeit. Ich *darf* meinen Tag achtsam beginnen. Ich *muss* es nicht. „Zur Freiheit hat uns Christus befreit", sagt Paulus, „so stehet nun fest und lasset euch nicht wiederum unter das knechtische Joch fangen." (Gal 5,1) Wir schenken unserem Körper Aufmerksamkeit durch das Waschen oder Zähneputzen, warum sollen wir nicht unserer Seele, unserem Geist, ebenso viel liebevolle Aufmerksamkeit schenken?

Das Ende des Tages

Ebenso habe ich gelernt, dass ich das, was ich abends vor dem Einschlafen zuletzt tue, häufig mit in den Schlaf nehme. Sind es die Nachrichten aus dem Fernsehen, brauche ich mich nicht zu wundern, wenn ich schlecht schlafe. Ich habe mir deshalb angewöhnt, den Tag auch mit einem Vers zu beschließen. Für mich sind es die „Vier großen Gelübde", die ich spreche. Sie wirken durch das lange Üben wie ein Schlafmittel: Kaum habe ich sie innerlich rezitiert, schlafe ich oft schon ein.

Die Vier Großen Gelübde

Die Lebewesen sind zahllos,
* ich gelobe, sie alle zu retten.*
Täuschende Gedanken und Gefühle sind grenzenlos,
* ich gelobe, sie alle zu lassen.*
Die Dharmalehren sind unzählbar,
* ich gelobe, sie alle zu lernen.*
Der Weg der Erleuchtung ist unübertroffen,
* ich gelobe, ihn zu erreichen.*[30]

Natürlich eignet sich dieser Text nicht für jeden. Aber es ist möglich, sich selbst einen kurzen Text oder eine kleine Übung auszusuchen, der bzw. die zu der eigenen Weltanschauung passt, und auszuprobieren, ob es einen Unterschied macht, den Tag so zu beginnen oder zu beenden. Dafür ist es allerdings notwendig, diese Praxis einige Zeit – vielleicht drei Monate lang – beizubehalten. Für mich sind auch die Lieder von Matthias Claudius eine weitere wundervolle Möglichkeit des Innehaltens im Alltag. In seinem Gedicht *Täglich zu singen* heißt es:[31]

Ich danke Gott und freue mich
wie's Kind zur Weihnachtsgabe,
dass ich bin, bin! Und dass ich dich,
schön menschlich Antlitz habe;

dass ich die Sonne, Berg und Meer,
und Laub und Gras kann sehen,
und abends unterm Sternenheer

und lieben Monde gehen.
Ich danke Gott mit Saitenspiel,
dass ich kein König worden;
ich wär' geschmeichelt worden viel,
und wär' vielleicht verdorben.

Auch bet' ich ihn von Herzen an,
dass ich auf dieser Erde
nicht bin ein großer reicher Mann,
und auch wohl keiner werde.

Denn Ehr und Reichtum treibt und bläht,
hat mancherlei Gefahren.
und vielen hat's das Herz verdreht,
die weiland wacker waren.

Sein wundervolles Abendlied ist vielen von uns aus der Kindheit vielleicht noch sehr vertraut. „Der Mond ist aufgegangen, die goldenen Sternlein prangen am Himmel hell und klar." Sich an Gebete und Lieder aus der Kindheit zu erinnern, kann ein großer Schatz sein, der verborgen in unserem eigenen Haus liegt. Wir brauchen nicht weit zu gehen und nicht lange zu suchen, bis wir ihn finden.

Es gibt viele Möglichkeiten, den Tag achtsam zu beginnen und zu beenden. Brigitte steht morgens auf, öffnet das Fenster, schaut hinaus und lächelt dem Tag zu. Dann verbeugt sie sich. Wichtig ist es, regelmäßig das Gleiche zu wiederholen, bis es zum selbstverständlichen Ritual wird und keine „Entscheidungsenergie" mehr braucht. Wer sich jeden Tag neu entscheiden muss, braucht viel mehr Kraft. Die fehlt uns oft dann am meisten, wenn es uns schlecht geht und wir die heilsamen Rituale am dringendsten bräuchten.

Gedichte der Achtsamkeit: Die Übung mit Gathas

Die Rezitation von Texten aus einer spirituellen Tradition, mit der wir uns verbunden fühlen, die ritualisierte Wiederholung heilsamer Sprüche oder Gedichte kann uns unterstützen auf unserem Weg. Manchmal ist es ein einziger Satz oder ein einziger Vers, der uns über lange Zeit immer wieder stärkt und ermutigt. Tanjas Satz begleitet sie seit ihrem

17. Lebensjahr. „Mein Satz heißt: Du bist angenommen, so wie du bist.", sagt sie. „Er ist in ganz unterschiedlichen Situationen präsent." Sie beschreibt sehr anschaulich, wie dieser Text seine Wirkung entfaltet. „Ich beginne immer wieder, diesen Satz leise vor mich hin zu sprechen, in ständiger Wiederholung, und ich spüre, dass sich etwas verändert. Ich stelle fest, dass die langsame und stete Wiederholung dieses Satzes eine ungeheuer beruhigende Wirkung auf mich hat. Ich habe dann das Gefühl, dass sich mein Puls verlangsamt, meine Atmung ruhiger wird und sich mein Geist irgendwie freisetzt."

Thich Nhat Hanh hat viele kleine Verse der Achtsamkeit gedichtet, die solche Begleiter für uns werden können. Sie stehen in der Tradition der chinesischen Zen-Meister und helfen uns, die Achtsamkeit im Alltag zu bewahren, ohne uns anzustrengen. Fünfzig von ihnen sind in seinem wundervollen Büchlein *Klar wie ein stiller Fluss* gesammelt. Wir können immer wieder eins davon auswendig lernen und uns in verschiedenen Situationen daran erfreuen. Wenn wir den Wasserhahn aufdrehen, können wir sprechen:

> *Wasser strömt von hohen Bergen herab.*
> *Wasser fließt tief in der Erde.*
> *Wie durch ein Wunder kommt das Wasser zu uns*
> *und erhält alles Leben.*

Wir lernen dabei, das kostbare Geschenk des Wassers zu schätzen, und unsere Übung wird in den Alltag integriert, ohne dass wir uns dabei anstrengen müssen.

Wenn wir uns die Hände waschen, können wir sprechen:

> *Wasser fließt über meine Hände.*
> *Möge ich sie weise benutzen,*
> *um unseren wertvollen Planeten zu erhalten.*

Das Üben mit Gathas ist sehr einfach und immer möglich, auch wenn wir keine Zeit haben, lange zu meditieren. Jede Handlung des Alltags kann dadurch zu einer Übung der Achtsamkeit werden. Wenn wir die ersten Schritte des Tages gehen, schenkt uns das folgende Gatha Inspiration und Freude.

Jeder Schritt auf der Erde ist ein Wunder.
Jeder achtsame Schritt offenbart das Reine Land
(oder das Reich Gottes).

Thich Nhat Hanh ermuntert uns, auch selbst solche Gathas zu schreiben. Da ich beruflich viel schreibe, habe ich mir ein Schreib-Gatha gedichtet.

Ich schreibe
und ich weiß, dass das, was ich schreibe,
Liebe und Verstehen fördert.

Dieser kleine Vers hat mich beim Schreiben dieses Buches begleitet. Ich spreche ihn leise für mich und er hilft mir, mich auf das Wesentliche zu konzentrieren. Er ist meine Glocke der Achtsamkeit beim Schreiben. Seit ich mir angewöhnt habe, beim Lesen zu sagen:

Ich lese und weiß, dass ich lese.
Ich weiß, dass das, was ich lese,
meine Liebe und mein Verstehen fördert.

kann ich öfter Bücher oder Zeitschriften gelassen weglegen. Das Lese- und Schreib-Gatha ist mir eingefallen, als ich Thays Satz las: „Lege jedes Buch beiseite, das weder Liebe noch Verstehen in dir fördert."

Die drei Kostbarkeiten

Eine weitere große Hilfe zur Verankerung unserer Übung im Leben ist die Erinnerung an und die Kontemplation der drei Kostbarkeiten. Um einen schwierigen Berggipfel zu ersteigen, brauchen wir mehrere Dinge:

erstens einen gangbaren und sicheren Weg, zweitens einen zuverlässigen Bergführer und drittens eine geeignete Gruppe, mit der wir aufsteigen können. Um die Praxis der Achtsamkeit und des Mitgefühls aufrechtzuerhalten, brauchen wir ebenfalls drei Dinge, lehrte der Buddha. Wir brauchen zuerst die Lehre und die Kenntnis der Übungen, die uns helfen können, Achtsamkeit im Alltag zu entwickeln, also einen gangbaren Weg. Buddha nennt diesen Weg, diese Lehre, das Dharma. Wissen, Philosophie oder Bücher genügen nicht. Wir können tausend wunderbare Bücher lesen, ohne dass sich in unserem Leben etwas verändert. Wir brauchen einen praktischen Übungsweg, der zu uns passt, den wir tatsächlich gehen und auf dem wir Befreiung wirklich erfahren können. Aber bereits Buddha hat erkannt und gelehrt, dass das nicht genügt. Die meisten von uns wissen das ebenfalls aus Erfahrung. Es ist uns klar, wie wir üben können, aber wir tun es nicht. Warum fällt uns das so schwer? Die Energien des Rennens und der Unachtsamkeit in unserer Gesellschaft sind zu stark. Die tausend Dinge, die es zu tun, zu erreichen und zu erleben gibt, lenken uns immer wieder ab. Wir vergessen, was uns guttut. Wir verlieren uns in Zerstreuung und Nichtigkeiten. Buddha hat gelehrt, dass es zwei weitere wichtige Dinge gibt, die es uns erst ermöglichen, den Weg der Achtsamkeit in unser Leben zu integrieren. Wir brauchen einen Lehrer oder eine Lehrerin und wir brauchen eine Gemeinschaft oder eine Gruppe. Viele Menschen üben immer wieder mit unterschiedlichen Methoden, besuchen verschiedene Lehrer, üben mal in diesem Zentrum, dann in jenem Kurs. Das ist gut und wichtig. Wir sollten Erfahrungen machen, prüfen und vergleichen. Nicht jeder Weg und jede Methode passt zu jedem Menschen. Welchem Weg wir folgen ist nicht so wichtig. Wichtig ist, dass unser Weg ein Herz hat, sagt Jack Kornfield.[32] Die Wege des Herzens sind alle gleich gültig. Aber nach einer Zeit der Suche, des Ausprobierens und des Sammelns von Erfahrungen ist es notwendig, sich für *einen* Weg, *eine* Praxismethode und *eine* Lehrerin zu entscheiden. Diese Verbindlichkeit fällt vielen Menschen schwer. Sie wollen sich nicht festlegen und nicht langfristig binden. Auch dafür gibt es gute Gründe. Unsere gesunde Skepsis und unsere Zweifel sind angebracht. Wir sollten nicht vorschnell irgendwelchen Gurus auf den Leim gehen. Es gibt auch gute Gründe für die Unfähigkeit oder besser: den Unwillen, sich festzulegen, die in unserer Biografie und unserer Kindheit liegen. Wir können einfach nicht vertrauen. Wir sind zu oft enttäuscht, verlassen, verraten, vielleicht sogar missbraucht worden. Die Fähigkeit, sich zu binden, zu vertrauen, sich fallen zu lassen, wird in der Kindheit erworben. Wenn wir erkennen, dass es die Verletzungen in unserer Lebensgeschichte sind, die es uns schwer oder unmöglich machen, uns zu binden, sollten wir uns entscheiden, uns helfen zu lassen. Professionelle Hilfe anzunehmen sollte für Helferinnen und Helfer selbstverständlich sein. Erstaunlicherweise weichen aber gerade Helferinnen und Helfer sehr gerne dem aus, was sie anderen zumuten: Hilfe anzunehmen. Dieses Ausweichen kann sich darin äußern, zu helfen, statt sich helfen zu lassen und es kann so weit gehen, sich lieber selbst das Leben zu nehmen, als sich helfen zu lassen. Die therapeutische Unterstützung ist manchmal die Voraussetzung dafür, sich überhaupt an einen Lehrer, eine Methode und eine Gruppe zu binden, sich für einen Weg zu entscheiden und den Versuch zu machen, ihn auch wirklich zu gehen.

Die Kraft der Gemeinschaft

Ohne eine verbindliche Festlegung wird selbst das Versuchen nur sehr schwer gelingen. Aus einer klaren Entscheidung für einen Weg entsteht eine Kraft und Klarheit, die uns auch in schwierigen Zeiten tragen kann. Eine solche Entscheidung wird ermöglicht durch die Zugehörigkeit zu einer Gruppe, zu einer Sangha. Ohne eine lebendige Gemeinschaft, die uns hilft, ist es sehr schwer, eine langfristige Übungspraxis durchzuhalten. Wir brauchen nicht nur die Lehre und eine Lehrerin bzw. einen Lehrer, wir brauchen auch eine Sangha, eine Gruppe, die uns an unsere Vorhaben erinnert und die uns ermutigt, wenn wir müde werden, die uns trägt, wenn wir die Lust verlieren oder keine Energie zum Üben haben. Ich glaube, dass es unter anderem deshalb so vielen Menschen nicht gelingt, die Praxis der Achtsamkeit aufrechtzuerhalten, obwohl sie es sich immer wieder vornehmen, weil sie die Bedeutung der Gemeinschaft für diesen Weg nicht erkennen. Wir können den Weg nicht alleine gehen. In guten Zeiten, in denen wir voller Energie, Lebenskraft und Tatendrang sind, in denen uns unsere guten Vorsätze Kraft geben oder nachdem wir einen inspirierenden Vortrag gehört oder ein Buch gelesen haben, das uns Mut macht, den Weg zu gehen, mag es uns gelingen, regelmäßig zu üben. Aber wenn Schicksalsschläge den Himmel unseres Lebens verdunkeln, wenn unser Partner uns verlässt, ein nahestehender Mensch stirbt, wir unsere Arbeit verlieren oder wenn das lebendige Wasser der Achtsamkeit einfach in der Wüste des Alltags versickert, brauchen wir die Gemeinschaft.

Dharma, Buddha und Sangha nennt Buddha diese „drei Kostbarkeiten", die unerlässliche Voraussetzungen für das Beschreiten des Weges sind. Ich zögere, die buddhistischen Begriffe zu nennen, weil sie vielleicht manchen abschrecken, der mit buddhistischen Lehren nichts anfangen kann oder will. Mit Buddha ist also kein buddhistischer Lehrer gemeint, sondern einfach ein erfahrener Mensch, der uns auf dem Weg, den wir wählen, langfristig und verbindlich begleiten kann. Mit Dharma sind nicht (nur) die Lehren des Buddha gemeint, sondern die Lehren der Tradition, die uns inspiriert. Eine Sangha ist die Gemeinschaft, die Kirche, die Gruppe, die uns trägt. Manchmal kann sogar unsere Familie oder unser Arbeitsteam zu einer Sangha werden. Zu diesen drei Kostbarkeiten nehmen Menschen Zuflucht, die sich der buddhistischen Tradition verpflichten. „Zuflucht nehmen" heißt: Wir erinnern uns ganz bewusst daran, was uns heilt und nährt, und richten uns innerlich daraufhin aus. Dabei kann uns folgender Vers helfen:

Ich nehme Zuflucht zum Buddha, der mir den Weg in diesem Leben zeigt.
Ich nehme Zuflucht zum Dharma, der Lehre von Liebe und Verstehen.
Ich nehme Zuflucht zur Sangha, der Gemeinschaft, die in Harmonie und Be-
*   wusstheit lebt.*

Wenn wir in der christlichen Tradition verwurzelt sind, benutzen wir andere Worte und nehmen Zuflucht zu Jesus Christus, zum Evangelium und zur Gemeinschaft der Kirche. Vielleicht benützen wir zur Zufluchtnahme das Jesus-Gebet: „Herr Jesus Christus, erbarme dich unser". Wenn wir keine religiösen Wurzeln haben, können wir Zuflucht zu dem nehmen, was in unserem Leben heilsam und gut ist, was uns trägt und nährt.

Wir alle nehmen Zuflucht, ob wir es wissen oder nicht. Ständig, jeden Tag. Wenn es uns schlechtgeht, wenn wir im Stress sind, in Zeiten des Leidens suchen wir die Dinge auf, die uns Trost und Linderung des

Leidens zu versprechen scheinen. Wir nehmen Zuflucht zum Fernseher, zum Essen, zur Arbeit, zum Alkohol, zur Zerstreuung am Computer, zum Genuss, zum Reisen. Es lohnt sich, darüber nachzudenken, ob die Zuflucht, die wir suchen, langfristig heilsam oder unheilsam ist, ob sie uns wirklich hilft und unterstützt oder ob sie uns nur kurzfristig beruhigt. Die Zufluchtnahme zu den drei Kostbarkeiten ist eine Möglichkeit, die uns hilft, die Praxis aufrechtzuerhalten. Eine weitere Möglichkeit besteht darin, immer wieder über den Wert der Praxis zu reflektieren, d. h. auch unseren Intellekt, unser Nachdenken zu benützen, um die Motivation zur Übung zu stärken.

Die Motivation zum Üben kultivieren

Achtsamkeit ist etwas ganz Natürliches – und doch will sie geübt sein, wie das Lesen und Schreiben, das Rechnen oder eine Fremdsprache. Wenn wir Klavier spielen lernen wollen oder Englisch lernen, wissen wir genau, dass es nicht genügt, jede Woche einmal eine Viertelstunde zu üben. Wir brauchen dazu die tägliche Praxis.

„Du bist eben sehr diszipliniert", sagen manche Menschen. „Aber ich bin anders. Bei mir klappt das einfach nicht." Wenn wir so reden, sehen wir nicht, dass man Disziplin lernen kann, dass man sie lernen muss, wenn man ein Ziel erreichen will. Das weiß jeder, der Klavier spielt oder eine andere Kunst erlernt. Kaum einer wird als Musiker oder als spirituell Übender geboren. Wenn wir Menschen sehen, die mühelos ein Musikinstrument spielen oder denen die Übung der Achtsamkeit anscheinend keine Schwierigkeiten macht, vergessen wir vielleicht, wie lange sie dazu gebraucht haben, um diese Konsequenz für ihre tägliche Praxis zu entwickeln. Bei den meisten anderen Zielen, die wir verfolgen, erscheint uns das völlig selbstverständlich. Wir haben viele Jahre unseres Lebens, viel Energie, Zeit und Geld darauf verwendet, um uns als Helfer oder Helferin ausbilden zu lassen. Für jeden, der Pfarrer, Arzt, Sozialarbeiter, für jede, die Lehrerin oder Therapeutin werden möchte, ist es selbstverständlich, dass dafür Zeit und Mühe notwendig sind. Warum fällt es uns weniger schwer, uns diese Mühe für Ziele zu machen, die irgendein Diplom, Anerkennung, Aufstieg, Prestige oder materiellen Gewinn versprechen? Warum fällt es uns so schwer, die gleiche Mühe darauf zu verwenden, die Kunst des achtsamen Lebens, die Kunst der Meditation zu erlernen?

Um regelmäßig zu üben, brauchen wir eine starke Motivation. Diese Motivation ist nicht einfach da. Man kann sie kultivieren. Wir können lernen, dass die Übung der Achtsamkeit keine Freizeitbeschäftigung und kein Hobby ist. Die meisten von uns beginnen mit einer bescheidenen Motivation. Wir wollen ein kleines bisschen ausgeglichener, gesünder, glücklicher, weniger gestresst sein. Wir wollen weniger leiden. Das ist wunderbar – und es genügt. Aber im Lauf der Jahre lernen wir vielleicht, dass diese Übung der Achtsamkeit eine so kostbare Sache ist, dass sie den ganzen Einsatz lohnt. Je mehr wir die Früchte der Übung ernten, umso klarer erkennen wir: Die Praxis erfordert unsere ganze Energie und Entschlossenheit.

Die Herz-Geist-transformierenden Reflexionen

Wenn wir ein größeres Ziel erreichen wollen, brauchen wir eine starke Motivation. Wenn wir eine Berufsausbildung oder ein Studium beginnen, tun wir das in der Regel, weil uns klar ist, dass das aus verschiedenen Gründen für uns wichtig ist und dass sich deshalb die Mühe lohnt. Die Motivation dazu entwickelt sich nicht über Nacht, sie resultiert vielleicht aus unserer Erziehung, aus vielen Gesprächen, aus dem häufigen Nachdenken darüber, wie wir unseren Lebensunterhalt verdienen wollen. Was können wir tun, um unsere Motivation zu stärken, die Praxis der Achtsamkeit langfristig aufrechtzuerhalten? Es gibt Kontemplationsübungen, die uns helfen können, die Motivation zum Üben zu entwickeln. Sie können unseren Herz-Geist transformieren, wie die Tibeter sagen.[33]

Erstens reflektieren wir über die wunderbare menschliche Situation, die es uns überhaupt möglich macht, zu praktizieren. Es ist nicht selbstverständlich, dass wir in einem Land leben, in dem die Lehren zugänglich sind und wo wir die politische und religiöse Freiheit haben, zu praktizieren, was wir wollen. Es ist ein wundervolles Geschenk, dass es Lehrer, Zentren und Bücher gibt, die uns zur Übung anleiten, und dass wir die Zeit und die materiellen Möglichkeiten haben, zu praktizieren, dass der tägliche Kampf ums Überleben nicht unsere ganze Energie aufzehrt. Wir entwickeln Dankbarkeit, dass wir einen Beruf ausüben dürfen, bei dem wir Mitgefühl praktizieren können. Wir haben einen strahlenden Geist, der uns das Üben möglich macht, und wir haben einen wundervollen Körper, der uns erlaubt, achtsames Atmen, Gehmeditation, Sitzmeditation oder Körperübungen zu machen.

Zweitens machen wir uns bewusst: Diese wundervolle menschliche Situation ist sehr zerbrechlich. Die Zeit, die uns zum Üben bleibt, nimmt ständig ab. Unser Leben ist begrenzt. Irgendwann werden wir sterben, vielleicht erleiden wir einen Schlaganfall und können nicht mehr reden oder klar denken. Wenn große existenzielle Krisen kommen – oder gar der Tod –, wird uns nichts helfen, außer unserer Praxis.

Drittens wir denken nach über das Leiden, das wir uns selbst und anderen schaffen durch Gier, Hass und Verblendung. Alles Leiden entsteht, so lehrt es der Buddha, durch diese drei „Geistesgifte": Wir wollen ständig etwas haben oder erreichen, das ist die Gier. Wir wollen etwas vermeiden, loswerden oder rennen vor irgendetwas davon – das ist der Hass oder die Ablehnung. Und wir erkennen nicht die tiefe Verbundenheit von allem Seienden, wir erkennen nicht, dass es keine Trennung gibt zwischen dem Himmel und uns, zwischen unseren Klientinnen bzw. Klienten und uns – das kann man Verblendung nennen. Das Nachdenken über die Entstehung unseres Leidens kann ebenfalls außerordentlich hilfreich sein. Ohne Leiden beginnen die meisten Menschen nicht mit dem Üben. Wir können lernen, uns nicht gegen unser Leiden zu wehren, sondern es als Geschenk anzunehmen, das unsere Motivation zur Übung stärkt. Und wir können immer klarer sehen, wie wir unser Leiden selbst schaffen, was wir dazu beitragen, dass wir selbst und andere Wesen leiden.

Viertens nehmen wir Zuflucht. Wenn wir buddhistische Begriffe benützen, nehmen wir Zuflucht zu Buddha, Dharma und Sangha. Wenn wir in der christlichen Tradition zu Hause sind, nehmen wir Zuflucht zu Christus, zum Evangelium, zur Gemeinschaft der Kirche (damit ist nicht die Kirche als Organisation gemeint).

Fünftens machen wir uns bewusst, dass wir nicht nur für uns selbst üben, sondern für alle, die wir lieben und die mit uns verbunden sind. Unsere Praxis bringt nicht nur für uns selbst heilsame Samen, sondern auch für unsere leibliche Familie: unsere Kinder, Ehepartner, Eltern und Verwandten. Unser Üben hat auch Auswirkungen auf unsere Umwelt, auf unsere Institution und unser Team, in dem wir arbeiten, ja sogar auf das Land, in dem wir leben. Wir üben also auch für die Familie der Erde und des Landes, für unsere Freunde, für die Natur, für die Bäume und Sträucher. Wir üben für unsere Klientinnen und Klienten, für die Menschen, denen wir helfen. Und wir üben für unsere Gemeinschaft, für die spirituelle oder geistige Familie, der wir uns verbunden fühlen.

Sechstens halten wir kurz inne in Dankbarkeit dafür, dass wir üben, dass wir einen Weg gehen. So unvollkommen unser Üben auch sein mag, wir achten unser Bemühen und schenken uns selbst Wertschätzung.

   Zum Abschluss können wir die Früchte unseres Übens der Befreiung aller fühlenden Wesen widmen.

> Mögen die Früchte meines Übens
> allen Wesen Glück und Wohlsein bringen.

Einige Regeln, die uns helfen können

Der Religionspädagoge Fulbert Steffensky, Lebenspartner der verstorbenen Theologin Dorothee Sölle, hat für den Weg der Stille oder des Gebets einige einfache Regeln formuliert. Sie erscheinen mir bedenkenswert, auch für Menschen, die mit „Gebet" nicht viel anfangen können. Vielleicht öffnet sich ein Zugang, wenn man das, was er „Gebet" nennt, einfach als Praxis der Achtsamkeit oder des stillen Daseins versteht.[34]

„Entschließe dich zu einem bescheidenen Vorhaben auf dem Weg zum Gebet! Es gibt das Problem der Selbstentmutigung durch zu große Vorhaben. Ein solcher bescheidener Schritt könnte sein, am Morgen oder am Abend einen Psalm in Ruhe zu beten; sich einige Minuten für eine Lesung freizuhalten, den Losungen in einigen Minuten seine Aufmerksamkeit zu widmen. Wenn dies nicht möglich ist, liegt es nicht an der Hektik und der Überlast unseres Berufes, sondern daran, dass wir falsch leben.

- Gib deinen Vorhaben eine feste Zeit! Bete nicht nur, wenn es dir danach zumute ist, sondern wenn es Zeit dazu ist. Regelmäßig beachtete Zeiten sind Rhythmen, Rhythmen sind gegliederte Zeiten. Erst gegliederte Zeiten sind erträgliche Zeiten. Lineare und nicht gegliederte Zeiten sind öde und schwer erträglich.
- Gib deinem Vorhaben einen festen Ort. Orte sprechen und bauen an unserer Innerlichkeit.
- Sei streng mit dir selbst! Mache deine Gestimmtheit und deine augenblicklichen Bedürfnisse nicht zum Maßstab deines Handelns! Stimmungen und Augenblicksbedürfnisse sind zwielichtig. Die Beachtung von Zeiten, Orten und Methoden reinigt das Herz.
- Rechne nicht damit, dass dein Vorhaben ein Seelenbad ist. Es ist Arbeit – labor! –, manchmal schön und erfüllend, oft langweilig und trocken. Das Gefühl innerer Erfülltheit rechtfertigt die Sache nicht, das Gefühl innerer Leere verurteilt sie nicht. Meditieren, Beten, Lesen sind Bildungsvorgänge. Bildung ist ein langfristiges Unternehmen.
- Sei nicht auf Erfüllung aus, sei dankbar für geglückte Halbheit! Es gibt Ganzheitszwänge, die unsere Handlungen lähmen und uns entmutigen.
- Beten und Meditieren sind kein Nachdenken. Es sind Stellen hoher Passivität. Man sieht die Bilder eines Psalms oder eines Bibelverses und lässt sie behutsam bei sich verweilen. Meditieren und Beten heißt frei werden vom Jargon, Beabsichtigen und Fassen. Man will nichts, außer kommen lassen, was kommen will. Man ist Gastgeber der Bilder. Setze den Texten und Bildern nichts entgegen! Überliefere dich ihrer Kraft und lass dich von ihnen ziehen! Sich nicht wehren und nicht besitzen wollen ist die hohe Kunst eines meditativen Verhaltens.
- Fang bei deinem Versuch nicht irgendwie an, sondern baue dir eine kleine, sich wiederholende Liturgie. Beginne z. B. mit einer Formel ('Herr,

öffne meine Lippen!'), mit einer Geste (der Bekreuzigung der Lippen), lass einen oder mehrere Psalmen folgen! Lies einen Bibelabschnitt! Halte eine Stille Zeit ein! Schließe mit dem Vaterunser oder einer Schlussformel. Psalmen und Lesungen sollen vor deiner Meditation feststehen. Fange also nicht an zu suchen während deiner Übung!

- *Lerne Formeln und kurze Sätze aus dem Gebets- und Bildschatz der Tradition auswendig (Psalmen, Bibelverse …)! Wiederholte Formeln wiegen dich in den Geist der Bilder. Sie verhelfen uns zur Passivität. Sie sind außerdem die Notsprache, wenn einem das Leben die Sprache verschlägt. Sie sind wie ein Balken, an den man sich nach einem Schiffbruch klammert. Wir verantworten ihren Inhalt nicht, denn wir sprechen sie mit der Zunge der toten und lebenden Geschwister.*

- *Wenn du zu Zeiten nicht beten kannst, lass es! Aber halte den Platz frei für das Gebet, d. h., tue nicht irgendetwas anderes, sondern verhalte dich auf andere Weise still! Setze dich einfach ruhig hin! Verlerne deinen Ort und deine Zeit nicht!*

- *Sei nicht gewaltsam mit dir selbst! Zwinge dich nicht zur Gesammeltheit! Wie fast alle Unternehmungen ist auch diese kleine brüchig, es soll uns der Humor über dem Misslingen nicht verlorengehen. Auch das Misslingen ist unsere Schwester und nicht unser Todfeind.*

Birg deinen Versuch in den Satz von Römer 8: ‚Der Geist hilft unserer Schwachheit auf. Denn wir wissen nicht, wie wir beten sollen, wie sich's gebührt, sondern der Geist tritt für uns ein mit unaussprechlichem Seufzen.' Wir bezeugen uns nicht selber. Der Geist gibt Zeugnis unserem Geist. Wir sind besetzt von einer Stimme, die mehr Sprache hat als wir selber, oder um es mit einem Satz aus dem letzten Vortrag von Dorothee Sölle zu sagen: ‚Wir beginnen den Weg zum Glück nicht als Suchende, sondern als schon Gefundene.' Das ist die köstliche Formulierung dessen, was wir Gnade nennen.

Von Bertolt Brecht können wir uns daran erinnern lassen, dass wir immer wieder neu beginnen können, auch mit dem letzten Atemzug.[35]

Alles wandelt sich

*Alles wandelt sich. Neu beginnen
kannst du mit dem letzten Atemzug.
Aber was geschehen ist, ist geschehen. Und das Wasser,
das du in den Wein gossest, kannst du
nicht mehr herausschütten.*

*Was geschehen ist, ist geschehen. Das Wasser,
das du in den Wein gossest, kannst du
nicht mehr herausschütten, aber
alles wandelt sich. Neu beginnen
kannst du
mit dem letzten Atemzug.*

4

Mitgefühl als Beruf

Übe keinen Beruf aus,
der den Menschen und der Natur schadet.
Investiere dein Geld nicht in Unternehmen,
die anderen die Lebensmöglichkeiten rauben.
Wähle einen Beruf, der hilft,
dein Ideal des Mitgefühls zu verwirklichen.[36]

THICH NHAT HANH,
Vierzehn Regeln für alle, die auf dem Weg sind

„Das schwierige ist nicht einfach, Geld zu verdienen", klagt der Sohn des schwerreichen Waffenfabrikanten Miguel Moliner in Juan Ruiz Zafóns Roman „Der Schatten des Windes". Und er fährt fort: „Das Schwierigste ist, es mit etwas zu verdienen, was es wert ist, dass man ihm sein Leben widmet."[37] Und er fügt selbstkritisch hinzu: „Beim Arbeiten braucht man dem Leben nicht in die Augen zu schauen." Welchen Beruf wir wählen, hat einen großen Einfluss auf unser Leben. Unser Beruf formt unsere Interessen und unseren Geist, beeinflusst stark unsere sozialen Beziehungen und die Gestaltung unserer Zeit. Welchen Beruf wir ergreifen hängt vielleicht zum Teil von „Zufällen" ab. Oder um es etwas genauer zu sagen: Es hängt von unserem „Karma" ab. „Karma" heißt auf Sanskrit einfach „Handlung". Unser Leben, unsere Partnerwahl, die Wahl unseres Berufes sind z. B. bedingt durch die Handlungen unserer Vorfahren, durch unsere Erziehung, durch Schule, Vorbilder, Freunde, durch die Geschichte und Kultur des Landes, in dem wir leben. Wenn uns dieses „Karma" einen sozialen Beruf beschert hat, können wir uns glücklich schätzen und dankbar sein. Es ist nicht unser Verdienst, dass wir nicht töten müssen, um zu überleben, dass wir nicht in einem Unternehmen arbeiten müssen, das Waffen herstellt oder die Umwelt zerstört. Wenn wir einen helfenden Beruf ausüben können, ist das ein Geschenk und wir können lernen, es zu achten und zu schätzen, wenn wir über diese Zusammenhänge nachdenken. Wir vergleichen uns vielleicht mit anderen Menschen, die mehr verdienen, deren Status höher ist, deren Haus und Auto größer sind. Das kann uns neidisch und unzufrieden werden lassen und wir übersehen leicht die Chancen und Möglichkeiten, die uns unser Beruf schenkt. „Ist das, was ich tue, es wert, dass ich ihm mein Leben widme?", können wir uns ab und zu fragen. Oder: „Dient mein Arbeiten dazu, dem Leben nicht in die Augen zu schauen?"

Tierpfleger oder Verhaltensforscher

Als Kind wollte ich am liebsten Tierpfleger werden. Oder Verhaltensforscher in Afrika. Nach der Schule habe ich dann zunächst eine Ausbildung in der öffentlichen Verwaltung begonnen und Verwaltungswirtschaft studiert. Nach den Abschlussprüfungen fragte mich der Beamte des Innenministeriums, der die Prüfungsurkunden überreichte, was ich denn nun beruflich machen wolle. „Kommen Sie doch ins Innenministerium, Sie haben doch so einen hervorragenden Abschluss gemacht." Er konnte es überhaupt nicht verstehen, dass ich zunächst nicht in der Verwaltung arbeiten, sondern ein soziales Jahr in einem Kinderheim machen wollte. „Sie werden Ihr ganzes Leben lang im Besoldungsdienstalter ein Jahr hinter Ihren Kollegen herhinken.", sagte er fast entsetzt. Die Erfahrungen, die ich dann in dem Heim für „schwer erziehbare Kinder und Jugendliche" machte, waren teilweise schrecklich. Aber trotzdem wollte ich nicht zurückgehen aufs Rathaus oder ins Landratsamt. Als ich dann auch noch beschloss, anschließend Sozialarbeit zu studieren, war auch mein ehemaliger Ausbildungsleiter auf dem Rathaus völlig fassungslos. „Das bringt dich keine Gehaltsstufe weiter. Im Gegenteil: Es mindert deine Aufstiegschancen!" Trotzdem habe ich diese Entscheidung nie bereut. Manchmal bin ich im Stillen dankbar für meinen Beruf als „Helfer". Er integriert auch meine Kindheitsträume, habe ich irgendwann überrascht erkannt. Ich „pflege" nicht Tiere, sondern Menschen. Ich erforsche nicht Zebras oder Schimpansen, sondern das Zusammenleben und die sozialen Probleme von Menschen. Und wenn ich mir wieder einmal die Frage stelle: „Was würde ich machen, wenn ich noch einmal von vorn beginnen könnte?", dann komme ich jedes Mal zu dem Schluss: „Ich würde genau dasselbe wieder machen." Helfen ist ein schöner, großartiger Beruf, der Spaß macht und Befriedigung bringt. Das zu schreiben fällt mir nicht leicht. Es klingt irgendwie pathetisch und nach Helfersyndrom.

Aber für mich ist es tatsächlich immer noch ein großes Geschenk, in unserer Welt, die beherrscht ist vom „Evangelium des freien Marktes"[38], vom Diktat der Ökonomie, von Konkurrenz und dem Streben nach Profit, einen Beruf ausüben zu dürfen, in dem es möglich ist, Mitgefühl zu praktizieren. Das gilt trotz der häufig schlechten Rahmenbedingungen, die ich selbst nur allzu gut kenne. „Wir Helfer und Helferinnen werden vielleicht schlecht bezahlt, aber wir haben das Privileg, in unserer Arbeit nicht nur anderen, sondern auch uns selbst zu begegnen, zu wachsen und zu reifen." Das sage ich manchmal meinen Studentinnen und Studenten oder Weiterbildungsteilnehmer(n)/innen. Aber nur leise, denn es passt so gar nicht in unsere Landschaft, in der professionelle Standeskämpfe, Abgrenzungsrituale und die Suche nach der eigenen „Domäne" die helfenden Berufe eher zersplittert als eint, in der tatsächlich die Bezahlung teilweise skandalös schlecht ist und in der Wolfgang Schmidbauers – wichtige und hilfreiche – Arbeit zur Hilflosigkeit der Helfer jedes Reden von Mitgefühl und Barmherzigkeit bereits im Ansatz verdächtig macht.

Natürlich ist „Helfen" nicht der einzige Beruf, in dem es möglich ist, Mitgefühl zu praktizieren. Die Bäuerin auf dem Markt, bei der ich das Gemüse kaufe, oder der freundliche Postbeamte, bei dem ich früher mein Geld noch persönlich abholte, strahlen durch ihr Lächeln, ihre Präsenz und ihre Geistes-Gegenwart ebenfalls Liebe und Mitgefühl aus. Aber in helfenden Berufen ist das vielleicht (noch) ein wenig leichter als in anderen.

Der Schatten: Die Angst des Helfers vor dem Klienten

Ich möchte allerdings das Helfen nicht idealisieren. Ich kenne auch die Schattenseiten und den hohen Preis, den das Helfen für den haben kann, der hilft.

Eine meiner ersten Erfahrungen in der professionellen Sozialarbeit war die Begegnung mit dem Schatten. Das war sein Spitzname. Er wurde auch von den Mitarbeitern des Obdachlosenheims so genannt.[39] Und er wurde gefürchtet. Es kursierte die Geschichte, der Schatten sei auf Gerhard, den Sozialarbeiter, zwischen den Baracken mit erhobener Axt losgegangen und habe gedroht, ihm den Schädel zu spalten, wenn er nicht den verlangten Kleidergutschein erhalte. Wir vier Studenten im dritten Semester waren gemeinsam im Praktikum im Obdachlosenheim, voller fortschrittlicher Ideale und mit der tiefen Überzeugung, dass Obdachlosigkeit ein gesellschaftlich verursachtes Phänomen sei. Wir waren sicher, dass es in der kritisch-emanzipatorischen Sozialarbeit vor allem darauf ankomme, sich mit den Betroffenen zu solidarisieren.

Es klingelte an der leichten Holztür der Baracke des Sozialdienstes. Keiner der hauptamtlichen Sozialarbeiter war da. Die Kollegen hatten uns empfohlen, vor dem Öffnen der Tür durch das Fenster zu schauen und im Fall des Falles einfach nicht zu öffnen. Draußen stand der Schatten. Er polterte mit wuchtigen Schlägen an die Tür. Die drei Mit-Praktikanten spähten um die Ecke des nächsten Büros. An der Eingangstür stand ich allein. Er hatte mich bereits gesehen. Es erschien mir sinnlos, so zu tun, als sei niemand da. Ich öffnete also dem Schatten die Tür. Was er genau wollte, erinnere ich nicht mehr. Vermutlich wollte er Geld oder einen Kleidergutschein. Sehr gut erinnere mich aber nach den vielen Jahren noch an seine Wut, als ich ihm nicht geben konnte, was er wollte, und an meine Angst.

In dieser Situation lernte ich zum ersten Mal die Kraft des Verstehens kennen – denn ich hatte nichts anderes. Es nutzten keine Erklärungen. Es nutzte auch kein Versuch der Solidarisierung: Ich repräsentierte für den Schatten die „andere Seite" – mit dem ganzen Sozialamt und allen, die ihn in seinem bisherigen Leben belogen und betrogen hatten. Und ich war nun einer derjenigen, die er seinerseits belog, beschiss und bedrohte, ein „Sozial-Arsch". Ich lernte: Die Helfer sind die anderen, Helfer werden gebraucht – und gehasst. Sie werden nicht geliebt für ihre Hilfe, sondern verachtet. Ich lernte meine Angst kennen – die Angst vor denen, die ganz anders sind. Sie sind arm – wir sind reich. Oder ist da – trotz dieser Trennung – ein fundamentales Eins-Sein? In solchen Begegnungen verliert dieses „Intersein", das Eins-Sein allen Seins, alles Weihevolle oder Hohe. Es wird etwas ganz Schlichtes, vielleicht sogar Provozierendes.

Eine wichtige Lektion in der Kunst des (nicht) Helfens ist es, auch dieses Nicht-Heroische anzunehmen, die Verachtung des Helfers zu akzeptieren und sich von dem Bild des geliebten und gefeierten Retters, das dem eigenen Ego so schön schmeichelt, zu verabschieden.

„Man muss die Menschen lieben"

Peter Bichsel hat in dem bezaubernden Büchlein *Möchten Sie Mozart gewesen sein?* eine Frage gestellt, die mich beim ersten Lesen getroffen hat und an die ich mich immer wieder einmal erinnere. Er fragt: Welcher Satz hat dich in deinem Leben am tiefsten berührt? Bevor du weiter liest, lade ich dich ein, kurz die Augen zu schließen und diese Frage in dein Inneres fallen zu lassen, wie ein Kieselstein in einen Teich fällt. Ohne nachzudenken, ohne dich anzustrengen, warte einfach ab, was von selbst auftaucht...

Für mich war einer der Texte, die mich am tiefsten berührten, eine Stelle aus dem Neuen Testament, aus dem ersten Brief von Paulus an die Korinther: „Wenn ich mit Menschen- und mit Engelszungen redete und hätte der Liebe nicht, so wäre ich ein tönendes Erz oder eine klingende Schelle. Und wenn ich prophetisch reden könnte und wüsste alle Geheimnisse und alle Erkenntnis und hätte allen Glauben, so dass ich Berge versetzen könnte, und hätte der Liebe nicht, so wäre ich nichts. Und wenn ich alle meine Habe den Armen gäbe und ließe meinen Leib verbrennen und hätte die Liebe nicht, so wäre mir's nichts nütze." (1. Kor 13,1–3)

Wenn ich Weiterbildungen in allen Methoden absolviert hätte, sie spielend anwenden könnte, alle Bücher über das Helfen gelesen und mir alles Wissen über soziale Probleme, über Krankheit und Gesundheit und über die Ursachen menschlichen Leidens angeeignet hätte – wäre es nichts. Das ist starker Tobak. Heute geht es beim Helfen nicht um Liebe, sondern um wissenschaftliches Wissen, um forschungsmässig abgesicherte Erkenntnisse über Interventionen und um den Standards entsprechende Vorgehensweisen. Von Liebe zu sprechen erscheint verdächtig: Hat da jemand sein Helfersyndrom nicht ausreichend bearbeitet? Wird da Professionalität durch Gefühlsduselei ersetzt? Handelt es sich um einen Rückfall in vorwissenschaftliche Formen der Barmherzigkeit, bar jeder kritischen Reflexion? Mich ermutigt es dann, dass auch Menschen, die wissenschaftlich hoch renommiert, klug und kompetent sind, sich nicht scheuen, von „Herzensqualitäten" zu sprechen. Luc Ciompi, der weltbekannte Psychiater und Schizophrenieforscher, sagte in einem Interview nach seiner Emeritierung: „Man muss den Menschen lieben!, den Menschen, sich selbst und das Leben!, und das bedeutet nach meiner Meinung vor allem: Schönheit zu sehen, zu entdecken – und zwar jenseits von allen romantischen oder sentimentalen Vorstellungen, unter bewusstem Einbezug von Schwächen oder dunklen Seiten. Eines meiner Leitbilder, das mir gerade auch in der Arbeit mit schwierigen psychiatrischen Patienten immer wieder hilft, ist das einer von Wind und Wetter gekennzeichneten Bergtanne! Solche Tannen suchen und finden einerseits noch im unwirtlichsten Gelände ihre Nahrung: Sie verankern sich mit großer Zähigkeit in den letzten kärglichsten Felsritzen und werden durch Sturm und Kälte nicht schwächer, sondern stärker. Auch fehlen ihnen oft alle möglichen Äste, vielleicht ist sogar der Wipfel beschädigt – und trotzdem ist so eine Tanne immer noch ein ganzer Baum. Ein wunderbarer, ganzheitlicher Organismus, ein herrliches Sinnbild von Schönheit trotz allem."[40]

Die Blume des Mitgefühls

An der Wand im Beratungszimmer des sozialpsychiatrischen Dienstes, in dem ich als Sozialarbeiter in der Begleitung von chronisch psychisch kranken Menschen tätig war, hatte ich eine Karte aufgehängt. Darauf stand ein

Satz von Novalis: „Krankheiten, vor allem langwierige, sind Lehrjahre des Herzens und der Gemütsbildung." Vielleicht erscheinen die Worte heute unzeitgemäß. Zeitgemäß ist die Rede von Gesundheit, Salutogenese (= „Gesundheitsentwicklung", ein medizinisches Präventionskonzept) und Gesundheitsförderung, zeitgemäß sind Empowerment, Ressourcen- und Lösungsorientierung. Was soll also das Reden oder Nachdenken über Krankheit oder gar über „Herz" und „Gemüt"? Ich möchte die Bedeutung der „modernen" Prinzipien und Erkenntnisse beim Helfen nicht schmälern, im Gegenteil: Sie sind mir selbst sehr wichtig. Aber wichtig ist mir auch – als Ergänzung – ein vielleicht unzeitgemäßes Plädoyer für die Wahrnehmung, ein Für-wahr-Nehmen, von Krankheit und Leiden zu halten. Gerade als Systemiker erscheint es mir zunehmend wichtig, daran zu erinnern, dass Gesundheit und Lösungen nicht alles sind und dass Mitgefühl die entscheidende Grundhaltung beim Helfen ist, auch wenn dies zunehmend in Vergessenheit gerät oder angesichts der Verwissenschaftlichung und Professionalisierung helfender Berufe nicht gerade opportun erscheint.

Worauf es beim Helfen – neben Theorien, Methoden und Professionalität – wirklich ankommt, das ist Mitgefühl. Vielleicht kennzeichnet das Vorhandensein von Mitgefühl sogar erst wirkliche Professionalität. Und möglicherweise ist dies die wesentliche, die „unsichtbare Seite der Qualität" sozialer Arbeit[41], jenseits von Manualen, Checklisten und Zertifizierungen.

Herzens-Kompetenz entwickeln

Beim Helfen kommt es auf eine gute Balance zwischen Herz, Kopf und Hand an. Das ist in der Einleitung zu diesem Buch bereits angerissen worden. Was sind die weiteren „Herzensqualitäten", die beim Helfen wichtig sind? Kann man die Achtsamkeit des Herzens in Begriffe fassen, kann man sie kommunizierbar, lehrbar machen? Leider spielen solche Qualitäten in professionellen Ausbildungen kaum eine Rolle. Ja, manchmal führt die Ausbildung dazu, ursprüngliche „Herzensqualitäten" zu verlernen oder abzuwerten. Manche schämen sich sogar für ihr Mitgefühl mit Klientinnen bzw. Klienten und verstecken ihre Tränen vor diesen, vor Kollegen und vor sich selbst. Sie verlieren ihren ursprünglichen Bezug zu dem, was sie vor der Ausbildung einmal als ihre „Berufung" angesehen haben.

Wir brauchen deshalb den Mut, auch professionelle Mythen in Frage zu stellen oder das theoretisch Gelernte anhand unserer eigenen Erfahrung kritisch zu prüfen. In der Ausbildung von Helferinnen und Helfern wird häufig eine Haltung vermittelt, die in der beruflichen Sozialisation später noch vertieft wird. Ich möchte sie als den „Mythos von Nähe und Distanz" bezeichnen.

Anja, eine 43jährige Sozialarbeiterin in einem Arbeitslosenprojekt formuliert es so: „Ein großes Thema würde ich sagen, ist das Thema Nähe und Distanz. Es ist sehr wichtig, das Verhältnis zwischen uns und den Klienten klarzustellen. Es kommt darauf an, sich da auch abzugrenzen und deutlich zu machen, dass man eben nicht die Mutter ist oder die Freundin, sondern dass wir in einer beruflichen Beziehung miteinander stehen. Das ist wichtig für die Klienten, damit die sich orientieren können, aber auch wichtig für uns. Es ist nicht gut, was am Anfang sicherlich oft der Fall ist, dass man sich sehr mit den Menschen identifiziert und sich deren Sachen sehr zu Herzen nimmt. Das ist was, das kann man auf Dauer nicht durchhalten und das sollte man auch nicht machen. Das sollte man sich klar machen, dass das meine Arbeit ist, die auch belastend sein kann, aber die ich möglichst dort lassen und nicht mit nach Hause nehmen sollte."[42]

Das klingt einleuchtend und die Überzeugung, dass Abgrenzung und Distanz für professionelles Helfen eine zentrale Bedeutung haben, hat sicher ihre Berechtigung. Es mag für manche Helferin wichtig sein, die Fähigkeit dazu zu entwickeln. Aber ich möchte vorschlagen, diese Haltung in Frage zu stellen oder zumindest durch ein anderes Prinzip zu ergänzen, das mir genauso bedeutsam erscheint. Beim Helfen geht es m. E. *auch* und entscheidend darum, durchlässig zu werden für die Gefühle anderer, auch für Trauer und Schmerz, statt sich abzugrenzen. Juliane sagt: „Ich habe mir lange einreden lassen, dass es unprofessionell wäre, auch Nähe zuzulassen und sich auch mit der eigenen Emotionalität als Person sichtbar zu machen. Ich selbst kam aber nie gut mit der strikten Abstinenz zurecht."

Leiden und Schmerz anderer Menschen an mich herankommen und mich von ihnen berühren zu lassen, ohne sie festzuhalten, sie durch mich durchfließen und wieder abfließen zu lassen, ist eine schwierige Kunst, aber es ist eine Kunst, die genauso gelernt werden kann, wie der Umgang mit theoretischen Konzepten. Vielleicht sollte dieser Kunst in der Aus- und Weiterbildung eine größere Bedeutung zugemessen werden.

Spiritualität als Ressource erkennen

Jan sagt: „Ich war in der Zeit, als ich studierte, in den 70er Jahren, stark geprägt von einem politischen Verständnis von Sozialarbeit. Da kam Spiritualität nicht vor. Erst die Begegnung mit der Gesprächstherapie von Rogers hat mich dafür geöffnet und sensibel gemacht. Manchmal frage ich mich, ob vielleicht der spirituelle Gehalt der GT von vielen nicht genügend verstanden und belächelt wird."

Carl Rogers, der Wegbereiter der humanistischen Psychologie, und seine Mitarbeiter und Schüler formulierten Grundbedingungen für Wachstum und Entwicklung von Menschen in unterschiedlichsten Kontexten. Zunächst für den Bereich der Psychotherapie, später wurden diese Bedingungen auch für Erziehung und Unterricht, Mitarbeiterführung in Unternehmen, Selbsterfahrungsgruppen usw. empirisch geprüft und es konnte als allgemeines Gesetz formuliert werden, dass Menschen sich immer dann konstruktiv entwickeln, dass sie wachsen und reifen, wenn sie bei (psychologischen) Helferinnen, Lehrern, Erzieherinnen, Pflegerinnen oder Managern Wärme und Wertschätzung, einfühlendes Verstehen und vor allem Echtheit wahrnehmen. Viele Helfer/innen kennen den klientenzentrierten oder personenbezogenen Ansatz, wie ihn Rogers in seinen späteren Veröffentlichungen[43] genannt hat, aus der Ausbildung zumindest von der Theorie her. Aber für viele sind die Grundhaltungen von Rogers auch kaum noch bekannt. „Es hat sich ausgerogert", sagte mir die Dozentin einer Weiterbildungseinrichtung für Pflegekräfte treffend.

Bezeichnenderweise hat Carl Rogers am Ende seines Lebens eine vierte Bedingung formuliert, die kaum bekannt wurde und bislang auch weniger Eingang in Forschung und Theoriebildung der helfenden Berufe gefunden hat, obwohl sie mir sehr bedeutsam erscheint. In einer Beschreibung seiner personenbezogenen Haltung formuliert er als weiteres Charakteristikum für wachstumsfördernde Bedingungen die Offenheit für das Transzendente, die Einheit, das Umgreifende und betont, dass er diese mystische, spirituelle Dimension lange unterschätzt habe und erst jetzt, am Ende seines Lebens erkenne, wie wichtig sie sei.[44] „Spiritualität spielt im Studium der Sozialarbeit keine Rolle", sagt Michael enttäuscht. Das dürfte in anderen helfenden Berufen ähnlich sein. Von Carl Rogers können wir dagegen lernen, wie wichtig es ist, sich selbst für diese Dimension zu öffnen und uns ermutigen zu lassen, diese wichtige Ressource für uns selbst und unsere Klientinnen nicht zu vergessen.

Doris sagt: „Meditation und Yoga praktiziere ich seit langem. Aber ich kriege es nicht mit meinem normalen Alltag zusammen. Wäre das vielleicht der Schlüssel zu mehr Leichtigkeit in meiner Arbeit?"

„Transzendenz", „Spiritualität" oder „das Umgreifende" sind für viele Menschen heute nicht mehr greifbar, sie können sich nichts darunter vorstellen oder sie können diese Dimension nicht mit ihrem Alltag zusammenbringen. Deshalb erscheint es mir wichtig zu betonen, dass „Transzendenz" nichts Fernes oder Überweltliches ist. Vielleicht führt uns schon das tiefere Nachdenken über Mitgefühl zu dieser Dimension.

Einfach Mitgefühl

Was ist Mitgefühl? „Mitgefühl ist die Antwort des Herzens auf den Schmerz. Wir haben Anteil an der Schönheit des Lebens und am Ozean der Tränen. Das Leiden am Leben ist Teil dessen, was uns miteinander verbindet. Es trägt eine Zärtlichkeit in sich, ein Mitgefühl und ein Wohlwollen, das alle Dinge umfängt und jedes Wesen berühren kann."[45], sagt Jack Kornfield. Das hört sich großartig an, finde ich. Es klingt fast zu großartig. Mitgefühl ist aber nichts Großartiges. Es ist ganz einfach. Manchmal ist es auch einfach banal, langweilig oder mühsam. Aber diese Haltung des offenen Herzens bei dem Menschen, der hilft, das offene Herz, das am anderen Anteil nimmt, mit Achtung und Respekt vor seinem Leiden, die ihm sein Leiden nicht nehmen will, ist wohl auch das, was wir uns selbst wünschen, wenn wir in die Situation kommen, Hilfe annehmen zu müssen. Eine nützliche Frage, die sich Helferinnen und Helfer immer wieder stellen sollten, ist deshalb: „Wie würde ich selbst gerne behandelt werden, wenn ich in dieser Situation wäre?"

Die Krankenschwester in der Ambulanz der Klinik, in die wir nach unserem Autounfall kommen, nimmt sich Zeit. Sie lächelt uns freundlich an und fragt mit Anteilnahme nach, was denn passiert ist. Zusätzlich zu ihrer Professionalität, mit der sie die notwendigen Daten erhebt, verwirklicht sie etwas, was so einfach ist und doch oft fehlt. Ich habe das Gefühl: Wir werden wirklich gesehen. Ich fühle mich angenommen und verstanden.

Hat ein Hund Buddhanatur?

Was ist der „Grund" des Mitgefühls? Was ist der tiefere Grund des Helfens? Warum helfen wir nicht nur anderen Menschen, sondern setzen uns für das Wohlergehen von Tieren, Pflanzen und Mineralien ein? Darauf gibt es mehrere Antworten: Naheliegend ist zunächst die lebensgeschichtlich-biografische Antwort: Unsere Prägung, die Erziehung, die Wirkung von Vorbildern. Eine andere Antwort finden wir in der buddhistischen Tradition. Dort wird gelehrt, dass jeder Mensch, ja sogar jedes Lebewesen, „Buddhanatur" hat. Der Zen-Meister Hakuin Zenji (1686 – 1769) bringt diese Einsicht in seinem Lobgesang auf Zazen wunderbar zum Ausdruck:

> Alles Seiende ist seinem Wesen nach Buddha,
> wie Eis seinem Wesen nach Wasser ist. Ohne Wasser gibt es kein Eis.
> Ohne das Seiende gibt es nicht Buddha.
> Wie traurig, dass die Menschen das Nahe nicht sehen
> und die Wahrheit in der Ferne vermuten –
> wie jemand, der mitten im Wasser aufschreit vor Durst,
> wie ein Kind wohlhabender Eltern,
> das umherirrt unter den Armen.[46]

Mit „Buddhanatur" ist nichts Mystisches, keine „Hinterwelt" gemeint. Buddhanatur ist die Natur des einen Seins, die allem Seienden gemeinsam ist. Wir können es auch so sagen: In jedem Menschen – vielleicht auch in den Blumen, den Bäumen und den Hügeln – begegnet uns Christus. Jeder leidende Mensch, dem wir helfen, *ist* Christus. Im Matthäusevangelium drückt Jesus das wundervoll aus: „Denn ich bin hungrig gewesen, und ihr habt mir zu essen gegeben. Ich bin durstig gewesen, und ihr habt mir zu trinken gegeben. Ich bin ein Fremder gewesen, und ihr habt mich aufgenommen. Ich bin nackt gewesen und ihr habt mich gekleidet. Ich bin krank gewesen, und ihr habt mich besucht. Ich bin im Gefängnis gewesen, und ihr seid zu mir gekommen... Was ihr getan habt einem von diesen meinen geringsten Brüdern, das habt ihr mir getan." (Mt 25,35–40)

Die Budhha- oder Christusnatur ist nicht ein „Etwas", das in Menschen, Tieren, Pflanzen und Mineralien vorhanden ist oder das sich intellektuell erfassen lässt. Sie ist Leerheit, die nur konkret erfahren werden kann. Als der Zen-Meister Joshu von einem Schüler gefragt wurde, ob ein Hund Buddhanatur habe, antwortete er „Mu". Über dieses Koan, dieses Rätsel des „Mu", das auf Japanisch soviel wie „nicht" oder „nein" heißt, meditieren viele Zen-Schüler Jahre lang.

Intersein

Leerheit ist ein anderes Wort für das Ineinander-Verwobensein aller Dinge oder Phänomene. Thich Nhat Hanh nennt die Beziehung der gegenseitigen Abhängigkeit, der Verwobenheit allen Seins „Intersein" – das Seiende ist nicht getrennt, sondern eins. Er formuliert so eine der Grundeinsichten des Buddhismus neu. Aber wir müssen nicht nach Ostasien gehen, auch in unserer eigenen Kultur wird die Einsicht über das „Intersein" gelehrt. Im Judentum z. B. hat Martin Buber mit seiner dialogischen Philosophie, die in der Tradition des ostjüdischen Chassidismus wurzelt, dieser Einsicht eine neue Sprache gegeben.[47]

Intersein ist kein philosophisches Konzept. In der Weisheit des Interseins kommt Liebe zum Ausdruck, Liebe und Wertschätzung für alles, was lebt – bis hin zu Mineralien, Felsen und Bergen. Liebe ist kein Gefühl. Liebe ist eine Haltung – und sie ist eine Kunst, die Disziplin und Ausdauer erfordert. Sie entspringt nicht moralischen Geboten, sondern der einfachen und uralten Erkenntnis, dass wir nicht getrennt sind von der Welt, die uns umgibt, nicht getrennt von den anderen Menschen, die wir hassen oder denen wir helfen, sondern dass eine fundamentale Einheit uns verbindet mit allem, was ist. Woher stammt diese Einsicht, dass alles mit allem zusammenhängt, dass der ganze Kosmos eine Einheit ist? Ist das nicht bloß eine Behauptung, die trivial ist, kaum Erkenntniswert besitzt und keine praktischen Konsequenzen hat?

Die Indianer Nordamerikas pflegen diese Einsicht seit Jahrhunderten. Lame Deer, Medizinmann der Sioux in Dakota (1900 – 1974), drückt es so aus: „Wir alle müssen lernen, uns als Teil dieser Erde zu sehen, nicht als einen Feind, der von außen kommt und ihr seinen Willen aufzuzwingen sucht. Wir, die wir das Geheimnis der Pfeife kennen – das Geheimnis der Verbundenheit der Menschen mit dem Schöpfungsgeist und mit der ganzen Schöpfung –, wissen auch, dass wir als lebendiger Teil dieser Erde ihr nicht Gewalt antun können, ohne uns selbst zu verletzen.“[48] Wenn wir der Erde Gewalt antun, verletzen wir uns selbst – welche praktischen Konsequenzen diese tiefe Wahrheit hat, erleben wir inzwischen fast täglich. Die Bisons und die Biber, gegen deren Ausrottung die Indianer protestierten, waren nur der Anfang. Klimawandel, das Waldsterben, die Überfischung der Meere, Hungersnöte und Kriege um Wasser sprechen eine deutliche Sprache.

In einem völlig anderen Kulturkreis, im Hinduismus, wird die gleiche Erkenntnis das „Netz des Indra“ genannt.

Die getöteten Goldfische – Buddhanatur in der Praxis

Dass alle Wesen Buddhanatur oder Christusnatur haben, hört sich vielleicht gut an, wenn man es liest. Aber was bedeutet es im konkreten Leben?

Im Park des Pflegeheims ist ein kleiner Teich. Darin schwimmen Goldfische, die eine pensionierte Krankenschwester liebevoll pflegt. Gerne schiebe ich Mutter im Rollstuhl zu diesem Teich. Wir sitzen im Schatten in der Laube, freuen uns am Plätschern des Springbrunnens, schauen den Fischen zu, wie viele andere alte Menschen mit ihren Besucherinnen und Besuchern auch, die hier im Pflegeheim wohnen. Schwester Nora, die den Teich putzt und die Fische füttert, hat uns vor einiger Zeit tief betroffen erzählt, dass zwei neunjährige Jungs aus der Nachbarschaft vor ein paar Monaten die Fische mit Stöcken gequält und den großen Roten am Rücken schwer verletzt haben. Sie hat ihn sorgsam gepflegt, so dass er jetzt wieder fast gesund ist. Einige Wochen später ist Mutter ganz durcheinander, als Regine sie besucht. Die beiden Jungen waren wieder da. Sie haben viele der Fische aufgespießt, sie aus dem Teich geholt, an die Wand der Laube geschlagen und sie so getötet. Schwester Nora ist verzweifelt. „Ich weiß nicht, ob ich das mit der Pflege der Fische noch länger machen kann. Das ist jedes Mal so schlimm für mich, wenn so etwas passiert." Zorn wallt in mir auf. Ich würde die Jungs am liebsten schütteln, verprügeln. Haben sie auch Buddhanatur? Wenn ich mit den Augen des Mitgefühls schaue, kann ich erkennen, dass auch sie wirklich dieses wahre Wesen in sich tragen. Ich beginne zu ahnen, wie sie leiden müssen, was sie alles schon erfahren haben müssen, dass sie so handeln und dass es ihnen Spaß macht, andere Wesen zu quälen.

Ich erinnere mich auch noch gut an die Zeit, als ich im Kinderheim gearbeitet habe, noch vor dem Studium. Sebastian aus unserer Gruppe war auch neun Jahre alt damals. Ein schmächtiger, blasser Junge, voller Ängste. Er war grausam und heimtückisch. Alle Schwächeren quälte er, wo er nur konnte. Ich habe ihn trotzdem ins Herz geschlossen – und er mich. Ganz selten einmal erzählte er, was er in seiner Familie erlebte, bevor er ins Heim kam. Es waren schreckliche Geschichten von Sexorgien, bei denen er zuschauen musste, von Saufgelagen und Prügeleien. Je mehr ich von jemandem weiß, je näher ich ihn mit seiner Geschichte und seinem Leiden kennen lerne, desto eher kann ich ihn und sein Verhalten verstehen. Ich beginne, seine „Buddhanatur" zu erkennen.

Es sind die lebendigen Menschen, mit denen wir es als Helferinnen und Helfer zu tun haben: *Sie* haben Christusnatur, nicht nur irgendwelche Heiligen aus vergangenen Zeiten. Was heißt das konkret für die Praxis des Helfens? Dazu fällt mir Paul ein. Er ist Pfarrer und arbeitet als Community Organizer in einer Stadt mit großen sozialen Problemen in den amerikanischen Südstaaten. Er erzählt mir, dass ein wesentlicher Teil seiner Arbeit darin bestehe, Besuche zu machen. Bei diesem „Face to Face Work" besucht er Menschen zu Hause und hört ihnen zu. „To listen to people's concerns and visions for their neighbourhood", nennt er das, was er da tut. Dieser „listening process" ist aber nicht nur die Anwendung einer „Methode" aus der Gemeinwesenarbeit. Er hat für Paul eine spirituelle Dimension, die ganz wichtig ist. „Jedes Mal, bevor ich ein Haus betrete, halte ich kurz inne, spreche ein kurzes Gebet und sage mir: ‚Paul, du betrittst jetzt heiligen Boden'." Man könnte einfach sagen: Er tut seine Arbeit mit Liebe und erkennt, dass da keine Trennung ist zwischen ihm selbst und denen, die er besucht.

Die Fünf Betrachtungen

Wie können diese philosophischen Einsichten, die Weisheit aus vielen Traditionen, für uns lebendige Wirklichkeit werden? Wir sind als Helfer oder Helferin nicht Expertinnen bzw. Experten, die alles wissen und können, sondern wir wissen – trotz und mit unserer Ausbildung, unseres Wissens, unserer Professionalität – nicht mehr als die Klientin oder der Patient von dem, was wirklich wichtig ist im Leben. Wir sind genauso wie sie betroffen von Alter, Krankheit, Trauer und Tod. Wir müssen sterben und eines Tages alles loslassen, was uns lieb und teuer ist. Insofern unterscheidet uns nichts Wesentliches von den Menschen, denen wir helfen. In Wirklichkeit ist da keiner, der hilft, und niemand, dem geholfen wird.

Die Übung der Fünf Betrachtungen kann hilfreich sein, sich diese Tatsache immer wieder ins Bewusstsein zu rufen. Thich Nhat Hanh hat diese uralte Praxis in eine wundervolle Form gebracht. Er empfiehlt, sie täglich zu rezitieren.[49]

Die Fünf Betrachtungen

Einatmend weiß ich, dass ich einatme.
Ausatmend weiß ich, dass ich ausatme.

Einatmend weiß ich, dass ich alt werde.
Ausatmend weiß ich, dass ich dem Alter nicht entkomme.

Einatmend weiß ich, dass ich krank werde.
Ausatmend weiß ich, dass ich Krankheiten nicht entkomme.

Einatmend weiß ich, dass ich sterben muss.
Ausatmend weiß ich, dass ich dem Tod nicht entkomme.

Einatmend weiß ich, dass ich eines Tages alles aufgeben muss,
was mir lieb und teuer ist.
Ausatmend weiß ich, dass ich der Aufgabe aller Dinge,
die mir lieb und teuer sind, nicht entkomme.

Einatmend weiß ich, dass meine Handlungen
mein einziges Eigentum sind.
Ausatmend weiß ich, dass ich den Folgen
meiner Handlungen nicht entkomme.

Einatmend bin ich entschlossen, meine Tage
in tiefer Achtsamkeit zu leben.
Ausatmend sehe ich die Freude und den Frieden
eines achtsamen Lebens.

Einatmend weiß ich, dass ich einatme.
Ausatmend weiß ich, dass ich ausatme.

„Was soll das denn bringen?", fragt Simon. „Davon wird man dann wahrscheinlich wirklich krank!" Ja, diese Sätze erscheinen vielleicht manchem zunächst als „morbide" und unnötig. Wissen wir nicht sowieso, dass wir krank werden? Können wir nicht etwas tun, dass wir gesund bleiben? Wir können die Wirkung ausprobieren. Vielleicht ist sie tatsächlich heilsam?

Seit ich die Fünf Betrachtungen am Morgen nach den Körperübungen für mich rezitiere, sind sie für mich zu einem kostbaren Juwel geworden. Ich empfinde tiefe Freude, wenn ich den Text spreche. Und ich erlebe es tatsächlich so, wie Thich Nhat Hanh sagt: Mit der Zeit schmelzen die fünf Grundängste langsam. Sie sind nicht weg, sie gehören zum menschlichen Leben, aber sie halten mich nicht mehr gefangen, ich bin ihnen nicht ausgeliefert und ich muss mein Leben nicht damit verbringen, vergeblich vor ihnen davonzulaufen. Wenn ich in der Supervision anderen Menschen von dieser Übung erzähle und sie damit zu experimentieren beginnen, machen sie oft ähnliche Erfahrungen.

5

Mitgefühl für uns selbst

Es ist nicht genug zu wissen, man muss auch anwenden.
Es ist nicht genug zu wollen, man muss auch tun.[50]

JOHANN WOLFGANG VON GOETHE

Warum ist es so schwer, gut für sich selbst zu sorgen?

„Ich bin am Ende", sagt Herbert, der Wohngruppenleiter in einem kinder- und jugendpsychiatrischen Heim ist. „Ich wache nachts auf und habe Herzrasen, Schweißausbrüche und weiß nicht mehr, wo oben und unten ist. Alle wollen etwas von mir: die Mitarbeiter, die Heimleitung, meine Frau, meine drei Kinder. Aber ich habe das Gefühl, dass ich demnächst völlig ausraste."

Viele Helferinnen und Helfer kennen solche oder ähnliche Symptome. Helfen kann anstrengend sein. „Helfen macht müde", sagt Jörg Fengler, der sich intensiv mit dem Ausbrennen und den möglichen Gegenstrategien beschäftigt hat.[51] Eine sehr wichtige Aufgabe von Helferinnen und Helfern ist es, sich selbst zu helfen und gut für sich selbst zu sorgen. Das ist altbekannt: Nur dann kann man anderen sinnvoll helfen, wenn man sich selbst im Gleichgewicht befindet. Nicht zuletzt deshalb ist Achtsamkeit besonders wichtig für Menschen in helfenden Berufen. Denn die

Übung der Achtsamkeit ist eine der besten Möglichkeiten, sich selbst zu helfen und dafür zu sorgen, dass man nicht zu sehr von Stress und negativen Gefühlen belastet ist. Aber obwohl es viele gute Bücher über Burnout-Prophylaxe gibt und obwohl wirksame Methoden des „Self-Care" zunehmend in der Ausbildung von Helferinnen und in Weiterbildungskursen vermittelt werden, scheint das nicht zu genügen. Diese Methoden und Ursachen sowie die Forschungsergebnisse zu kennen, z. B. über soziale Unterstützungssysteme, die notwendig sind, um nicht auszubrennen, ist wichtig. Aber es scheint nicht zu genügen. Auch Menschen, die all das wissen und kennen, setzen es häufig nicht um. Sie arbeiten trotzdem, bis sie krank werden oder bis ihr Körper revoltiert. Viele Helferinnen und Helfer sind oft so im Stress, dass sie alles vergessen, was sie über die Sorge für sich selbst gelernt haben, oder dass sie keine Zeit oder Kraft mehr finden, das umzusetzen, was sie wissen. Woher kommt das? Warum achten so viele Helferinnen nicht genügend auf sich selbst? Warum fällt es Helfern oft so schwer, sich selbst mit Freundlichkeit und Wertschätzung zu begegnen, ihre Grenzen zu respektieren und Hilfe anzunehmen, wenn sie diese selbst nötig haben?

Ich möchte im Folgenden nicht die wichtigen, aber häufig beschriebenen und gut zugänglichen Erkenntnisse der Burnout-Forschung wiederholen[52], sondern zunächst mit einigen Bemerkungen über die verwundeten Heiler beginnen. In den nächsten Abschnitten spreche ich über den kollektiven Wahnsinn und die Energie des Rennens sowie die wichtige, aber häufig vergessene Erlaubnis, dass Arbeit (auch) Spaß machen darf.

Dann folgen drei Übungen, die uns beim sorgsamen Umgang mit uns selbst helfen können. Erstens erläutere ich das Gießen heilsamer Samen und schlage einen Weg vor, wie wir mit belastenden Gefühlen und negativen Samen in uns umgehen können. Das nächste Thema ist die Tiefenentspannung, eine einfache, leicht lernbare und überall einsetzbare Übung, mit der wir das Innehalten und die Entspannung (wieder) lernen können. Drittens stelle ich die Erdberührung vor, eine sehr tiefe und wirkungsvolle Form, wie wir mit negativen kollektiven Energien konstruktiv umgehen und die schwierigen Samen unserer Vorfahren in uns transformieren können.

Der verwundete Heiler

Wolfgang Schmidbauers Buch über die hilflosen Helfer und das weit verbreitete „Helfersyndrom" hat die Aufmerksamkeit darauf gelenkt, dass Helfen eine Form sein kann, eigene frühkindliche Verletzungen auszuagieren und die Auseinandersetzung damit zu vermeiden, statt sich ihrer Heilung zu widmen, also sich helfen zu lassen.[53] Diese defizitorientierte Perspektive hat Generationen von Helferinnen geprägt. Sie kann immer noch wichtige Impulse zum Nachdenken geben.

Dies ist aber nur ein Teil der Wahrheit. Saki Santorelli, der Nachfolger von Jon Kabat-Zinn als Leiter der Stress Reduction Clinic an der Universität von Massachusetts, erinnert in wundervoller Weise daran, dass Heilerinnen und Helfer nicht perfekt sind und nicht perfekt sein müssen, sondern dass sie verletzlich sind und oft auch tatsächlich verletzt. Er benutzt den Mythos von Chiron, dem verwundeten Heiler, um diese Wahrheit zu illustrieren.[54] Chiron war ein weiser und wohltätiger Kentaur, ein Wesen mit einem menschlichen Oberkörper und einem Pferdeleib und einer der größten Heiler seiner Zeit. Er wurde in einem Kampf von einem Pfeil des Herakles ins Knie getroffen. Dieser Pfeil war vergiftet mit dem Gift der Hydra, einem Ungeheuer mit vielen Köpfen, von denen stets mehrere nachwuchsen, wenn einer abgeschlagen wurde. Dieses Gift führte dazu, dass Chirons Wunde niemals heilte. Er unterwies später Herakles in der Kunst des Heilens, konnte aber sich selbst niemals vollständig heilen. Dieser Mythos bringt die Einsicht zum Ausdruck, dass wir als Heilerin oder Helfer immer verwundete Heiler, verwundete Helferinnen sind. Wir sind nicht diejenigen, die gut für sich selbst sorgen, während die Klienten damit Schwierigkeiten haben. Wir stehen nicht über unseren Patienten, wir sind nicht perfekt, sind nicht gesund, während jene krank sind. Jeder von uns hat seine Wunde, sein Leiden – und diese Wunde hat ihn zu dem gemacht, was er ist. Sie ist also auch ein Geschenk, das uns immer wieder zeigt, dass der, dem geholfen wird, und die, die hilft, nicht getrennt sind.

Der kollektive Wahnsinn und die Energie des Rennens

Bedeutsam scheint mir dann, das Problem der Erschöpfung und des Ausbrennens nicht zu individualisieren und es den einzelnen Helferinnen und Helfern anzulasten. Wichtig ist zu erkennen, dass die kollektive Energie des Rennens in unserer Gesellschaft sich zunehmend ausbreitet. Sie ist ansteckend und macht uns krank. Hektik, Geschäftigkeit und Dauerstress sind Begleiterscheinungen eines manchmal fast wie kollektiver Wahnsinn anmutenden Trends zur Beschleunigung und zur Rationalisierung. Dieses Rennen ist ansteckend und wir können es uns fast nicht erlauben, in dieser Welt etwas langsam, friedvoll und ohne Anstrengung zu tun. „Besser, schneller, höher, weiter" ist die Maxime – und das mit immer weniger Personal. Die Imperative der profitorientierten Privatwirtschaft sind längst auch für den Sozial- und Gesundheitsbereich zum Maßstab geworden. Auch in unserer Freizeit ist es sehr schwer und erfordert ein waches Bewusstsein, nicht denselben Mustern zu folgen. Die Einladungen zum Kaufrausch, zum Vergnügungs- und Freizeitstress sind mächtig und allgegenwärtig. Hier kann die Glocke der Achtsamkeit, die im dritten Kapitel vorgestellt wurde, sehr hilfreich sein. Sie unterstützt uns, bei Stress und Hektik das Innehalten im Alltag zu praktizieren. Selbst wenn wir keine Zeit zum Meditieren finden, haben wir die Möglichkeit, beim Putzen, bei der Arbeit am PC oder während einer Sitzung unsere Tätigkeit für kurze Zeit zu unterbrechen, den Atem zu spüren, den Körper wahrnehmen und nach innen zu lauschen.

Helfen darf Spaß machen

„Arbeit darf (auch) Spaß machen!" – diese Erlaubnis scheinen Helferinnen und Helfer immer wieder zu brauchen. Aber nicht nur sie: Auch in anderen Berufen gehört das Jammern und Klagen über schlechte Arbeitsbedingungen, Stress und Hektik schon fast zum guten Ton. Der kollektive Wahnsinn manifestiert sich z. B. auch so, dass in immer mehr sozialen Einrichtungen eine Kultur gepflegt wird, in der man nur dazugehört, wenn man auch überlastet und gestresst ist. Wer zu deutlich zeigt, dass es ihm gutgeht, macht sich verdächtig. Aber Stress ist kein Zeichen von Professionalität und Burnout kein Qualitätsmerkmal. Damit soll nichts beschönigt werden, weder Stellenabbau noch wachsender Zeitdruck, Finanzprobleme von Einrichtungen oder Gehaltskürzungen und andere Widrigkeiten. Trotzdem: Manchmal verneige ich mich einfach ab und zu in Dankbarkeit vor dem Geschenk meines Berufs und bin glücklich, dass ich ihn ausüben darf.

„Angenommen, Sozialarbeit würde Spaß machen", habe ich vor Jahren einen Artikel in einer Fachzeitschrift betitelt. Und je länger ich als Helfer tätig bin und andere Menschen begleite, die einen helfenden Beruf erlernen oder ausüben, je mehr bin ich tatsächlich davon überzeugt, dass nicht nur Soziale Arbeit, sondern jeder helfende Beruf Spaß machen kann. Nicht nur das Leben außerhalb der Arbeit, auch das Helfen selbst kann und darf Spaß machen.

Regine sagt dazu: „Ich arbeite nun schon über zwanzig Jahre als professionelle Helferin, als Supervisorin, Lehrerin und als Ehrenamtliche in allen möglichen Zusammenhängen. Durch eigene, manchmal auch schmerzliche Erfahrung ist mir bewusst geworden, dass man dauerhaft nur helfen kann, wenn dies auch Spaß macht. Wenn das über längere Zeit nicht mehr funktioniert, wird man krank. Ich habe selbst immer wieder Zeiten erlebt, wo ich nicht mehr spaß- und regenerationsfähig war, und bin auch schon richtig krank davon geworden."

Die Samen in uns

Wir tragen alle negative und positive Samen in uns: Samen der Krankheit und des Leidens, Samen der Freude und des Glücks.[55] Da sind zunächst die Samen aus unserer Familie, die uns prägen und die in uns wirken, auch wenn wir uns stark von unseren Eltern abgrenzen. Aber auch die Samen unseres Landes wirken in uns: Was wir essen und was unsere Vorfahren gegessen haben, wirkt bis hin zur Regulation unserer Gene. Das bestätigen uns neurobiologische Forschungen und vor allem die Epigenetik, der Forschungszweig, der sich damit beschäftigt, wie Gene durch den Lebensstil, durch unsere sozialen Beziehungen und durch unsere

Nahrung ein- und ausgeschaltet werden.[56] Diese Forschungen bestätigen auch die Einsicht des „Interseins", der Verbundenheit aller Dinge, die im vorigen Kapitel angesprochen wurde. Wir tragen in uns die Samen unserer Eltern, also vielleicht auch ihren Perfektionismus, ihren Kampf ums Überleben, ihr verzweifeltes Bemühen um Geld oder Anerkennung. Wir haben die Samen von Generationen in uns, die rennen und kämpfen mussten, um zu überleben, die Krieg, Hunger, Vertreibung erlebt haben und arbeiten mussten bis zur Erschöpfung.

Beim Helfen nehmen wir außer unseren eigenen viele zusätzliche Samen des Leidens und des Schmerzes in uns auf. Das kann uns bitter machen, es kann aufreibend und erschöpfend sein. Menschen in helfenden Berufen sehen vielleicht noch mehr Ungerechtigkeit in der Welt als andere. Sie erleben noch mehr schmerzliche Dinge. Es begegnet uns in unserem Beruf viel Leid, Schmerz, Krankheit und Verzweiflung. Das ist ein großes Geschenk, denn die Begegnung mit dem Leiden kann unser Herz öffnen für das Wesentliche im Leben. Aber es ist auch belastend und braucht einen Ausgleich.

Die Samen des Leidens

Ich habe mich intensiv mit den Auswirkungen der neoliberalen Globalisierung auf unsere Wirtschaft und unser soziales Miteinander beschäftigt.[57] Dabei hat sich meine Aufmerksamkeit für all die negativen Entwicklungen in der Welt geschärft: Die Ausbreitung des „Evangeliums des freien Marktes", der Abbau solidarischer Strukturen sozialer Sicherung, die Privatisierung öffentlicher Güter wie Wasserversorgung, öffentlicher Nah- und Fernverkehr, Energieversorgung, die häufig – nicht immer – höchst fatale Nebenwirkungen vor allem für arme Menschen hat. Ich habe oft beim Essen meinen Familienmitgliedern die neuesten „Schreckensmeldungen" erzählt, von denen ich in der Zeitung gelesen hatte, und sie kritisch kommentiert. Meine Tochter Julia, die damals dreizehn oder vierzehn war, hat mir geholfen zu erkennen, wie unheilsam das ist. Sie wollte irgendwann keine negativen Nachrichten mehr hören: „Papa, du erzählst immer nur über das Schlechte in der Welt. Erzähl doch auch mal was Gutes." Damals habe ich angefangen, in der Zeitung bewusst nach guten Nachrichten zu suchen, und habe Julia darüber berichtet. Es ist nicht leicht, Gutes zu finden, weil das Interesse der Medien – dem Interesse ihrer Konsumenten folgend – vor allem negativen Meldungen gilt.

Es ist für alle Menschen bedeutsam, die positiven Samen – die Samen des Glücks, der Freude und der Achtsamkeit – eifrig zu begießen. Für Helfer und Helferinnen und für Menschen, die politisch aktiv sind, ist es besonders wichtig, dies zu tun. Je klarer wir die Not anderer Menschen, aber auch das Leiden der Tiere und der Natur sehen, umso wichtiger wird das. Wie das geschehen kann, werden wir nun betrachten.

Schönes sehen – die Samen des Glücks gießen

Um zu lernen, sorgsam mit uns selbst umzugehen, ist es wichtig, mit den negativen Samen in uns zu arbeiten, die positiven Samen zu wässern und die kollektiven Energien zu transformieren.

Für uns selbst gut zu sorgen heißt zunächst, dass wir lernen, die Samen der Dankbarkeit in uns zu wässern. Der Benediktiner David Steindl-Rast erinnert immer wieder daran, dass nicht das Glücklichsein zur Dankbarkeit führt, sondern umgekehrt: Dankbarkeit führt zu Glück und Wohlbefinden.[58] Diese Einsicht wird auch von der empirischen Glücksforschung bestätigt: Menschen, die am Abend den Tag dankend beendeten, waren bereits nach kurzer Zeit mit ihrem Leben insgesamt zufriedener, glücklicher, sie waren optimistischer bezüglich der nächsten Woche und insgesamt hoffnungsvoller, verzeichneten weniger körperliche Beschwerden wie Kopfschmerzen oder Verdauungsprobleme, neigten zu positiveren Emotionen und trieben sogar mehr Sport.[59]

Dankbarkeit ist nicht einfach da. Sie kann gelernt werden, das zeigen auch diese Untersuchungen. Das Schöne in der Welt aufmerksam zu sehen können wir üben. Das muss nicht anstrengend sein, wir können z.B. einfach singen. Unsere Vorfahren dichteten wunderschöne Lieder, die uns helfen können, das Schöne zu sehen, das oft so selbstverständlich ist, dass wir es übersehen. Eine schöne Anleitung dazu ist der Choral von Paul Gerhardt „Geh aus, mein Herz"[60]:

Geh aus, mein Herz und suche Freud
in dieser lieben Sommerzeit
an deines Gottes Gaben;
schau an der schönen Gärten Zier
und siehe wie sie mir und dir
sich ausgeschmücket haben.

Die Bäume stehen voller Laub,
das Erdreich decket seinen Staub
mit einem grünen Kleide;
Narzissen und die Tulipan,
die ziehen sich viel schöner an
als Salomonis Seide.

Die Lerche schwingt sich in die Luft,
das Täublein fliegt aus seiner Kluft
und macht sich in die Wälder;
die hochbegabte Nachtigall
ergötzt und füllt mit ihrem Schall
Berg, Hügel, Tal und Felder.

Die Glucke führt ihr Völklein aus,
der Storch baut und bewohnt sein Haus,
das Schwälblein speist die Jungen,
der schnelle Hirsch, das leichte Reh
ist froh und kommt aus seiner Höh
ins tiefe Gras gesprungen.

Der Mond und die Perlenkette

Wir können das Singen von Liedern dazu nutzen, um positive Samen in uns zu wässern. Wir können uns von der Glocke der Achtsamkeit an das achtsame Atmen erinnern lassen und für einige Atemzüge innehalten. Welche Möglichkeiten gibt es noch dazu, positive Samen zu wässern?

Zum Beispiel können wir kurze Momente wie Edelsteine in unseren stressigen Alltag einstreuen, in denen wir uns ganz kurz mit etwas Wohltuendem beschäftigen. Mir helfen z. B. „musikalische Momente". Ich lege eine CD ein und lausche fünf oder zehn Minuten lang mit gesammelter Aufmerksamkeit einem Streichquartett von Mozart oder einer Klaviersonate von Schubert. Dann bin ich wieder erfrischt und gegenwärtig.

Auch Geschichten lehren uns, achtsam zu sein für das Schöne im Leben. Gerne und immer wieder lese ich deshalb bei Weiterbildungen oder Seminaren die Geschichte von Ryokan und dem Mond vor.

„Ryokan, ein Zen-Meister, führte das aller einfachste Leben in einer kleinen Hütte am Fuß eines Berges. Eines Abends durchwühlte ein Dieb die Hütte, musste jedoch feststellen, dass nichts zum Stehlen da war. Ryokan kam nach Hause zurück und ertappte ihn. „Du bist wohl einen langen Weg gegangen, um mich zu besuchen", sagte er zu dem Vagabunden, „und du sollst nicht mit leeren Händen weggehen. Bitte, nimm meine Kleider als Geschenk." Der Dieb war verblüfft. Er nahm die Kleider und machte sich davon. Ryokan saß nackt da und betrachtete den Mond. „Armer Kerl", murmelte er, „ich wollte, ich könnte ihm diesen wunderschönen Mond geben."[61]

Wir rennen so vielen Dingen nach, versuchen so viele Dinge zu bekommen oder zu stehlen, wie der Vagabund in der Geschichte, und übersehen dabei wie er oft den wunderschönen Mond in unserem Leben. Einige Jahre lang habe ich ein „Dankbarkeitstagebuch" geführt. Ich habe es meine „Perlenkette" genannt. „Was ist mein Mond an diesem Tag?", habe ich mich oft gefragt. Jeden Tag habe ich etwas aufgeschrieben, was am vorigen Tag schön und wertvoll war, was ich gut gemacht habe und wofür ich dankbar sein kann. Mit der Übung der „Perlenkette" können wir das Sehen des Schönen tatsächlich lernen. Jeden Tag können wir uns die Frage stellen: „Was war Schönes in deinem Leben? Was hast du gestern gut gemacht?" Hilfreich war für mich, das auch im Tagebuch aufzuschreiben. Im Lauf der Zeit entstand daraus tatsächlich eine „Perlenkette" aus kleinen Edelsteinen – und der Blick auf mein Leben hat sich verändert. Aber wir müssen unsere Perlenkette nicht unbedingt in schriftlicher Form anfertigen, wenn uns dazu die Zeit oder die Energie fehlt. Ein kurzes bewusstes Innehalten am Anfang oder am Ende des Tages können bereits helfen, unsere Sichtweise des Lebens zu verändern. Wir schenken dem, was heilsam ist, Aufmerksamkeit und Energie. Wir können auf diese Weise z. B. lernen, mit uns selbst freundlich zu sein. Das gehört vielleicht mit zum Wichtigsten, was Helfer/innen lernen sollten.

Das Schattentheater:
der Umgang mit belastenden Gefühlen

Wir gießen also die heilsamen Samen. Aber wie gehen wir mit den negativen Samen um? Die Fähigkeit zum konstruktiven Umgang mit Gefühlen wie Ärger und Zorn hat ebenfalls eine zentrale Bedeutung in unserem Leben, nicht nur für die Praxis des Helfens. Zorn und Ärger beispielsweise können unser Leben vergiften. Pascal Mercier lässt in seinem wundervollen Roman *Nachtzug nach Lissabon* die Hauptperson, den Arzt Amadeu de Prado, sagen: „Wir können gewiss sein, dass wir auf dem Sterbebett als Teil der letzten Bilanz festhalten werden – und dieser Teil wird bitter schmecken wie Zyanid –, dass wir zu viel, viel zu viel Kraft und Zeit damit verschwendet haben, uns zu ärgern und es den anderen in einem hilflosen Schattentheater heimzuzahlen, von dem nur wir, die wir es ohnmächtig erlitten, überhaupt etwas wussten. Was können wir tun, um diese Bilanz zu verbessern? Warum haben uns die Eltern, die Lehrer und die anderen Erzieher nie davon gesprochen? Warum haben sie etwas von dieser gewaltigen Bedeutung nicht zur Sprache gebracht? Uns in dieser Sache keinen Kompass mitgegeben, der uns hätte helfen können, die Verschwendung unserer Seele an unnützen, selbstzerstörerischen Ärger zu vermeiden?"[62]

Die Eltern und Erzieher hatten vielleicht selbst kein Mittel gegen dieses Gift des Ärgers, gegen die selbstzerstörerischen Hass-Gedanken, gegen das Kreisen um Rechthaben und Verletztsein. Und so lange nach einem Mittel *gegen* diese Gefühle gesucht wird, muss es wohl wirkungslos bleiben – denn wir *sind* in diesem Moment diese Gefühle.

Gibt es denn überhaupt einen Kompass, eine Möglichkeit, mit unserem Ärger – oder mit anderen schwierigen Gefühlen – konstruktiv umzugehen? Ja, das achtsame Atmen kann uns helfen, schwierige Emotionen nicht einfach zu verdrängen, sondern sie zu transformieren.[63]

Dem Leiden zulächeln

Achtsamkeit für den Atem, Achtsamkeit für unsere Gefühle. Achtsamkeit für das, was ist, ob Trauer, Wut, Langeweile oder Abwehr, ist leicht gesagt und fällt uns doch so schwer. Doch wir können es üben und lernen. Dabei ist wieder die Übung des Lächelns ein wunderbarer Schatz. Den eigenen Gefühlen, der Trauer, der Wut, dem Zorn immer wieder fünf Minuten lang zulächeln kann dabei helfen, diese Achtsamkeit zu entwickeln und die mit dem Leiden verbundenen Gefühle erst kennen zu lernen und dann zu transformieren. Wir können ganz einfach üben: „Mit der Einatmung nehme ich meine Trauer wahr, mit der Ausatmung lächle ich meiner Trauer zu." Dieses Lächeln ist scheinbar so leicht, beim Lesen wirkt es vielleicht zu einfach, um wirklich bei ernsthaften Schwierigkeiten etwas verändern zu können. Aber Trauer und Leiden ein mitfühlendes Lächeln zu schenken ist ein radikaler Perspektivenwechsel, der unsere Sicht der Dinge transformieren kann. Unsere ganze innere Ausrichtung ist meistens eine andere: Wir wollen das eigene Leiden nicht haben, wir wollen es loswerden und wir wollen das Leiden anderer Menschen, die uns wichtig sind, wegmachen. Wir wollen trösten, wir wollen etwas tun, nicht hinschauen.

Mit dem Lächeln wenden wir uns dem Leiden zu, wir verdrängen oder verleugnen es nicht länger. Wir schauen es freundlich an. Wir lassen zu, dass es wirklich wird. Vielleicht entdecken wir, wie sehr wir an diesem Leiden festgehalten haben, wie es zu einem Teil unserer Identität geworden ist. Wir können mit Erstaunen oder Erschrecken merken, wie lieb uns unsere alten Leidensgeschichten sind. Und wenn wir noch tiefer schauen, wird uns vielleicht klar, was wir alles aus unserem Leiden gelernt haben und wie dankbar wir dafür sein können. Wenn wir dabeibleiben und weiter freundlich hinschauen, werden sich die Gefühle, die mit dem Leiden verbunden sind, verändern, vielleicht merken wir am Anfang noch nichts davon, aber unmerklich lernen wir das Annehmen – und das Loslassen.

Schwierige Gefühle verwandeln

Bei sehr schwierigen Gefühlen genügt das Lächeln allein nicht. Thich Nhat Hanh lehrt uns fünf „einfache" Schritte, um unsere Gefühle zu transformieren.

1. Häufig nehmen wir die Gefühle gar nicht wirklich wahr, die uns leiden lassen. Unsere Gedanken kreisen und beschuldigen einen anderen Menschen. Aber wir spüren nicht wirklich, dass wir verletzt sind. Deshalb geht es zunächst darum, unser Verletzung, unseren Zorn, unsere Angst nicht zu verdrängen, sondern sie uns einzugestehen und zu spüren: Ich bin verletzt, ich bin zornig, ich habe Angst. Wir können innerlich sprechen: „Einatmend weiß ich, dass ich zornig bin – ausatmend lächle ich meinem Zorn zu." Das hört sich einfach an, aber es erfordert Mut, Entschlossenheit – und Übung. Wir müssen zunächst lernen, auf unseren Atem zu achten, wenn es uns gut geht, wenn wir uns glücklich fühlen, wenn wir einen schönen Spaziergang machen. Dann können wir irgendwann, wenn wir merken, dass das „Schattentheater" beginnt, von dem Pascal Mercier spricht, zum Atem zurückfinden, statt uns in Grübeleien, Sorgen- und Zorngedanken zu verlieren.

2. Wenn wir unangenehme Gefühle tatsächlich spüren können, versuchen wir sie in der Regel loszuwerden. Wir verscheuchen sie, wir werfen sie durch die Tür hinaus aus unserem Haus. Aber sie kommen meistens durch die Hintertür zurück. Wie ein Magnet kehrt unsere Aufmerksamkeit zu dem zurück, was uns belastet. Deshalb

geht es im nächsten Schritt darum, uns dem Gefühl freundlich zuzuwenden und es liebevoll zu umarmen, statt es loswerden zu wollen. „Einatmend weiß ich, dass ich verletzt bin – ausatmend umarme ich meine Verletztheit liebevoll." Dabei können wir merken, wie sich das Gefühl verändert: Ich spüre, wie aus dem Zorn Trauer wird, wie Tränen in mir aufsteigen. Dann benennen wir das neue Gefühl mit dem entsprechenden Namen.

3. Diese liebevolle Zuwendung hilft uns, das Gefühl zu beruhigen. „Einatmend spüre ich meine Angst – ausatmend beruhige ich meine Angst." Es ist wichtig, nicht zu schnell zu diesem Schritt zu kommen. Wenn ich wirklich wütend bin, kann es sein, dass ich zwanzig Minuten Gehmeditation übe, bevor ich so weit bin, dass sich das Gefühl tatsächlich beruhigt.

4. Erst jetzt können wir das Gefühl wirklich loslassen. Wir können es verabschieden und fühlen uns freier und leichter. „Einatmend weiß ich, dass ich ärgerlich bin – ausatmend lasse ich meinen Ärger los." Immer wieder fällt mir dazu ein Roman von Tommy Bayer ein, in dem erzählt wird, wie ein Mann aus Rache einem Bekannten eine Makrele, einen Fisch, unter die neue Tapete klebt. Nach kurzer Zeit beginnt der Fisch schrecklich zu stinken. Aber es ist sehr schwierig, festzustellen, woher der Gestank kommt. So ähnlich geschieht es oft, wenn wir unseren Ärger einfach „übertapezieren", wenn wir ihn loslassen wollen, bevor wir uns liebevoll um ihn gekümmert haben.

5. „Der Wut einfach zulächeln: Das ist doch ungesund. Es kann doch wichtig sein, die Wut rauszulassen. Wir müssen doch auch mal schreien, Grenzen setzen, uns wehren." Das Gefühl liebevoll anzuschauen heißt nicht, dass wir nicht handeln. Aber wir handeln erst, wenn wir das Gefühl beruhigt haben. Dann ist es Zeit für den fünften Schritt: Wir schauen tief, was das Gefühl verursacht hat – und was es braucht, dass es uns besser geht. Dann können wir Grenzen setzen oder klar und entschlossen handeln, ohne unser Handeln und unsere Worte später zu bereuen und ohne dass sie zu neuen Verwicklungen, zu neuem Ärger, zu neuer Verletzung geführt haben.

Eigentlich sollten alle Helfer und Helferinnen, alle Eltern und Erzieher die Gelegenheit haben, diese Übung in der Schule oder in ihrer Ausbildung zu erlernen. Sie kann uns buchstäblich das Leben retten. Wenn wir selbst erfahren haben, wie hilfreich diese Übung ist, können wir sie vielleicht auch unseren Klientinnen bzw. Klienten, unseren Schülerinnen und Schülern oder unseren Kolleginnen und Kollegen zeigen. „Meditation" zu erlernen, zu lernen, achtsam zu atmen, achtsam zu gehen, ist also kein „Luxus", kein „Extra". Es gehört zu den wichtigsten Fertigkeiten, die wir als Helfer/in brauchen – und zu den größten Geschenken, die wir als Helfer/innen machen können.

Jörg erlebte eine sehr schwierige Krisenzeit nach der Trennung von seiner Partnerin. „Wenn der Schmerz und die Verzweiflung besonders groß waren, versuchte ich es mit meditativen Atemübungen, wie ich sie im Kurs kennen gelernt hatte. So war ich diesen starken Gefühlen nicht völlig hilflos ausgeliefert, sondern konnte etwas tun, damit sie sich verändern."

Innehalten lernen: Tiefenentspannung

Wir brauchen Zeiten, in denen sich unser Körper und unser Geist regenerieren können. Die heilsamen Kräfte in uns wirken, ohne dass wir etwas dafür tun, wenn wir fähig sind, uns zu entspannen. Aber die Energie des Rennens und die negativen Samen in uns können so stark sein, dass wir die Fähigkeit, zu entspannen, verlernt haben. Selbst wenn wir Zeit hätten zum Ausruhen, kommen wir innerlich nicht zur Ruhe und rennen weiter. Sorgen, Projekte und endlose Listen, was wir noch alles erledigen müssten, kreisen in unserem Kopf. Das macht uns krank.

Die Tiefenentspannung ist eine einfache und sehr wirkungsvolle Methode, um Stress abzubauen, unserem Körper Ruhe und Entspannung zu schenken und aufzutanken.[64]

Diese Methode der achtsamen Körperbetrachtung geht auf den Buddha selbst zurück und wird in verschiedenen Formen gelehrt. Der „Body Scan" ist – neben Gehmeditation, achtsamem Essen, Sitzmeditation und Achtsamkeitsyoga – eines der wichtigsten Elemente im

Programm der achtsamkeitsbasierten Stressbewältigung nach Jon Kabat-Zinn. Ihm ist es in wunderbarer Weise gelungen, diese Perlen aus der buddhistischen Tradition in ein weltanschaulich neutrales Gefäß zu bringen und sie so allen Menschen, unabhängig von ihrer Weltanschauung zugänglich zu machen. Die positive Wirkung dieser achtwöchigen Kurse zur Stressbewältigung durch Achtsamkeit, Mindfulness Based Stress Reduction (MBSR), ist an Tausenden von Teilnehmerinnen und Teilnehmern weltweit vielfach empirisch geprüft.[65]

Wir legen uns bequem hin, aufs Bett oder auf den Boden, evtl. nehmen wir ein kleines Kissen unter den Kopf. Die Arme liegen locker entspannt neben dem Körper, die Handflächen zeigen nach oben. Die Beine sind lang ausgestreckt, die Fußspitzen dürfen nach außen fallen. Dann gehen wir sanft mit unserem Bewusstsein durch unseren Körper, als würden wir dankbar und freundlich die einzelnen Körperteile berühren.

„Einatmend bin ich mir meines ganzen Körpers bewusst – ausatmend entspanne ich meinen Körper. – Einatmend bin ich mir meiner Augen bewusst, mit denen ich die Blumen und die weißen Wolken sehen kann – ausatmend lächle ich meinen Augen dankbar zu. –Einatmend nehme ich meine Stirn wahr, ausatmend lächle ich meiner Stirn zu. – Einatmend bin ich mir meines Mundes, der Zunge, der Stimmbänder bewusst – ausatmend lächle ich ihnen dankbar zu."

So gehen wir mit unserem Spüren durch den ganzen Körper, streicheln mit dem Bewusstsein alle Körperteile, einschließlich des Herzens, des Blutes, der inneren Organe und der Haut. Mit der Atmung verbinden wir die Benennung der einzelnen Körperteile, das hilft uns, die Aufmerksamkeit zu wahren, und lässt Körper und Geist eins werden. Wir können jedem Körperteil zwei Ein- und Ausatmungen widmen, dann dauert die Übung etwa 10 bis 15 Minuten. Wenn wir mehr Zeit haben oder besonders müde oder gestresst sind, können wir uns auch mehr Zeit nehmen. Wenn wir irgendwo Schmerzen haben oder ein Körperteil krank ist, können wir uns diesem Teil in uns besonders zuwenden und ihm heilende Energie schicken. Auf diese Weise lernen wir das Innehalten, ohne uns anzustrengen. Diese Form der Meditation können wir auch im Sitzen praktizieren, im Bus oder beim Warten auf die Straßenbahn. Im Liegen können wir auch praktizieren, wenn wir zur Sitzmeditation einfach zu müde sind.

Es gibt Möglichkeiten, „Intersein" nicht nur zu denken, sondern auch zu erfahren, wie wir im letzten Kapitel gesehen haben. Die buddhistische Tradition lehrt uns noch weitere Praxisformen, die es uns ermöglichen, uns in Frieden und Achtung mit unseren Eltern, unseren Kindern, aber auch mit der ganzen Schöpfung zu verbinden. Wir können lernen, unsere alten Verletzungen zu heilen und sie nicht einfach mit dem Zuckerguss einer falschen Achtsamkeit zu übertünchen. Wir können lernen, offen zu sein für die Schmerzen, das Leiden der Menschen, die uns täglich bei unserer Arbeit, in der Schule, im Krankenhaus, im Sozialen Dienst begegnen.

Nach vielen Jahren der Therapie, nach vielen intensiven Selbsterfahrungsseminaren und Gruppen ist für mich in den letzten Jahren die Übung der Erdberührung eine wichtige Form geworden, diese „Heilungsarbeit" auf einer anderen Ebene fortzusetzen. In der buddhistischen Tradition gibt es viele verschiedene Formen von „Erdberührungen", die sehr hilfreich sein können. Schwester Chan Kong, Schülerin und Weggefährtin von Thich Nhat Hanh, lehrt die folgende Form, die mir sehr gut gefällt.

Wir stehen zuerst aufrecht, legen die Handflächen vor der Brust zusammen und sprechen für uns selbst den ersten Teil des folgenden Textes, mit unseren eigenen Worten. Dann legen wir uns auf den Boden, mit dem Gesicht nach unten, vielleicht die Hände unter dem Kopf gefaltet, und sprechen den zweiten Teil des Textes. Wir wiederholen dies insgesamt drei Mal. Die Erde kann Abfall und Unrat in neue, fruchtbare Erde verwandeln. Sie kann auch unsere Schmerzen und unser Leiden aufnehmen und verwandeln. Die Übung kann 10 bis 30 Minuten dauern. Wir können etwa so sprechen:

(Stehen) Ich verbinde mich mit den Vorfahren und den Nachkommen meiner leiblichen Familie. Ich stelle mir meine Mutter vor im Alter von achtzehn Jahren: blühend und schön, in der Fülle ihrer Kraft. Sie hat mir das Leben geschenkt. – Mutter, ich danke dir für die Kraft und das Leben, das du mir geschenkt hast. Ich verbinde mich mit dieser Schönheit und Kraft. – Ich stelle mir meinen Vater vor im Alter von achtzehn Jahren, in der Fülle seiner Kraft. – Vater, ich danke dir für das Leben und die Kraft, die du mir geschenkt hast. Du bist in mir und ich bin in dir. Ich bin kein getrenntes Wesen. – Ich stelle mir alle meine Vorfahren vor und danke ihnen für das, was sie mir geschenkt haben.

Ich verbinde mich mit meinen Nachkommen, mit den Söhnen und Töchtern und mit deren Nachkommen. Auch sie sind in mir und ich bin in ihnen.

(Liegen) Ich lasse alle Schmerzen, alle Verletzungen, alle Krankheit und alles Leiden, allen Groll meiner leiblichen Familie los und lasse sie abfließen in die Erde, die sie aufnimmt und transformiert. Ich lasse alle Samen des Leidens, der Gier und des Hasses meiner Vorfahren und meiner Nachkommen, die ich in mich aufgenommen habe, abfließen in die Erde, die sie gütig aufnimmt und verwandelt.

(Stehen) Ich verbinde mich mit den Vorfahren und mit den Nachkommen meiner Familie der Erde, mit den Menschen, Tieren, Pflanzen und Mineralien, die mit mir lebendig sind. – Ich danke meiner Familie der Erde für den Reichtum, den sie mir geschenkt hat: Ich danke den Tieren und Pflanzen, die mich genährt haben, dem Wasser, das ich trinke, den Bäumen meiner Kindheit, den Bergen, den Flüssen. Dem Himmel und den Wolken. Sie sind in mir und ich bin in ihnen.

Ich danke meinen Freunden und Lehrern.

(Liegen) Ich lasse den Schmerz und die Verletzungen meiner Familie der Erde abfließen in die Erde, die sie aufnimmt und verwandelt. – Ich lasse das Leiden der sozialen Ungerechtigkeit und Unterdrückung los – ich lasse das Leiden der Menschen los, die arbeitslos sind. Ich bin der Arbeitslose, der Arme, der Behinderte.

(Stehen) Ich verbinde mich mit den Vorfahren und den Nachkommen meiner spirituellen Familie, mit den Buddhas und Patriarchen, den Lehrern und Propheten. Ich verbinde mich mit den Weisen und allen Menschen, die mir ihre Weisheit und ihre Lehren weitergegeben haben – und mit den Menschen, denen ich die Lehren weitergeben durfte.

(Liegen) Ich lasse alles Leiden, alle Verwirrung und allen Hass aus meiner spirituellen Familie abfließen in die Erde, die sie aufnimmt und verwandelt. Ich lasse alle Spaltung, Rechthaberei und allen Stolz los, alle Schmerzen meiner spirituellen Familie.

Das Leiden transformieren

Die Übung der Erdberührung kann einen sanften, langsamen Umwandlungsprozess in Gang setzen. Sie kann, fast unmerklich, unser Leiden tatsächlich transformieren. Mir hat sie sehr geholfen, mich mit meinen Eltern und Großeltern zu versöhnen. Sie hilft mir, die Linie des Leidens der Männer in unserer Familie zu unterbrechen. In dieser Übung bin ich zum ersten Mal mit dem Schmerz meines Großvaters in Berührung gekommen, der im Ersten Weltkrieg schwer verwundet wurde. Er war sein ganzes Leben lang behindert, was ihn hart gemacht hat, sich selbst und meinem Vater gegenüber. Die Übung schenkt mir Dankbarkeit dafür, dass ich der Erste von vielen Generationen von Männern bin, der nicht in den Krieg ziehen und andere Menschen töten musste. Die Erdberührungen helfen mir, mein Herz für das Leiden zu öffnen, dem ich in meinem Beruf, in meiner Familie und in meiner Nachbarschaft begegne. Sie ermöglichen es mir auch, mich dem Leiden der Geschichte unseres Landes nicht nur auf kognitiver Ebene zu stellen: den Kriegen, den Gräueln des Faschismus, der Vertreibung.

Wie tief diese Verwandlung gehen kann, wird deutlich in Sabines berührendem Bericht über die Erfahrungen, die sie mit der Übung der Erdberührungen in Plum Village, dem Übungszentrum von Thich Nhat Hanh in Südfrankreich, gemacht hat. „Meine Mutter starb, als ich einundzwanzig war. Als ich vor ihrem leblosen Körper stand, um Abschied zu nehmen, wusste ich, dass sie das nicht mehr war, nur ihre Hülle. Da war ein Moment großer Bewusstheit, dass das Leben mehr ist als dieser Körper. Und mit der Ahnung von diesem Mehr hat mein spiritueller Weg begonnen. Ich habe viele Bücher gelesen, wollte verstehen. Doch trotz meines erweiterten Wissens war ich noch einige Jahre nach ihrem Tod immer wieder gelähmt von Todesangst, die mich plötzlich ganz und gar beherrschte. Mit der Vorstellung, dass ich irgendwann nicht mehr auf dieser wunderschönen Welt sein werde, konnte ich nicht umgehen. Diese lähmende Angst hat mich nach Plum Village geführt. … In Plum Village hat mich am meisten berührt, das meine tote Mutter in mir ist. Und dass ich bei den ‚Erdberührungen' mit ihr in Kontakt kommen konnte. Bei meinen ersten Erdberührungen habe ich so sehr geweint. Meine Mutter in mir. Was war da in mir? Eine Mutter, die nie so war, wie ich es gern gewollt hätte. Und eine Tochter, die nie so war, wie ihre Mutter es gern gewollt hätte. Mit ihrem Tod hatte ich den Deckel auf eine Kiste gemacht und darin alle Bilder der Vergangenheit gut verstaut. Durch die Erdberührungen hob sich dieser Deckel und überwältigende Bilder von früher waren ganz präsent. Bilder, die ich nicht mehr sehen wollte. Kein Wunder, dass ich nach dem Tod meiner Mutter plötzlich eine Brille brauchte und sich meine Augen rapide verschlechterten. … In Plum Village kam ich bei den Erdberührungen und in der Meditation in Kontakt mit der tiefen Verzweiflung und Traurigkeit meiner Mutter, ich kam in Kontakt mit ihr als dem kleinen Mädchen, das seinen Vater verabschiedet, der dann im Krieg ums Leben kommt. Ich kam in Kontakt mit der dafür empfundenen Schuld. Und ich kam in Kontakt mit meiner Schuld, dass ich ihr nicht habe helfen können. … In der Meditation verbinde ich mich immer wieder mit meiner Mutter, mit meinen Ahninnen. Ich nehme sie liebevoll in meine Arme und höre, was sie mir sagen. Ich sehe mir die Gefühle, Wahrnehmungen, Gedanken an, die aufsteigen, und bin verbunden mit dem Leid vieler Frauen. Doch ich spüre auch ihre Kraft, freue mich an ihrer Schönheit und empfinde tiefe Liebe. Wenn ich heute keinen Alkohol trinke, so weiß ich, dass sich alle Frauen in meiner Familie mit mir freuen, dass wir das nicht mehr brauchen."[66]

Wir können lernen, konstruktiv und mitfühlend auch mit den schrecklichen Nachrichten umzugehen, mit denen wir ständig in den Medien konfrontiert werden, ohne uns zu verschließen oder zu verhärten. Ja, wir können uns sogar öffnen für das Leiden der Tiere, der Pflanzen und des Waldes, für das Leiden der ganzen Erde, das wir oft so schmerzlich spüren oder von dem wir wissen, ohne es wirklich zu spüren.

Helfen, das uns schadet

Wenn wir tief schauen, können wir manchmal auch sehen, dass unsere „negativen" Gefühle damit zu tun haben, dass wir „falsch" oder zu viel helfen. Es gibt auch ein selbstschädigendes Hilfeverhalten, bei dem der Helfer seine eigenen Bedürfnisse vergisst – oder sie durch das Helfen zu befriedigen sucht, statt etwas für sich selbst zu tun.[67] Manchmal kann es „gesünder" für uns sein, nicht zu helfen. Es kann hilfreich sein, uns ab und zu klarzumachen: Wir müssen die Welt nicht verbessern oder retten! Es ist eine maßlose Selbstüberschätzung, eine Allmachtsphantasie, der viele Helfer anhängen, zu denken, wir könnten oder müssten alles Leiden beseitigen. Für manche Menschen kann gut für sich selbst zu sorgen sogar bedeuten, den Beruf des Helfens ganz oder zeitweise aufzugeben und etwas anderes zu tun.

6

Die Balance von Helfen und Nicht-Helfen

Friedliches Verweilen
im Verändern selbst
befreit die leidenden, fühlenden Wesen.

CHARLOTTE JOKO BECK[68]

Achtsamkeit und Mitgefühl sind die wichtigsten Grundlagen des Helfens. Ohne Achtsamkeit wird das Helfen anstrengend und ist vermutlich auch wenig hilfreich für die Menschen, die Hilfe empfangen. Ohne Mitgefühl bleibt das Helfen Ware oder Dienstleistung. Es ist nichts einzuwenden gegen gute, sorgfältig geplante und ausgeführte Dienstleistungen. Viele Waren erleichtern uns das Leben, erfreuen unser Herz und helfen uns, unsere Grundbedürfnisse zu erfüllen. Aber beim Helfen ist die Dimension der Menschlichkeit, das Mitgefühl, wichtig. Wenn in den sozialen Dienstleistungen, in der Erziehung, in der Pflege, in der Medizin, in der Sozialen Arbeit diese Dimension verloren geht, fehlt etwas ganz Wichtiges, vielleicht das Entscheidende.

Werktätige und träumerische Liebe

„Das einzig Wichtige im Leben sind die Spuren von Liebe, die wir hinterlassen, wenn wir weggehen", sagte Albert Schweitzer. Aber es gibt sehr unterschiedliche Formen von Liebe. In Fjodor M. Dostojewskis großem Roman *Die Brüder Karamasow* belehrt der Starez, der große Lehrer und orthodoxe Heilige, seine Zuhörer über den bedeutsamen Unterschied zwischen werktätiger und träumerischer Liebe „Die werktätige Liebe ist im Vergleich zu der, die sich nur in Träumereien ergeht, etwas Hartes und Entsetzliches. Die träumerische Liebe lechzt nach schneller Tat, die sich rasch vollziehen lässt und die Blicke aller auf sich lenkt. Dabei kann es tatsächlich so weit kommen, dass man sogar das Leben hingäbe, wenn alles nur nicht zu lange dauert, sondern sich so rasch abspielte wie auf der Bühne, und wenn alle zuschauten und lobten. Die werktätige Liebe hingegen – die ist Arbeit und Ausdauer und für manche wohl sogar eine ganze Wissenschaft."[69] Und der Starez, der Heilige, zitiert einen Arzt, der ihm selbstkritisch sagte: „Wenn es irgendetwas gibt, was meine ‚werktätige Liebe' zur Menschheit sofort abkühlen könnte, dann wäre das einzig und allein Undankbarkeit. Kurz gesagt: Mir geht es um den Lohn: Ich verlange sofort meinen Lohn, das heißt Lohn und Bezahlung meiner Liebe durch Gegenliebe. Jemanden auf eine andere Weise zu lieben, bin ich nicht fähig. … Je mehr ich die Menschheit als Ganzes liebe, desto weniger liebe ich die Menschen im Einzelnen, das heißt als einzelne Personen. In meinen Träumereien … habe ich mich zuweilen bis zu sonderbaren Plänen verstiegen, wie ich der Menschheit dienen könnte, und vielleicht hätte ich mich wirklich für die Menschen kreuzigen lassen, wenn das aus irgendwelchen Gründen plötzlich notwendig gewesen wäre; dabei bin ich außerstande, zwei Tage lang mit jemandem zusammen in einem Zimmer zu wohnen, das weiß ich aus Erfahrung. Kaum ist er in meiner Nähe, so stört auch schon seine Person meine Eigenliebe und beengt meine Freiheit. Im Laufe eines einzigen Tages kann ich selbst den besten Menschen zu hassen anfangen: Den einen, weil er zu lange bei Tisch sitzt, den anderen, weil er Schnupfen hat und sich ständig schnäuzt. Ich werde ein Menschenfeind …, sobald jemand nur mit mir in Berührung kommt. Dafür aber war es immer so, dass, je mehr ich die Menschen im Einzelnen hasste, meine Liebe zur Menschheit immer flammender wurde."[70]

Das hässliche Gesicht des Mitgefühls

In dem Wohngebiet für sozial schwache Familien am Rande der Stadt wohnen fast nur ausländische Familien. Sie leben schon seit vielen Jahren hier. Generationen von Sozialarbeiterinnen und Erziehern haben versucht, ihnen zu „helfen". Die Sonderschule liegt mitten im Wohngebiet. Der Hausmeister der Schule versucht immer wieder, Zeichen der Hoffnung zu setzen. Vor einiger Zeit hat er mit einigen Bewohnern Blumenkästen aus Baumstämmen gezimmert und bepflanzt. Inzwischen sind sie schon längst wieder dem Vandalismus zum Opfer gefallen. Die Blumen sind ausgerissen, die Baumstämme zum Teil verkokelt oder verfeuert. Auch die kleine Holzhütte für die Kinder wurde von Jugendlichen aus dem Wohngebiet wieder zerstört. Sie haben die Bretterwände benutzt, um Lagerfeuer zu machen, und die großen Stämme sind verkohlt.

Es braucht „brennende Geduld", wie der chilenische Dichter Pablo Neruda es nennt, um in solchen Situationen immer wieder neu anzufangen, die Hoffnung nicht aufzugeben, nicht ärgerlich und frustriert „Dienst nach Vorschrift" zu machen.

Helfen kann Macht verleihen und kann den Hilfeempfänger demütigen. Helferinnen werden von den Ohnmächtigen durchaus nicht (nur) als hilfreich wahrgenommen, sondern oft auch als feindlich und böse. Sie werden nicht nur geachtet und geliebt, sie werden auch verachtet, abgelehnt oder gehasst. Es sind oft diejenigen, die gezwungen sind, Hilfe anzunehmen, die diese Gefühle empfinden. Sie lernen – manchmal über Generationen – „das hässliche Gesicht des Mitgefühls erkennen und verachten", wie es die indische Dichterin Arundhati Roy in ihrem Roman *Der Gott der kleinen Dinge* formuliert hat.[71]

Die Kehrseite des Helfens ist Aggression beim Helfer. Sie stellt sich beispielsweise ein, wenn seine Hilfeangebote zurückgewiesen werden, wenn der Klient sich weigert, das anzunehmen, was ihm angeboten wird, wenn er nicht bereit ist, sich so zu ändern, wie die Helferin es für notwendig hält. Unser Ärger über Klientinnen ist eine Realität: über die minderjährigen Mütter, die ihre Kinder vernachlässigen, über die drogenabhängigen Jugendlichen, die sich selbst und andere zerstören. Es ist nicht sinnvoll, das zu verleugnen. Es ist wichtig, dass wir lernen, mit unseren Gefühlen der Enttäuschung und Wut achtsam umzugehen. Wir müssen lernen, auch die Verachtung des Helfens und der Helfer „wahr" zu nehmen, sie zu achten und anzuerkennen. Das achtsame Gehen kann dabei sehr hilfreich sein. Wir gehen dabei mit der Enttäuschung und dem Zorn und transformieren diese Gefühle, Schritt für Schritt, wie es im letzten Kapitel gezeigt wurde. Nur ist es bei sehr starken Gefühlen einfacher, wenn wir nicht im Sitzen, sondern im Gehen üben. Dabei können wir vielleicht spüren, dass sich diese Gefühle verwandeln in Trauer und Mutlosigkeit. Und später dann erfahren wir, dass sie sich beruhigen und dass wir sie loslassen können. Auf die Übung des achtsamen Gehens werde ich im achten Kapitel näher eingehen, in dem es um die „Heilung in der Institution" geht.

Widerwillige Hilfe

Helfen ist nicht immer großartig und edel. Es macht manchmal auch ärgerlich oder wütend. Es kann sein, dass wir merken, dass wir des Helfens überdrüssig sind. Wir verspüren Langeweile oder auch Ekel und Abscheu unserer Arbeit oder unseren Klientinnen gegenüber. Dann ist es Zeit innezuhalten und uns daran zu erinnern, dass das völlig in Ordnung ist. Wir verbeugen uns vor diesem Gefühl, das uns vielleicht peinlich ist, von dem wir annehmen, dass es nicht sein darf. Aber es ist gut und wichtig, auch solchen Gefühlen Raum zu geben, sie liebevoll anzuschauen und sie zu umarmen. Manchmal verändern sie sich von selbst und ziehen vorüber wie Wolken am Sommerhimmel. Wenn wir tief schauen, merken wir vielleicht auch, dass wir uns besser um uns selbst kümmern müssen. Vielleicht ist es Zeit, dass wir lernen, selbst Hilfe anzunehmen. Oder wir stellen fest, dass eine Veränderung in unserer Praxis des Helfens ansteht. Vielleicht müssen wir unsere Zeit anders einteilen, die Arbeitsstelle wechseln oder eine Weiterbildung beginnen. Vielleicht brauchen wir eine Aus-Zeit, in der wir mehr organisatorische Dinge oder Büroarbeiten erledigen.

Möglicherweise helfen wir widerwillig, wenn wir das Gefühl haben, dass unsere Hilfe sinnlos ist. Wir sehen keine „Ergebnisse". Oder wir erfahren, dass unsere Hilfe „missbraucht" wird, dass der, dem wir zu helfen versuchen, nicht dankbar ist, sondern widerständig und missmutig.

Den Raum für das Wesentliche öffnen

Wirkliches Mitgefühl ist konkret, einfach, unspektakulär und oft mühsam. Es hat immer eine spirituelle Dimension, auch wenn das den jeweiligen Helfern vielleicht gar nicht bewusst ist. „Spiritualität bedeutet mir nichts. Meine Form von Spiritualität ist Liebe und Gerechtigkeit. Ich versuche einfach in meiner Arbeit etwas dafür zu tun, dass es ein bisschen gerechter zugeht in der Welt", sagt Giselher, Sozialarbeiter in einem Gemeinwesenprojekt. „Aber ist das denn keine Spiritualität?", frage ich mich – und ihn. Es hängt davon ab, welchen Begriff wir von Religion und Spiritualität haben. Religion ist für Paul Tillich das Ergriffensein von einem letzten, unbedingten Anliegen, wie im ersten Kapitel erläutert wurde.[72] So verstanden, ist natürlich das Ergriffensein vom Anliegen der Liebe, der Gerechtigkeit auch „Religion". Ebenso kann das Ergriffensein von der Macht des Konsums, der Glaube an die „Evangelisten des freien Marktes"[73] und unbegrenztes Wirtschaftswachstum als Religion verstanden werden. Welche Bedeutung hat dieses Religionsverständnis für den Helfer, die Helferin? Es kann uns immer wieder daran erinnern, offen zu sein für das, was den anderen, unseren Partner, unsere Partnerin, unsere Kinder, die Menschen, denen wir helfen, „unbedingt angeht". Und jeder von uns kann und sollte sich selbst ab und zu fragen: Was ist meine „Religion", mein letztes Anliegen? Wofür verwende ich meine Lebenszeit und Energie? Wozu nehme ich Zuflucht? Ist dies das Anliegen, das ich wirklich zu meinem letzten, zu meiner Religion, machen möchte?

Eine wichtige Aufgabe achtsamen Helfens besteht also darin, einen Raum auch für Spiritualität, für die Frage nach dem Sinn oder nach dem Wesentlichen zu öffnen, sich selbst mitzuteilen und auch unseren Klientinnen oder Patienten die Möglichkeit zu geben, davon zu reden, was sie unbedingt angeht. Diesen Raum für das Wesentliche zu öffnen kann ganz leise, fast unsichtbar geschehen.

Wo willst du hin mit deinem Leben?

Die Öffnung für das Wesentliche hat viele Gesichter und geschieht auf viele verschiedene Weisen. Einerseits geht es dabei um die Offenheit des Helfers selbst für dieses Thema, andererseits um eine Offenheit der Helferin bzw. der Helfer für die spirituellen Themen der Klientinnen und Klienten. Zunächst möchte ich einen kurzen Blick auf die Helfer/innen werfen. Seit ich da genauer nachfrage und aufmerksam zuhöre, stelle ich fest, dass „Spiritualität" in einem weiten, offenen Sinne für überraschend viele Menschen aus helfenden Berufen bedeutsam ist.

Walter, freiberuflich als Supervisor und Therapeut tätig, drückt es so aus: „Ich thematisiere Spiritualität auch in meinen Beratungen und Therapien. Ich mache z. B. mit Klienten Übungen zum Fluss der kosmischen Energie. Man lässt die Energie ein- und ausströmen. Manchmal denke ich, dass die Leute gerade deswegen zu mir kommen, weil sie genau das bei mir suchen. Therapie geht für mich nicht ohne Spiritualität. Die Frage ‚Wo willst du hin mit deinem Leben?' ist zentral. Wichtig sind in meiner Arbeit auch immer die Fragen von Schuld, Scham, Verzeihen, Versöhnung, Verantwortung. Das sind ja zutiefst spirituelle Fragen. Ich ergänze für mich die Frage nach den Bedürfnissen um die Frage nach den Werten. Gefühle sind oft die Folge von verletzten Werten. Auch die Frage der Autonomie hat ganz zentral etwas mit Spiritualität zu tun."

Karl arbeitet als Trainer und Coach. Er sagt. „Eine wichtige Übung im Alltag ist für mich das ‚Erden': Ich verbinde mich mit der Erde. Ich sehe auch solche bioenergetischen Übungen als eine Form des Gebets, als Anrufung der Energie."

Doris ist Unternehmensberaterin: „Eine Frau hat mal zu mir gesagt, ich hätte so was Spirituelles. Da kam ich mir zuerst vor, als hätte ich eine Krankheit. Ich habe erst viel später gelernt, das positiv zu verstehen. Für mich ist die Naturverbundenheit ganz wichtig. Darin liegt für mich etwas Tieferes. Auch in der Existenzgründungsberatung geht es oft um Werte: Was will jemand wirklich mit seinem Leben?"

Die Frage nach dem Sinn

Wenn wir achtsam auf unsere Klient/innen schauen, nehmen wir auch bei ihnen diese Dimension wahr. Die Frage nach dem Sinn oder nach dem, was die Menschen „unbedingt angeht", wie es Paul Tillich ausdrückt, begegnet uns in der Praxis des Helfens auf Schritt und Tritt, wenn wir aufmerksam sind. Prägend war für mich z. B. die Erfahrung in der Arbeit mit psychisch kranken Menschen, dass da immer wieder als zentrales Thema die Frage nach dem Sinn der chronischen Krankheit, nach dem Sinn des Lebens auftauchte. Ich habe schon von dem Satz von Novalis berichtet, der jahrelang an der Wand in meinem Beratungszimmer hing: „Krankheiten, vor allem langwierige, sind Lehrjahre des Herzens und der Gemütsbildung." Er hat mich immer wieder an diese Dimension erinnert. Leise, oft kaum hörbar, manchmal nur zwischen den Zeilen, aber immer wieder war da in den Beratungsgesprächen dieses: „Wozu lebe ich? Warum soll ich morgens aufstehen?" Diese Frage nach dem Sinn des Lebens beschäftigte die psychisch kranken Menschen auch in den Gesprächsgruppen, die ich begleitete, und sie stand als Grundfrage hinter vielen Einzelgesprächen.

Von Viktor Frankl, dem Begründer der Logotherapie, können wir lernen, wie wichtig die Frage nach dem Sinn für die seelische Gesundheit ist. Immer wieder zitiert Frankl Nietzsches Satz: „Wer ein Warum zu leben hat, erträgt fast jedes Wie!".[74] An Frankls Aussagen erinnerte ich mich in meiner beruflichen Tätigkeit als Sozialarbeiter immer wieder. Aber die Logo-Therapie schien wenig mit der Praxis jener Sozialen Arbeit zu tun zu haben, in der ich tätig war. Außerhalb von therapeutischen Kontexten schien die Sinn-Frage schnell hinter praktischen Problemen zu verschwinden: Wie finde ich einen Arbeitsplatz? Wie komme ich mit meiner winzigen Rente, mit den paar Euros Sozialhilfe aus?

Die Fragen nach dem Sinn, nach dem Wesentlichen, werden auch kaum in den Theorien berührt, die wir als Helfer/innen lernen. Sie haben im Studium, in Ausbildung und in Weiterbildungen, selten einen adäquaten Raum. Deshalb fällt es uns so schwer, sie selbstverständlich in den Alltag unserer Institutionen, in die Praxis der Pflege, der Sozialen Arbeit oder in die Hochschulen hineinzunehmen. Der Raum des „Professionellen" und der Raum unserer Spiritualität, unserer Re-ligio, unserer Rück-bindung, bleiben oft völlig getrennt. Oft wissen wir z. B. selbst von Kolleginnen bzw. Kollegen, mit denen wir seit vielen Jahren eng zusammenarbeiten, nicht, was sie „unbedingt angeht".

Mitgefühl als Grundlage des Helfens: die Vier Grenzenlosen Geisteszustände

Mitgefühl ist die Grundlage des Helfens, das wurde jetzt schon mehrfach angesprochen. Aber: Wie können wir von Liebe und Mitgefühl nicht nur reden, sondern Mitgefühl üben, kultivieren und in uns wachsen lassen?

Die neurowissenschaftliche Forschung zeigt, dass sich unser Gehirn verändert, je nachdem, wie wir es benutzen. Die Wissenschaftler sprechen von „neuronaler Plastizität" oder von „sozialer Konstruktion des Gehirns".[75] Wenn wir etwas häufig wiederholen, hinterlässt das sichtbare Spuren im Gehirn. Wenn wir also häufig mitfühlende Gedanken denken, wächst der Teil des präfrontalen Cortex, der für mitfühlende Emotionen zuständig ist, bzw. die dortigen Neuronen vernetzen sich stärker miteinander.

Mitgefühl ist in der buddhistischen Tradition einer der Vier Grenzenlosen Geisteszustände – neben liebender Güte, Freude und Gelassenheit oder Gleichmut. Durch das Rezitieren der „Vier Grenzenlosen" stärken wir die Samen dieser Geisteszustände in uns. Es gibt verschiedene Formen und Übersetzungen dieser klassischen Rezitation. Mir gefällt sehr gut die Übersetzung nach Jon Kabat-Zinn:[76]

Die Vier Grenzenlosen Geisteszustände

Möge ich, mögest Du sicher und behütet sein und frei von innerer und äußerer Not.
Möge ich, mögest Du glücklich und zufrieden sein.
Möge ich, mögest Du soweit irgend möglich gesund und heil sein.
Mögen wir die Leichtigkeit des Wohlbefindens erleben.[77]

Wir können diesen kurzen Text so abwandeln, dass er für uns passend ist. Manche Menschen haben Schwierigkeiten mit der Formulierung „mögest du" – das erscheint ihnen gestelzt, unpassend, zu „heilig". Manche mögen keinen Text, der aus der buddhistischen Tradition stammt. Es ist wichtig, dass die Sätze gut für uns passen, es kann auch ein einziger ganz kurzer Satz sein, z. B. „Ich wünsche dir Glück!". Haben wir einen solchen stimmigen Satz gefunden, können wir ihn in unseren Alltag des Helfens „einbauen", dass er selbstverständlich wird, wie das Zähneputzen am Morgen oder das Ausfüllen des Statistikbogens nach einem Klientenkontakt.

Vorbereitung auf die Begegnung mit Klientinnen und Klienten

Achtsamkeit in der direkten Arbeit mit Klientinnen und Klienten beginnt schon, bevor wir das Gespräch beginnen, bevor wir das Krankenzimmer betreten. Ich lerne immer wieder, wie gut es ist, nicht unvorbereitet in die Begegnung mit Klientinnen bzw. Klienten, Studenten oder Weiterbildungsteilnehmerinnen zu gehen. Ein kurzes Innehalten, bei dem wir drei bewusste Atemzüge genießen oder eine kleine Verbeugung, bevor wir in den Kontakt gehen, machen schon einen wichtigen Unterschied.

Wir können einen Segen sprechen, wie z. B. die Vier Grenzenlosen. Wir können natürlich auch ganz andere Texte verwenden. Vor der Begegnung mit einem Klienten, einer Bewohnerin, einem Schüler oder einer ganzen Schulklasse einen solchen Text regelmäßig zu rezitieren kann weitreichende heilsame Folgen haben. Zunächst mag es vielleicht unnötig oder sinnlos erscheinen: Was soll sich dadurch ändern? Sprechen wir diesen Vers einmal, zweimal, zehnmal, können wir vermutlich tatsächlich noch keine Veränderung wahrnehmen. Aber wenn wir ihn hundertmal, tausendmal sprechen, hat das Einfluss auf unseren „Herz-Geist", auf unser Denken und Fühlen, die in der buddhistischen Tradition nie getrennt gesehen werden. Denken und Fühlen, Herz und Geist, werden als Einheit betrachtet. Die Bedeutung der Emotionen für das Denken, für unsere Kognitionen wird inzwischen auch in der westlichen Psychologie und Psychiatrie erkannt. Es geht darum, unser „Denk-Fühlen"[78] schrittweise zu transformieren. Ein wichtiges Mittel dazu sind Gathas, kurze Verse, wie sie im dritten Kapitel vorgestellt wurden. Sehr hilfreich und ganz einfach ist es, mit der Einatmung den Namen des Menschen zu sagen, dem wir gleich begegnen werden, und mit der Ausatmung „Ich bin da!". Wenn ich in der Straßenbahn sitze und zu einem Treffen mit einer Supervisionsgruppe fahre, übe ich oft mit diesem Gatha. Die Begegnung wird dann anders. Alle spirituellen Traditionen kennen solche Gathas. Menschen, die in der christlichen Tradition heimisch sind, können das Jesus-Gebet sprechen, das in der Tradition der Ostkirche eine große Rolle spielt: „Kyrie eleison" oder „Herr Jesus Christus, erbarme dich". Das ist gleich gültig. Wenn wir sie regelmäßig rezitieren, transformieren solche Kraft-Sätze tatsächlich unseren Herz-Geist, sie zentrieren unsere Aufmerksamkeit und machen uns gelassener. Ebenso ist eine abschließende Verbeugung, nachdem die Klientin bzw. der Klient das Zimmer verlassen hat, eine Geste, die keine zusätzliche Zeit kostet, die uns aber hilft, das loszulassen, was wir in uns aufgenommen haben, und uns für das zu öffnen, was als Nächstes kommt.

Christus in mir – Buddha in dir

Wie können wir uns an die „Buddhanatur", an die „Christusnatur" unserer Klientinnen und Klienten erinnern? Können wir die Haltung des Mitgefühls und der freundlichen Zuwendung praktizieren, auch wenn ein Zugang zu den Klienten unmöglich scheint?

Wir können auch hier wieder mit der einfachsten Übung beginnen – wenn wir uns mit ihr vertraut gemacht, sie uns zu eigen gemacht haben. Die einfachste Form, für Klientinnen und Klienten präsent zu sein und uns ihre „Buddhanatur" zu vergegenwärtigen, sind das achtsame Atmen und das Lächeln. Mit der Einatmung stelle ich mir den Klienten vor, dem ich begegnen werde. Ich sehe sein Gesicht, ich sehe sein Leiden. Mit der Ausatmung lächle ich ihm zu. Das dauert kaum eine Minute, aber es kann die Begegnung verändern, denn es verändert meine innere Haltung. Ich übe das auch vor Seminaren und Weiterbildungskursen oder vor einer Supervisionssitzung. Und nicht zuletzt hilft mir diese kleine Übung, für die Mitglieder meiner Familie gegenwärtig zu sein.

Dem Leiden zulächeln

Achtsamkeit für den Atem, Achtsamkeit für unsere Gefühle. Achtsamkeit für das, was ist, ob Trauer, Wut, Langeweile oder Abwehr, ist leicht gesagt und fällt uns doch so schwer. Doch wir können es üben und lernen. Dabei ist wieder die Übung des Lächelns ein wunderbarer Schatz. Den eigenen Gefühlen, der Trauer, der Wut, dem Zorn immer wieder fünf Minuten lang zuzulächeln kann dabei helfen, diese Achtsamkeit zu entwickeln und die mit dem Leiden verbundenen Gefühle erst kennen zu lernen und dann zu transformieren. Wir können ganz einfach üben: „Mit der Einatmung nehme ich meine Trauer wahr, mit der Ausatmung lächle ich meiner Trauer zu." Dieses Lächeln ist scheinbar so leicht, beim Lesen wirkt es vielleicht zu einfach, um wirklich bei ernsthaften Schwierigkeiten etwas verändern zu können. Aber Trauer und Leiden ein mitfühlendes Lächeln zu schenken ist ein radikaler Perspektivenwechsel, der unsere Sicht der Dinge transformieren kann. Unsere ganze innere Ausrichtung ist meistens eine andere: Wir wollen das eigene Leiden nicht haben, wir wollen es loswerden und wir wollen das Leiden anderer Menschen, die uns wichtig sind, wegmachen. Wir wollen trösten, wir wollen etwas tun, nicht hinschauen.

Mit dem Lächeln wenden wir uns dem Leiden zu, wir verdrängen oder verleugnen es nicht länger. Wir schauen es freundlich an. Wir lassen zu, dass es wirklich wird. Vielleicht entdecken wir, wie sehr wir an diesem Leiden festgehalten haben, wie es zu einem Teil unserer Identität geworden ist. Wir können mit Erstaunen oder Erschrecken merken, wie lieb uns unsere alten Leidensgeschichten sind. Und wenn wir noch tiefer schauen, wird uns vielleicht klar, was wir alles aus unserem Leiden gelernt haben und wie dankbar wir dafür sein können. Wenn wir dabeibleiben und weiter freundlich hinschauen, werden sich die Gefühle, die mit dem Leiden verbunden sind, verändern, vielleicht merken wir am Anfang noch nichts davon, aber unmerklich lernen wir das Annehmen – und das Loslassen.

Klienten und Klientinnen zuzulächeln ist eine Form, wie wir ihnen helfen können, selbst wenn wir nicht bei ihnen sind. Auch diese kleine Übung von Thich Nhat Hanh habe ich oft schon Supervisanden und Supervisandinnen für ihren Alltag mitgegeben – und fast alle waren überrascht über die nachhaltige Wirkung.

Christa ist Lehrerin an einer Grundschule. Sie hat große Schwierigkeiten mit einem Schüler, der aus einer „Multi-Problem-Familie" kommt. Er verhalte sich aggressiv, werfe immer wieder mit Steinen nach anderen Kindern oder schlage sie grundlos. All ihre bisherigen Versuche, dieses Verhalten abzustellen, seien gescheitert.

Der Junge blieb ein rotes Tuch für sie. Ich schlug ihr vor, es mit der Übung des Lächelns zu versuchen. Einige Zeit praktizierte sie diese Übung für ihn. In der nächsten Supervisionssitzung vier Wochen später berichtete sie: „Es ist unglaublich, aber es hat gewirkt. Ich habe gar nichts anderes gemacht, als ihm innerlich immer wieder zuzulächeln. Für mich hat sich etwas gewandelt seither. Es ist viel leichter für mich und er wirkt auch ganz verändert."

Eine andere Form dieser Praxis ist die Kieselsteinübung, die man auch sehr gut mit Kindern machen kann. Wir suchen fünf Kieselsteine, waschen und polieren sie und schauen sie ganz genau an. Dann nehmen wir sie in die linke Hand. Einen nach dem anderen nehmen wir dann die Steine in die rechte Hand. Wir sagen mit der Einatmung den Namen eines Menschen, den wir lieben oder mit dem wir uns verbinden wollen. Mit der Ausatmung können wir sagen: „Ich bin ganz da!" Hiltrud ist katholische Gemeindereferentin, sie hat in der Supervision diese Übung kennen gelernt. „Ich habe es schon mit zwei Klassen im Religionsunterricht ausprobiert", berichtet sie in der nächsten Sitzung begeistert. „Die Kinder haben prima mitgemacht. Ich habe ihnen vorgeschlagen, als fünfte Person Jesus zu nehmen und zu sagen: Herr Jesus Christus, ich bin ganz da!"

Der Sog des Wahnsinns

„Ich spüre den Sog des Wahnsinns ganz deutlich", sagt Irene. Sie betreut psychisch kranke Menschen, die in ihren eigenen Wohnungen leben, und hat dabei viel Erfahrung. Aber manchmal kommt sie an ihre Grenzen. „Das, was ich jetzt gerade bei dieser Familie erlebe, ist echt verrückt. Die machen sich gegenseitig wahnsinnig und ziehen mich mit hinein, wenn ich nicht aufpasse." Mit diesem Sog des Leidens, dem Strudel der Verzweiflung und den Abgründen des Hasses, mit Lebensgeschichten voller Verletzung und Gewalt sind Helferinnen und Helfer ganz besonders konfrontiert. Und dieser Sog wird umso deutlicher spürbar, je mehr wir uns mit Mitgefühl und Achtsamkeit für die Patienten öffnen. Britta arbeitet in einer Erziehungsberatungsstelle. „Immer wieder diese Geschichten von Jugendlichen zu hören, die sich das Leben nehmen wollen, ist sehr anstrengend und manchmal halte ich es kaum noch aus." Deshalb gehört es zur Öffnung für das Leiden und die Gefühle der Klientinnen dazu, dass wir Formen finden, wie wir diese negativen Energien wieder loswerden, wie wir sie transformieren können. Sonst besteht die Gefahr, dass sie uns krank machen. Mit dieser Aufgabe der Transformation des Leidens werde ich mich im nächsten Kapitel noch genauer beschäftigen. Hier möchte ich zunächst nochmals an die Übung zum Umgang mit belastenden Gefühlen erinnern, die wir im letzten Kapitel kennen gelernt haben.

Mit dem achtsamen Atmen können wir auch Achtsamkeit für unsere unangenehmen und schmerzlichen Gefühle entwickeln, haben wir gesehen. Achtsamkeit für das, was ist, kann uns den Mut schenken, auch der Wut, der Langeweile oder der Aggression in uns unsere liebevolle Aufmerksamkeit zu schenken und diese Gefühle zu transformieren. „Mit der Einatmung nehme ich meine Trauer wahr, mit der Ausatmung lächle ich meiner Trauer zu." „Einatmend nehme ich meine Wut wahr – ausatmend umarme ich meine Wut liebevoll." Wenn wir die einfache Übung des Atmens und des Lächelns einmal gelernt haben, können wir auch den Abgründen der Verzweiflung, dem Sog des Wahnsinns, der Verletzung und Gewalt im Leben unserer Klientinnen zulächeln. Das kann uns dabei helfen, Mitgefühl auch für diese Abgründe zu entwickeln. Und es ist auch eine Möglichkeit, uns von diesen Abgründen nicht verschlingen zu lassen und dem Sog des Wahnsinns nicht zu erliegen. Das mag paradox klingen: Warum soll uns die liebevolle Hinwendung helfen, wären die Abwendung und die Abgrenzung nicht sinnvoller? Das ist der im vierten Kapitel angesprochene Mythos von Nähe und Distanz. Er funktioniert nur mit viel Mühe, haben wir festgestellt. Und wir können stattdessen erfahren, wie es ist, uns den Abgründen zuzuwenden, statt sie zu meiden.

Mit Klientinnen und Klienten Achtsamkeit praktizieren

Achtsamkeit wird immer mehr zu einem Mittel, das in der Psychotherapie, in der Medizin und in der Gesundheitsförderung gezielt eingesetzt wird, um positive Effekte zu erzielen. Es gibt inzwischen eine Reihe von explizit achtsamkeitsbasierten Psychotherapieverfahren, etwa die Dialektisch-behaviorale Therapie (DBT) für Menschen mit Borderline-Störungen, die Mindfulness Based Cognitive Therapy (MBCT) für Menschen mit schweren Depressionen, das im letzten Kapitel schon erwähnte Programm achtsamkeitsbasierter Stressreduzierung von Jon Kabat-Zinn usw.[79] Forschungen zeigen klar: Die Praxis der Achtsamkeit wirkt positiv auf das Immunsystem, verbessert den Heilungsprozess bei Krankheiten, reduziert Stress und vermindert das Risiko des Ausbrennens. Es liegt also nahe, auch unseren Klientinnen bzw. Klienten die Praxis der Achtsamkeit zu zeigen, sie zu unterweisen, wie man achtsam geht, achtsam isst oder wie man Tiefenentspannung üben kann.

Ich erinnere mich an eine Begegnung in der Supervision. Wir hatten nur eine Sitzung zusammen und der Klientin ging es sehr schlecht bei ihrer Arbeit. Ich fragte mich: Was kann ich ihr wohl mitgeben in dieser einen Sitzung? Auf meine Nachfrage, ob sie etwas anfangen könne mit Meditation und Achtsamkeit sagte sie: „Ja, durchaus". Das ermutigte mich, ihr das achtsame Gehen zu zeigen. Wir sprachen darüber und gingen dann gemeinsam einige Runden langsam durchs Zimmer. Sie dankte mir zum Schluss der Stunde, dass sie nun ein Mittel habe, wenn es wieder ganz schwierig sei.

Solche Erfahrungen können nicht verallgemeinert werden. Es ist nicht immer angemessen, mit Klientinnen und Klienten Achtsamkeitsübungen zu machen. Aber wenn wir selbst stabil in der Praxis verankert sind, können wir sensibel dafür werden, wann es sinnvoll ist, und unseren Patienten, Schülerinnen oder Klientinnen das Wunder des achtsamen Atmens oder die Übung des Lächelns zeigen, statt nur mit ihnen über ihr Leiden, ihre Probleme und ihre Krankheit zu sprechen. Wir können ihnen die Fünf Betrachtungen oder die Fünf Achtsamkeitsübungen schenken.

Achtsamkeitsübungen zu erlernen kann Patientinnen bzw. Patienten, die krank sind, helfen, mit ihren Schmerzen, ihrer Angst und ihren Sorgen besser umzugehen. Lehrer/innen können Übungen der Achtsamkeit in den Religions- oder Ethikunterricht integrieren. Sie können beispielsweise mit den Kindern die Kieselsteinmeditation machen. Achtsamkeit kann ein Element werden, das im Gottesdienst vorkommt. Achtsames Gehen kann wieder an die Orte zurückgebracht werden, wo es jahrhundertelang in Kreuzgängen der Kirchen praktiziert wurde. Achtsamkeitsmeditation kann das Leben von Inhaftierten im Gefängnis transformieren. Es braucht nur jemanden, der die Übung dort hinträgt. Es gibt keine Sonderwelt. Wichtig ist es, dass wir den Mut entwickeln, die Welt der Meditation und die Welt unserer normalen Arbeit zusammenzubringen.

Wichtig erscheint mir dabei, dass wir Achtsamkeit nicht missverstehen als Mittel zum Zweck. Achtsamkeit ist keine Technik, die sich „benutzen" lässt. Und es ist wichtig, dass wir nichts an andere weitergeben, was wir nicht selbst praktizieren. Achtsamkeitsübungen ersetzen nicht die „normale" Professionalität, sondern ergänzen und vertiefen sie. Es geht nicht um ein „Stattdessen", sondern um ein „Sowohl-als-auch".

Achtsamkeit unterstützt uns dabei, einfach wachsen zu dürfen.

Wachsen dürfen
allfarben
wie das Licht

In seinem Schatten
willkommen heißen
die Erde

Sie bitten
uns aufzunehmen
in Gärten

Wo wir wachsen dürfen
brüderlich
Mensch an Mensch

ROSE AUSLÄNDER[80]

Das Nicht-Helfen üben

Mitgefühl ist etwas Schönes. Manchmal sonnen wir uns gerne in unserem Mitgefühl. Helfen tut gut. Vor allem dem Helfer. Es macht stark und schön. „Bitte nicht helfen, es ist auch so schon schwer genug!", lese ich auf einer Postkarte an der Bürotür einer Kollegin. Darüber schmunzeln wir gerne. Aber es ist schwer, auch die Kunst des Nicht-Helfens zu lernen oder es zu akzeptieren, als Helferin abgelehnt zu werden.

Helfen vollzieht sich im Spannungsverhältnis von machen und lassen, von tun und geschehen lassen. Die Lösung – oder die Heilung – wird nicht gemacht. Sie geschieht.

Es kann ein Ausdruck von mangelnder Selbstliebe und unzureichender Wertschätzung für uns selbst sein, wenn wir immerzu „helfen", wo es vielleicht hilfreicher wäre, *nicht* zu helfen – oder der Hilfe eine andere Form zu geben: Klarer und entschiedener, vielleicht mit einfühlsamer Konfrontation. Deshalb ist es entscheidend, auch über die Bedeutung des Nicht-Helfens nachzudenken.

Im *Shobogenzo*, der „Schatzkammer der Erkenntnis des wahren Dharma" von Dogen Zenji, einem der wichtigsten klassischen japanischen Zen-Texte, entstanden im 13. Jahrhundert, heißt es: „Der Buddha-suchende Geist ist, anderen beizustehen, wenn darum gebeten wird."[81] Oft helfen wir aber, wenn nicht darum gebeten wird. Wir helfen dann, wenn das Nicht-Helfen vielleicht besser wäre. Manchmal sind wir als professionelle Helfer und Helferinnen gezwungen zu helfen, wo der Empfänger der Hilfe dies gar nicht will. Und manchmal werden wir von jemandem um Hilfe gebeten, der die Hilfe, um die er bitten muss, als Demütigung empfindet.

Manchmal besteht die Kunst darin, gerade *nicht* zu helfen, achtsam abzuwarten und nichts zu tun. „Wu wei – Handeln durch Nicht-Handeln" wird das in der Tradition des Taoismus genannt, tun durch Nicht-Tun. Man könnte es auch als die Dialektik von Tun und Geschehenlassen bezeichnen. Dabei können wir uns wieder einmal daran erinnern, dass da niemand ist, der hilft – und keiner, dem geholfen wird. In Wahrheit sind wir nicht getrennt, sondern eins.

Die Hilflosigkeit annehmen

Wir müssen lernen, Leiden und Trauer nicht sofort „wegmachen" zu wollen, sondern sie einfach *wahrzunehmen*. Es geht darum, das Sonnenlicht der Achtsamkeit auf unser Leiden und auf das unserer Klientinnen und Klienten scheinen zu lassen – es wird sie verwandeln.

Hilflos sein, nicht helfen können, ist häufig viel schwieriger als das Helfen. Auch die eigene Hilflosigkeit anzunehmen ist deshalb eine dauerhafte Aufgabe für Helferinnen, für Eltern, Ehefrauen und Ehemänner.

Hilde Domin fasst die Lektion des Annehmens der eigenen Hilflosigkeit für mich wundervoll in Worte:

Zärtliche Nacht

Es kommt die Nacht
da liebst du

nicht was schön –
was hässlich ist.

Nicht was steigt –
was schon fallen muss.

Nicht wo du helfen kannst –
wo du hilflos bist.

Es ist eine zärtliche Nacht,
die Nacht da du liebst,

was Liebe
nicht retten kann.[82]

7

Dem Leiden nicht ausweichen

Vermeide keine Begegnung mit dem Leiden
und verschließe deine Augen nicht vor dem Leid.
Verliere nicht die Bewusstheit für die Existenz
des Leidens im Leben der Welt.
Suche auf irgendeine Weise die Verbindung mit denen,
die leiden, durch persönliche Kontakte und Besuche.
Öffne dich selbst und andere
für die Wirklichkeit des Leidens in der Welt.[83]

THICH NHAT HANH

Beim Helfen begegnen wir unweigerlich dem Leiden in vielen verschiedenen Formen. Wir hören entsetzliche Lebensgeschichten, erleben schreckliches körperliches und seelisches Leiden mit und können
oft (äußerlich) nur wenig, häufig gar nichts tun. Das kann sehr schwer
sein, manchmal kann es (fast) unerträglich werden. Von den vielen Erfahrungen des Leidens, denen ich in meiner Arbeit begegnet bin, haben
sich mir zwei besonders tief eingeprägt.

Christina ist 22 Jahre alt. Sie hat Krebs. Ich sitze neben ihr am Bett
auf der Tumorstation. Die Medikamente der Chemotherapie wirken. Sie
würgt und erbricht und krümmt sich dabei vor Schmerz. Dabeibleiben.

Nicht weglaufen, trotz meiner Angst, meiner Hilflosigkeit und meinem Bedürfnis, irgendetwas zu tun. Einfach dableiben.

Oder dieses andere Bild, von dem ich schon erzählt habe: Die Grausamkeit des 9jährigen Siegfried aus der Gruppe im Jugendheim. Sein blasses Gesicht, das ich heute, nach mehr als 30 Jahren, noch vor mir sehen kann. Seine heimtückische Grausamkeit Schwächeren gegenüber. Mit Freude quälte er Tiere. Nach ein paar Monaten begann er, mir erschreckende Geschichten aus seinem Leben zu erzählen. Eine Kindheit, die Dantes Höllenvisionen glich. Jetzt rächte er sich, wo er konnte. Mich mochte er. Ich fand einen Zettel, auf den er mit ungelenker Schrift geschrieben hatte: „Herr Pfeifer ist starg wie ein Ber." Aber Schwächere quälte er unbarmherzig. Wo sollte die Barmherzigkeit auch herkommen in diesem Leben, das so unbarmherzig war zu ihm?

Die Flucht vor dem Leiden

„Wie kann man nur so einen Beruf ergreifen. Sich dauernd mit den Problemen anderer Menschen beschäftigen ist ja furchtbar." Oft hören Helfer und Helferinnen solche oder ähnliche Sätze. Dem Leiden ausweichen, vor dem Leiden fliehen, liegt näher. Diese Flucht vor dem Leiden hat auch mit unserer gesellschaftlichen Situation zu tun. Die gegenwärtige Gesellschaft wird von Soziologen treffend als „Erlebnisgesellschaft" bezeichnet. „Das Leben schlechthin ist zum Erlebnisprojekt geworden", schreibt der Soziologe Gerhard Schulz.[84] Dazu passen Leiden, Armut, Alter, Krankheit, Sterben und Tod nicht. Sie verderben das schöne Erlebnis des Lebens. Wir wollen das Leiden nicht sehen, das unser Leben *auch* prägt.

Helfer/innen werden heute oft als „Gutmenschen" belächelt oder gar verächtlich gemacht. Das Helfen kommt aus der Mode, die Praxis des Helfens ist in Verruf geraten. Diese Ressentiments haben manchmal gute Gründe, aber sie können auch ein Ausdruck der Flucht vor dem Leiden sein. Diese Flucht kommt auch innerhalb der helfenden Professionen vor und kann sich ganz unterschiedlich zeigen. Sie kann sich z. B. als Flucht in Management- und Leitungsaufgaben oder als Verachtung und Zynismus gegen „Popelarbeit" mit direktem Klientenkontakt ausdrücken. „In unserem Alter ist ‚Frontarbeit' nicht mehr angesagt", sagt Volker, der seit einigen Jahren Geschäftsführer ist. Er belächelt die Kollegen, die „immer noch" direkt mit Klientinnen und Klienten arbeiten. Wohlgemerkt: Die Übernahme von Geschäftsführungs- und Sozialmanagementaufgaben *kann* eine subtile Form von Flucht sein, sie kann aber auch eine Form des Helfens sein, die unsere Achtung und Wertschätzung verdient. Auch der Weg in die Wissenschaft kann eine Form der Flucht vor dem Leiden sein. Statt den Menschen und ihren Schmerzen zu begegnen, beschäftigen wir uns dann mit Forschungsprojekten und Theorien. Das ist manchmal leichter. Das Leiden verschwindet dann hinter Zahlen, Statistiken, Büchern und Konzepten und ist so leichter zu ertragen. Auch hier gilt: Wissenschaft *kann* eine Flucht sein – gute und angemessene Wissenschaft kann aber auch eine große Hilfe und eine wichtige Unterstützung des Helfens sein. (Natürlich können Wissenschaft und Management auch beide Aspekte umschließen: Ein das Leiden fliehender Wissenschaftler kann trotzdem wertvolle Arbeit leisten, ein Sozialmanager, der die Nase voll hat von der direkten Begegnung mit leidenden Klienten, kann für seine Einrichtung sehr wichtige Arbeit leisten.)

Dem Leiden nicht auszuweichen, die Augen nicht davor zu verschließen, wie Thich Nhat Hanh uns rät, ist eine schwierige Aufgabe, die wir als Helfer/innen lernen müssen. Vielleicht ist es sogar eine der größten Herausforderungen in der Kunst des Helfens. Aber es ist nicht nur eine der wichtigsten, sondern auch eine der kostbarsten Aufgaben, die uns das Helfens beschert. Doch die meisten von uns wurden in ihrer Ausbildung nicht darauf vorbereitet, wie man mit Leiden umgeht. Unsere Weiterbildungen beschäftigen sich meistens mit methodischen Konzepten, wie man Probleme löst und Leiden beendet, nicht damit, wie man dem Leiden sein Herz öffnet und lernt, es auszuhalten, ohne krank zu werden, auszubrennen oder die Augen davor zu verschließen.

Zwischen Allmacht und Ohnmacht

Es ist wichtig, die Natur des Leidens immer besser und tiefer zu verstehen, vor allem wenn wir das Helfen zu unserem Beruf machen. Sonst kann es geschehen, dass wir zwischen Allmachtsphantasien und Ohnmachtgefühlen hin- und hergerissen werden. Wir hegen die Illusion, dass es in unserer Macht stünde und dass es unsere Aufgabe wäre, das Leiden der ganzen Welt zu beenden. Wir meinen, dass wir das tatsächlich könnten. Viele Helfer/innen zerbrechen an dieser Allmachtsphantasie. Sie erleben sich als unfähig und haben das Gefühl zu scheitern. Sie werden körperlich oder seelisch krank, manche nehmen sich sogar das Leben. Oder wir werden mutlos, hoffnungslos oder zynisch. Wir denken: „Man kann ja doch nichts ändern. Was ich tue, hat keinen Wert." Diese Ohnmachtgefühle sind die andere Seite der Medaille.

Helfen kann auch oder gerade dem Wunsch entspringen, das Leiden *nicht* zu sehen, die Augen vor dem Leiden zu verschließen und die Illusion zu pflegen, wir könnten mit unserem Helfen das Leiden beenden. Das ist eine Größenphantasie, deren Zerbrechen sehr schmerzlich sein kann. Der Machbarkeitswahn, dem wir huldigen, lässt uns manchmal vergessen, wie begrenzt unsere Möglichkeiten sind und wie sehr es darauf ankommt, das zu sehen und anzunehmen, was ist.

Die Gefahren der Ressourcenorientierung

Lösungs- und Ressourcenorientierung sind inzwischen wichtige Grundprinzipien psychosozialer, pädagogischer und pflegerischer Arbeit geworden. Nicht nur im systemischen Ansatz wird der Blick heute gern auf das gelenkt, was funktioniert, und nicht auf das, was nicht funktioniert. Das ist sinnvoll und wichtig. Es besteht aber auch die Gefahr, Leiden, Trauer und Schmerz allzu schnell umzudefinieren, zu verdrängen und – im Sinne des Wortes – nicht „wahr" zu nehmen.

„Die Chance klopft öfter an, als man denkt, aber meistens ist niemand zu Hause", heißt es auf einer Spruchkarte von William Renn Adair. In Abwandlung dieses Satzes könnte man formulieren: Leiden, Trauer und

Tod klopfen auch in der Praxis des „normalen" Helfens – also nicht nur in der Sterbebegleitung, im Hospiz, in der Arbeit mit Trauernden – öfter an, als man denkt. Wichtig ist es, dass wir als Helfer oder Helferin dann da sind, dass wir präsent sind, dass wir wirklich zu Hause sind, d. h., dass diese Phänomene genauso Thema in Begegnungen mit Klientinnen und Klienten werden (dürfen), wie Lösungen, Ausnahmen, Wunder, eine andere Zukunft oder problemfreie Zeiten. Sonst kann es sein, dass wir eine falsche Ressourcenorientierung pflegen. Ihr tieferes Leiden hinter der Fassade, ihre Trauer und ihre Angst werden uns unsere Patienten oder Klientinnen umso eher zeigen, je mehr wir selbst als Helfer sie bei uns zulassen können, je mehr wir uns in unserem eigenen Leben dafür geöffnet und uns damit auseinander gesetzt haben. Haben wir selbst Angst vor dem Leiden, sind uns die Gefühle von Verzweiflung, Trauer und die Begegnung mit der Vergänglichkeit suspekt, dann werden sich auch die Klientinnen und Klienten hüten, sie zu zeigen.

Das Leiden sehen

Welche Grundhaltungen erweisen sich in der Begegnung mit dem Leiden als sinnvoll und notwendig, Not wendend? Welche Lektionen, die uns diese Aufgabe erleichtern, können wir als Helfer hier lernen?

Ein wichtiger Schritt ist, das Leiden in seinen verschiedenen Formen überhaupt zu sehen, sensibel dafür zu werden, wie sich Leiden ausdrückt. Es ist wichtig, die Gesichter des Leidens unterscheiden zu lernen und die verschiedenen Dimensionen von Leiden kennen zu lernen.

Eine Form des Leidens ist die Armut. Sie begegnet uns in verschiedenen Formen. Materielle Armut scheint in den westlichen Industriegesellschaften vordergründig kein wichtiges Thema mehr zu sein. Aber wenn wir genau hinzuschauen, können wir diese Form des Leidens auch sehen, die hinter Glitzerfassaden, im Konsumrausch oft nur schwer wahrnehmbar ist: Die Armut von allein erziehenden Frauen, von alten Menschen mit unzureichender Rente, von Arbeitslosen, psychisch Kranken, Behinderten. Wir sehen üblicherweise hauptsächlich die Menschen, denen es gutgeht, die kaufen und verkaufen, die am öffentlichen Leben teilnehmen, die in der Fußgängerzone oder im Kaufhaus unterwegs sind. Aber manchmal genügt es, ein paar Straßenzüge weiterzugehen, um im Supermarkt Menschen zu begegnen, denen die materielle Not am Gesicht, an der Körperhaltung anzusehen ist. Die Frau am Bäckerstand erzählt mir, dass sie heute wenig verkauft hat. „Es ist Monatsende, da haben die Leute hier kein Geld mehr." Die „Zwei-Drittel-Gesellschaft" ist längst Realität: Zwei Drittel, denen es (materiell) gutgeht und ein Drittel, das in Armut lebt: Unter die Armutsschwelle zu rutschen, dafür reichen normale Lebensrisiken wie Arbeitslosigkeit oder Krankheit aus. Millionen Deutsche leben unterhalb der Armutsschwelle, ohne staatliche Hilfe zu beantragen – die so genannte „verdeckte Armut". Trotz Arbeit leben Millionen Menschen auch in westlichen Industrieländern unterhalb des Armutsniveaus, d. h., die Löhne sind so niedrig, dass sie nicht einmal das ärmliche Niveau der staatlichen Unterstützung erreichen.

Aber die materielle Armut ist nur ein Teil des Problems – vielleicht sogar der geringere. Sozialarbeiter/innen wiegen sich manchmal in der Illusion, dass eine gerechtere Verteilung des materiellen gesellschaftlichen Reichtums das Leiden beenden könnte. Auch ich habe lange geglaubt, die Herstellung sozialer Gerechtigkeit sei das wichtigste Thema des Helfens. Aber materielle Armut ist nur ein Teil des Leidens, vielleicht sind die soziale und die spirituelle Armut noch wichtiger – Formen der Armut, unter denen auch reiche Menschen leiden. Mutter Theresa sagt: „Die größte Krankheit ist heute im Westen nicht die Tbc oder Lepra, es ist die Krankheit, unerwünscht, ungeliebt und unversorgt zu sein. Körperliche Krankheiten können wir mit der Medizin heilen, aber das einzige Heilmittel für Einsamkeit, Verzweiflung und Hoffnungslosigkeit ist die Liebe. Es gibt viele in der Welt, die um ein Stück Brot sterben, aber sehr viele mehr, die um ein bisschen Liebe sterben. Die Armut im Westen ist eine andere Art Armut – nicht nur eine Armut der Einsamkeit, sondern auch an Spiritualität. Es gibt einen Hunger nach Liebe, aber auch einen Hunger nach Gott."[85]

Materielle Not und spirituelle Armut

Es gibt psychisches Leiden, von dem die Reichen genauso betroffen sind, wie die Armen. Manchmal kann uns sogar schon beim Lesen der Klatschspalte in der Zeitung bewusst werden, welche Gesichter die Armut und das Leiden der Reichen haben, wenn wir von Drogenabhängigkeit, vergeblichen Entziehungskuren, Eifersuchtsdramen, von Trennungen, Streit um Geld und um die Kinder bei Prominenten lesen, die schön, reich und berühmt sind und denen es (materiell) an nichts fehlt. Wiegen wir uns nicht in der Illusion, dass die Veränderung der materiellen Verhältnisse (allein) das Leiden beendet. Lernen wir die Gesichter des Leidens kennen.

Wieder ist es eine Dichterin, Ricarda Huch, die diese Schmerzen, die sich „tiefer und tiefer ins Herz hinein schleichen", unnachahmlich in Worte fasst:[86]

Nicht alle Schmerzen

Nicht alle Schmerzen sind heilbar, denn manche schleichen
sich tiefer und tiefer ins Herz hinein.
Und während Tage und Jahre verstreichen,
werden sie Stein.

Du sprichst und lachst, wie wenn nichts wäre,
sie scheinen zerronnen wie Schaum.
Doch du spürst ihre lastende Schwere
bis in den Traum.

Der Frühling kommt wieder mit Wärme und Helle,
die Welt wird ein Blütenmeer.
Aber in meinem Herzen ist eine Stelle,
da blüht nichts mehr.

Leiden als Grundtatsache des Lebens akzeptieren

Leiden, Krankheit und Schmerzen sind Probleme, die „bewältigt" werden müssen. Trauer muss durch „Trauerarbeit" überwunden werden: So lernen wir es inzwischen in unserer Ausbildung. Diese – westliche – Perspektive hat uns wertvolle Erkenntnisse über Coping-Strategien, Bewältigungsmechanismen hilfreicher und nicht-hilfreicher Art beschert. Für professionelle Helfer und Helferinnen könnte es aber wichtig sein, diese Perspektive zu ergänzen, zu vertiefen und zu erweitern mit der uralten Erkenntnis der buddhistischen und der christlichen Tradition, dass Leiden, Krankheit, Trauer und Tod nicht bewältigt und „weggemacht" werden müssen, sondern zum Leben dazugehören wie Regen und Wolken zum Frühling.[87] Pema Chödrön drückt es so aus: „Wenn Sie am Morgen erwachen und sich aus dem Nichts das Leiden der Entfremdung und Einsamkeit einstellt, können Sie die Situation als goldene Gelegenheit beim Schopf packen? Können Sie sich, statt sich mit dem Gefühl zu quälen, irgendetwas würde schrecklich falsch laufen, gerade in diesem Augenblick der Traurigkeit und der Sehnsucht entspannen und die grenzenlose Weite des menschlichen Herzens berühren? Wenn sich Ihnen diese Gelegenheit das nächste Mal bietet, probieren Sie es aus."[88]

Was ist Leiden? Ist das ganze Leben nur Leiden? Der Buddha lehrt uns: „Geburt ist Leiden, Alter ist Leiden, Krankheit ist Leiden, Kummer, Jammer, Schmerz, Gram und Verzweiflung sind Leiden. Mit Unliebem verbunden sein ist Leiden, von Liebem getrennt sein ist Leiden, was man begehrt nicht erlangen ist Leiden. Kurz: die fünf Stücke des Anhaftens sind Leiden". „Anhaften" ist der Durst nach Freude, der Durst nach Erfahrungen, der Durst nach mehr Anerkennung, nach Geld, Glück, Beziehungen, Sex, Wissen, Genuss – und dieser Durst schafft nicht Glück, sondern Leiden. Das erfahren nicht nur unsere Patienten, das erfahren auch wir als Helfer/innen häufig nur allzu schmerzlich. Was wir erreicht haben, das zerrinnt. Unsere Beziehungen zerbrechen. Unser Glück können wir nicht festhalten. Die Schönheit, die wir bewunderten, vergeht. Wir werden alt und Krankheit ist unausweichlich. Die geliebten Menschen sterben. Der Buddha bezeichnet das Leiden als Grundtatsache menschlichen Lebens.

Je genauer und je länger ich hinschaue, je mehr denke ich, dass er Recht hat. Es ist tatsächlich, als beschreibe er genau das, was die meisten Menschen um mich herum – und auch ich selbst – täglich erleben. Wohin ich auch schaue, wenn ich ein bisschen an der Fassade kratze, ein wenig tiefer hinter die lachenden Gesichter blicke, wenn ich wahrnehme, was in den Familien vor sich geht, hinter den Türen der Wohnungen in meiner Nachbarschaft, sehe ich Leiden. Das Leiden der Frau, deren Mann sie wegen einer Jüngeren verlassen hat. Das Leiden von Benjamin, bei dem im Alter von 10 Jahren kindlicher Rheumatismus begonnen hat und der sich jetzt kaum noch bewegen kann. Das Leiden von Christina, die vierzehn Jahre alt ist, als ihre Mutter an Krebs stirbt. Das Leiden des Kollegen, der den 73. Aufsatz veröffentlicht hat und der trotzdem nicht mit sich selbst zufrieden ist.

Das Leiden ist universell. Es gehört zum Leben dazu. Wir können es nicht „wegmachen". Thich Nhat Hanh betont aber auch, dass es nicht richtig ist, zu behaupten, das ganze Leben sei nur Leiden. Das wäre eine Verfälschung und Verkürzung von Buddhas Lehre.[89] Leben ist auch Freude, Wohlgefühl und das Jubeln der Sonne, die morgens am klaren Himmel aufgeht. Im Leiden sind wir eins – mit unseren Klientinnen und Klienten, mit unseren Kollegen und mit den Menschen um uns, denen wir nicht helfen können. Auch in unserer Sehnsucht nach Glück und Wohlgefühl, nach einer Beendigung des Leidens, sind wir eins mit allen anderen Menschen und mit allen fühlenden Wesen.

Der Begegnung mit dem Unfassbaren nicht ausweichen

Die Einsicht, dass das Leiden universell ist, genügt nicht. Sie kann eine philosophische Erkenntnis bleiben, die wenig verändert. Beim Helfen werden wir, ob wir es wollen oder nicht, gezwungen, dem Leiden direkt zu begegnen, es zu erfahren, zu spüren, es zu riechen und zu schmecken. In der am Anfang des Kapitels zitierten Regel von Thich Nhat Hanh wird dieses Grundthema des Helfens angesprochen: Helfen hat immer etwas damit zu tun, dem Leiden der anderen – und vor allem auch dem eigenen – nicht auszuweichen, nicht die Augen davor zu verschließen.

Manchmal ist es schwer, der Begegnung mit dem Leiden nicht auszuweichen und die Konfrontation mit dem Unfassbaren auszuhalten. Das gilt vor allem dann, wenn es uns persönlich betrifft.

Ich sehe Mutters Gesicht, sie schaut mich aus dem Rollstuhl von unten herauf an, flehend, sie will etwas sagen. Aber sie kann nicht mehr sprechen. „Totale Aphasie" steht auf dem Arztbericht der Klinik. Noch vor vier Monaten war sie eine aktive, selbstständige Frau, die zu den „neuen Alten" gehörte. Dann der Telefonanruf aus der Klinik. Schlaganfall, schwere Gehirnblutung. „Sie wird auf jeden Fall nicht wieder wie vorher. Schwerste Schädigungen werden zurückbleiben." „Denken Sie, dass Ihre Mutter in dieser Situation noch operiert werden wollte?", fragt der Arzt. Ich vermute nicht und ich selbst würde es auch nicht wollen. Aber er sagt: „Wenn nichts Schriftliches vorliegt, operieren wir!"

Eine Patientenvollmacht finden wir einige Tage später in der Wohnung, in Mutters „Notfalltasche" – sie ist nicht unterschrieben. Eine unterschriebene Patientenverfügung taucht in den Papierstapeln auf dem Schreibtisch auf. Aber nun sind schon Wochen vergangen und es geht nicht mehr um Leben oder Tod. Nun geht es darum, wie sie den multiresistenten Keim wieder los wird, mit dem sie auf der Intensivstation infiziert wurde. „Da muss man abwarten, bis der Körper selbst damit fertig wird", sagt der Arzt lakonisch. Er hat Recht. Gegen diesen „Multiresistenten Streptococus Aureus" helfen keine Antibiotika, das erfahre ich bei meinen Recherchen im Internet. Ich lese nach in medizinischen Lexika und erinnere mich an Ivan Illichs Buch *Nemesis der Medizin*, in dem er – schon 1977! – eindringlich die Gefahren der hoch technisierten modernen Medizin beschreibt. Ich spreche mit Regine am Telefon und weine. „Hätten sie sie doch sterben lassen. Erst operieren sie sie gegen unseren Willen, dann infizieren sie sie mit diesem Zeugs, das sie nicht behandeln können – und entlassen sie dann einfach ins Kreiskrankenhaus und wir können sehen, wie wir damit fertig werden."

Das Erschrecken aushalten

Die Begegnung mit dem Leiden lässt uns manchmal erschrecken. Auch deshalb wollen wir ihm ausweichen. Wir können lernen, dieses Erschrecken zu sehen und auch unser Entsetzen anzunehmen. Wir müssen nicht von uns verlangen, dass wir immer gefasst und souverän bleiben. Das gelingt uns spätestens dann nicht mehr, wenn es uns selbst direkt betrifft. In Gottfried Benns Gedicht *Abschied* ist das ergreifend ausgedrückt, was ich in der Begegnung mit dem Leiden nach dem Schlaganfall meiner Mutter erlebte.

Abschied

Du füllst mich an wie Blut die frische Wunde
und rinnst hernieder seine dunkle Spur,
Du dehnst dich aus wie Nacht in jener Stunde,
da sich die Matte färbt zur Schattenflur,
Du blühst wie Rosen schwer in Gärten allen,
Du Einsamkeit aus Alter und Verlust,
Du Überleben, wenn die Träume fallen,
zuviel gelitten und zuviel gewusst.

Entfremdet früh dem Wahn der Wirklichkeiten,
versagend sich der schnell gegebenen Welt,
ermüdet von dem Trug der Einzelheiten,
da keine sich dem tiefen Ich gesellt;
nun aus der Tiefe selbst, durch nichts zu rühren,
und die kein Wort und Zeichen je verrät,
musst du dein Schweigen nehmen, Abwärtsführen
zu Nacht und Trauer und den Rosen spät.

Manchmal noch denkst du dich –; die eigene Sage –:
das warst du doch –? Ach, wie du dich vergaßt!
war das dein Bild? war das nicht deine Frage,
dein Wort, dein Himmelslicht, das du besaßt?

Mein Wort, mein Himmelslicht, dereinst besessen,
mein Wort, mein Himmelslicht, zerstört, vertan –,
wem das geschah, der muss sich wohl vergessen
und rührt nicht mehr die alten Stunden an.

Ein letzter Tag –: spätglühend, weite Räume,
ein Wasser führt dich zu entrücktem Ziel,
ein hohes Licht umströmt die alten Bäume
und schafft im Schatten sich ein Widerspiel,
von Früchten nichts, aus Ähren keine Krone
und auch nach Ernten hat er nicht gefragt –,
er spielt sein Spiel, und fühlt sein Licht und ohne
Erinnern nieder – alles ist gesagt.[90]

Inzwischen können wir wieder mit Mutter reden, sie versteht uns, auch wenn sie nicht antworten kann, und wir sind froh, dass sie noch lebt, auch wenn es für sie und uns immer noch oft schwer ist. Als Regine ihr diese Passage aus dem Manuskript und das Gedicht von Gottfried Benn vorliest, nickt sie eifrig und bestätigt: „Ja, genau so war es, genauso ist es!"

Wie können wir dem Leiden mit offenem Herzen begegnen? Gestehen wir uns einfach ein: Leiden macht nicht unbedingt schön. Mitgefühl hat nichts Heroisches. Helfen ist nicht großartig und eindrucksvoll.

Uns vom Leiden berühren lassen

In der Begegnung mit dem Leiden kommt es darauf an, sich selbst und die anderen für das Wesentliche zu öffnen. Wie können wir das tun? Jack Kornfield drückt es in seinen Dharmavorträgen immer wieder so aus: „Quiet the mind – open the heart."[91] Mit diesen kurzen Worten könnte man die ganze Praxis der Achtsamkeit zusammenfassen. Wenn wir unseren Geist beruhigen, können wir unser Herz öffnen. Dann können wir uns vom Leiden berühren lassen, fluchtlos.

Der jüdische Dichter Paul Celan hat Bilder für das unaussprechliche Leiden seines Volkes gefunden, die mich immer wieder erschauern lassen und die mir wie Symbole auch für das Leid aller anderen Menschen scheinen. Er besingt in diesem Gedicht die Finsternis. *Tenebrae* ist die Finsternis, besonders die tiefste Finsternis der Karwoche.

Tenebrae

Nah sind wir, Herr,
nahe und greifbar.

Gegriffen schon, Herr,
ineinander verkrallt, als wär
der Leib eines jeden von uns
dein Leib, Herr.

Bete, Herr,
bete zu uns,
wir sind nah.

Windschief gingen wir hin,
gingen wir hin, uns zu bücken
nach Mulde und Maar.

Zur Tränke gingen wir, Herr.

Es war Blut, es war,
was du vergossen, Herr.

Es glänzte.

Es warf uns dein Bild in die Augen, Herr.
Augen und Mund stehen so offen und leer, Herr.

Wir haben getrunken, Herr.
Das Blut und das Bild, das im Blut war, Herr.

Bete, Herr.
Wir sind nah.[92]

PAUL CELAN

Wenn wir uns berühren lassen, können wir erfahren, dass das Leiden gleichzeitig das Tor zur Freude ist. Es öffnet uns für das Wesentliche, es macht uns bereit, einen spirituellen Übungsweg zu gehen, es öffnet unser Herz.

Vielleicht vermögen uns die Dichter und Dichterinnen diese einfachen und zugleich so unendlich schwierigen Lektionen besser zu vermitteln, als kluge theoretische Bücher, Vorlesungen und Konzepte. Deshalb ermuntere ich immer wieder meine Studentinnen und Studenten: Lest auch Gedichte, nicht nur (aber auch!) Bücher und Aufsätze in Fachzeitschriften! Nicht nur Studenten, wir alle können als Helferinnen viel aus der Poesie lernen. Deshalb ist vor allem dieses Kapitel getränkt von Gedichten.

Haus ohne Fenster

Der Schmerz sargt uns ein
in einem Haus ohne Fenster.
Die Sonne, die die Blumen öffnet,
zeigt seine Kanten
nur deutlicher.
Es ist ein Würfel aus Schweigen
in der Nacht.

Der Trost,
der keine Fenster findet und keine Türen
und hinein will, trägt erbittert das Reisig zusammen.
Er will ein Wunder erzwingen
und zündet es an,
das Haus aus Schmerz.[93]

Wir brauchen uns nicht um einen Trost bemühen, der „erbittert das Reisig zusammenträgt", um ein „Wunder zu erzwingen", wie es in diesem Gedicht so wunderschön formuliert ist. Oft ist es so, wie Hilde Domin es beschreibt: Wir „zünden es an, das Haus aus Schmerz". Wir wollen den Schmerz – unseren eigenen und den, dem wir bei anderen Menschen begegnen – nicht haben, wir wollen ihn beseitigen. Aber häufig geht es darum, das „Haus aus Schmerz" einfach sein zu lassen, ohne es mit Trost zu belagern.

Unser Herz öffnen – praktische Übungen

„Das sind ja schöne Worte, aber sie helfen mir nicht wirklich!" Ja, die Worte allein helfen uns nicht. Wie können wir diese Grundhaltungen in die Praxis umsetzen? Wie können wir ganz praktisch den Umgang mit dem Leiden lernen? Was können wir tun, wenn wir mit entsetzlichem Leiden konfrontiert sind, von dem wir glauben, dass wir es nicht aushalten können? Was können wir tun, wenn wir von den schrecklichen Geschichten unserer Klientinnen und Klienten träumen, wenn wir nachts aufwachen und uns die Bilder unserer Patienten nicht loslassen?

Ich möchte drei konkrete Übungen vorstellen, die das vertiefen und erweitern, was in den vergangenen Kapiteln schon angesprochen wurde. Zuerst die Grundübung: die eigenen Grenzen spüren und annehmen zu lernen. Zweitens die Meditation des Mitgefühls. Und drittens die Phowa-Übung. Diese Formen der Praxis zu kennen und uns darin zu üben kann uns in schwierigen Situationen tatsächlich ein Rettungsanker sein. Sie können uns buchstäblich das Leben retten.

Unsere Grenzen annehmen

Wir müssen – nicht nur als Helfer/innen, sondern auch als Eltern, Partner, Nachbarn – unsere eigenen Grenzen kennen und akzeptieren lernen. Schon im fünften Kapitel über die Praxis des Mitgefühls für uns selbst habe ich dieses Thema angesprochen. Ich will es hier nochmals aufgreifen, weil es mir so wichtig erscheint.

Wir können lernen zu spüren, wann uns das Helfen und das Geben zu viel wird – und der inneren Stimme folgen, die uns klar sagt, wann unser eigenes Maß voll ist. Meistens tun wir lange Zeit das Gegenteil: Wir üben uns darin, nichts zu spüren und unsere innere Stimme beharrlich zu ignorieren, die uns immer deutlicher sagt, dass wir so nicht weiter mit uns umgehen sollten. Manchmal sind es die unüberhörbaren Signale unseres Körpers, die uns irgendwann zu einer Kursänderung zwingen: Wir werden krank oder brechen seelisch zusammen.

Deshalb ist es so wichtig, dass wir die schon häufig erwähnte Kunst des Innehaltens lernen: allein für uns, in der Supervision oder in einer Gruppe von Kolleginnen bzw. Kollegen, die uns gut kennen und zu denen wir Vertrauen haben. Oft genügt schon dieses Innehalten. Wir brauchen gar nicht mehr tun, als unsere rastlose Aktivität für ein paar Momente zu unterbrechen, eine Zeit der Stille entstehen zu lassen und uns mitfühlend uns selbst zuzuwenden. Dann können wir uns fragen: Was brauchst du wirklich?

Wenn wir unsere Grenzen zu respektieren beginnen, richten wir uns nicht nach anderen. Wir bemühen uns nicht, genauso viel auszuhalten wie sie. Wir sagen uns nicht: „Stell dich nicht so an, den anderen macht es doch auch nichts aus". Wenn wir lernen, unsere Grenzen anzunehmen, kann das unterschiedliche praktische Konsequenzen haben. Es können ganz kleine Dinge sein: Etwa dass wir mehr Pausen machen, dass wir in der Pause das Essen wirklich genießen und uns Zeit dafür nehmen oder dass wir – wenn es sonst keine andere Möglichkeit dazu gibt – zur Toilette gehen, um kurz zu entspannen und ein paar Atemübungen zu machen. Oder wir entschließen uns, eine Zeitlang mehr Verwaltungs- und Büroaufgaben zu erledigen, bis wir wieder zu Kräften gekommen sind. Es kann auch sein, dass wir merken, dass größere Schritte anstehen: dass wir den Arbeitsplatz wechseln oder eine Zeitlang ganz auf das Helfen als Beruf verzichten sollten.

„Du hast gut reden. Ich kann nicht einfach den Arbeitsplatz wechseln. Ich habe zwei Kinder, für die ich sorgen muss. Meine Frau arbeitet auch halbtags, aber das reicht kaum fürs Nötigste.", sagt ein Krankenpfleger. Solche Einwände sind berechtigt. Oft ist es nicht leicht, die notwendigen Konsequenzen aus unserer Einsicht zu ziehen. Aber wir können mit den bescheidenen Schritten beginnen, die *jetzt* möglich sind.

Die Meditation der liebevollen Güte

Mit der Übung des Mitgefühls können wir unsere Perspektive wechseln. Sie ist eigentlich nur eine Vertiefung und Weiterführung der Übungen, die wir bisher kennen gelernt haben. Sie wird in vielen verschiedenen Formen praktiziert und hat verschiedene Namen. Viele Menschen machen diese Übung einfach für sich, ohne einen bestimmten „Namen" dafür zu haben. Sie schicken sich selbst und anderen Menschen gute Gedanken, sprechen innerlich einen Segensspruch oder ein kurzes Gebet für den, der krank ist, der Schmerzen hat oder verzweifelt ist.

In den großen religiösen und Weisheitstraditionen hat diese Praxis bestimmte ritualisierte Formen, die uns vielleicht helfen können. Wir nehmen dabei das Leiden an, atmen es ein – und senden Liebe und Mitgefühl aus. Im Kern geht es darum, den Geist der Liebe und des Mitgefühls in uns durch bewusste Konzentration zu kultivieren, wie bei der Übung mit den Vier Grenzenlosen Geisteszuständen im letzten Kapitel. Wir „zähmen" unseren Geist, indem wir ihn immer wieder sanft und freundlich in die gleiche Richtung lenken. In der tibetischen Tradition heißt die Übung „Tonglen", in anderen buddhistischen Traditionen wird sie in ähnlicher Form als Metta-Meditation, Meditation der liebenden Güte, geübt.[94] Auch die christliche Spiritualität kennt diese Übung. Hier wird sie vor allem als Namens-Gebet oder als Jesus-Gebet praktiziert. Ich habe schon im Zusammenhang mit den Vier Grenzenlosen Geisteszuständen im sechsten Kapitel darauf hingewiesen: Mit der Einatmung

nimmt man dabei das Leiden, den Schmerz, wahr und begleitet die Einatmung mit den Worten „Herr Jesus Christus" – mit der Ausatmung
sendet man Christi Erbarmen, Mitgefühl und Liebe für den leidenden
Menschen aus: „Erbarme dich unser (seiner / ihrer)!"[95] Diese einfachen
Worte werden wiederholt. Leider wird diese wunderbare Übung in den
westlichen christlichen Kirchen nur noch selten praktiziert und erst in
den letzten Jahren wieder entdeckt.

Nach dem Schlaganfall meiner Mutter habe ich begonnen, die Meditation der liebenden Güte bzw. Tonglen regelmäßig zu üben. Mir ging es
wie vielen anderen Menschen: Das Leiden ist mir zu einem Lehrmeister
geworden. Es hat mich geöffnet und motiviert für eine Praxis, von der ich
schon seit längerer Zeit zuvor immer wieder gehört und gelesen hatte,
die aber für mich nicht zu etwas Eigenem wurde, bis das Leiden selbst
mich zum Üben „gezwungen" hat. Buddha spricht nicht umsonst von der
„Edlen Wahrheit vom Leiden": Wir brauchen das Leiden, um zur Praxis zu
finden. Deshalb kann auch und gerade unser Leiden etwas Kostbares
und Wichtiges für uns werden, wenn wir es nutzen, um zur uns gemäßen
Form der Praxis zu finden.

Entscheidend dabei ist es, dass wir lernen, das Leiden, das uns begegnet, nicht abzulehnen oder zu „vertreiben", sondern ihm unser Herz
zu öffnen und uns selbst oder anderen Menschen, die leiden, Freude,
Mitgefühl oder Liebe zu senden. Wir können uns dabei auch vorstellen,
dass Christus in uns das Leiden aufnimmt und dass der Christus in uns
den Leidenden Freude und Glück sendet.

Es ist allerdings sinnvoll und notwendig, bevor wir diese Übung praktizieren, mit dem Sitzen in der Stille vertraut zu werden und zu lernen,
Geisteszustände oder Gedanken auftauchen zu sehen, sie kommen und
gehen zu lassen, ohne an ihnen zu haften oder sie abzulehnen. Man
kann mit etwa fünf Minuten täglicher Praxis beginnen. In schwierigen
Situationen ist es möglich, die Meditation auf 20 – 30 Minuten auszudehnen. Der Ablauf kann so aussehen:

1. Wir bringen den Geist heim: Wir kommen im gegenwärtigen Moment
   an, indem wir unsere Achtsamkeit auf unseren Atem lenken und einfach still dasitzen. Wir nehmen unseren Geist wahr, wie er jetzt gerade
   ist, und können diesen Zustand benennen: „ängstlicher Geist" – „sor-

gender Geist" – „erschöpfter Geist". Das hilft, ruhig zu werden, ohne das zu verdrängen, was gerade da ist.

2. Wir verbinden uns dann mit dem Teil unseres Geistes, der ruhig und klar ist, der friedlich und gelassen ist. Wir lächeln diesem gesunden und heilen Teil in uns dankbar zu.

3. Wir können die „Vier Grenzenlosen" rezitieren: „Mögen wir sicher und behütet sein. – Mögen wir glücklich und zufrieden sein. – Mögen wir gesund und heil sein. – Mögen wir Wohlbefinden erfahren."

4. So gestärkt wenden wir uns dem leidenden Teil in uns liebevoll zu. Wir können unser eigenes, ganz konkretes Leiden im Moment benennen und uns vorstellen, dass wir es einatmen. Mit der Ausatmung schicken wir uns selbst das, was wir im Moment brauchen: Geduld, Humor, Gelassenheit, Mitgefühl … Einige Atemzüge genügen.

5. Wenn wir mit den ersten drei Schritten vertraut geworden sind, können wir beginnen, die Übung auszudehnen auf andere Menschen, die Ähnliches empfinden wie wir. Dabei erfahren wir: Wir sind nie allein mit unserem Leiden. Immer gibt es viele andere Menschen, denen es genauso geht. Für diese machen wir einige Atemzüge und spüren die Verbindung mit ihnen.

6. Dann, wenn wir wirklich innerlich bereit dazu sind (und das dauert vielleicht mehrere Monate), fangen wir an, auch das „fremde" Leiden einzuatmen. Wir denken an Menschen, die wir kennen, die uns nahe stehen, die uns lieb sind und von denen wir wissen, dass sie krank sind oder dass sie leiden. Einatmend stellen wir uns den Menschen konkret vor: Wir sehen ihn oder sie vor unserem inneren Auge. Mit der Ausatmung schicken wir diesem Menschen das, was er jetzt braucht: ein Lächeln, Gelassenheit, Mut, Wohlbefinden …

7. Später können wir die Praxis weiter ausdehnen auf Menschen, die uns ferner stehen, mit denen wir „nur" beruflich zu tun haben, die uns gleichgültig sind oder die wir ablehnen. Wir können auch für Menschen üben, von denen wir aus der Zeitung erfahren haben. Schließlich dehnen wir unser Mitgefühl aus auf alle lebenden Wesen. Wir können auch für Tiere und Pflanzen atmen.

8. Zum Schluss sitzen wir wieder einige Zeit einfach nur still da und atmen. Wir können den weiten Raum des Mitgefühls genießen, der so entstanden ist, ohne etwas Bestimmtes zu müssen oder zu wollen.

Die Gefühle und Bilder des Leidens nicht abzulehnen hilft dabei, sie zu transformieren. Wir können im Lauf der Zeit erfahren, dass es nicht *unser Leiden* ist, das wir erleben. Es ist *das Leiden* – wir sind in diesem Leiden verbunden mit vielen Menschen, Tieren und Pflanzen, die genau das Gleiche empfinden oder die auf ihre eigene Art leiden.

Die Tonglen-Übung, auch Annehmen und Aussenden im Wechsel genannt, ist mir besonders durch sehr schwierige Situationen wichtig geworden. Das Nur-Sitzen war mir in solchen Zeiten oft einfach nicht möglich. Inzwischen hilft mir diese Übung im Umgang mit verschiedenen Formen des Leidens: Beim plötzlichen Tod eines lieben Menschen, aber auch bei kleinen Situationen des alltäglichen Lebens, wie bei einem belastenden Streit in der Familie oder bei Konflikten mit Kolleginnen oder Kollegen. Sogar in der Warteschlange beim Skilift übe ich manchmal Tonglen für mich selbst und die anderen Wartenden, die nach vorne drängen, statt mich über sie zu ärgern. Nach längerer Zeit des Übens habe ich bemerkt, wie hilfreich diese Praxis auch bei Schreckensmeldungen in der Zeitung ist, bei denen sich Gefühle der Verzweiflung in mir ausbreiten.

Helfer/innen machen unterschiedliche Erfahrungen mit dieser Übung. Doris arbeitet in einer Nachsorgeeinrichtung für Suchtkranke. Sie ist zunächst irritiert über diese Übung. „Das ist ja komisch: das Leiden einatmen. Ich dachte, es geht darum, es auszuatmen." Bei dieser Übung wird unser übliches Verständnis tatsächlich auf den Kopf gestellt und wir üben eine gänzlich andere Haltung dem Leiden gegenüber ein. Wir versuchen, es nicht loszuwerden, sondern wir öffnen und ganz langsam dafür.

Regine sagt: „Mein Thema ist nicht, ob es wirkt. Mein Thema ist, mich davor zu schützen, wenn es zu stark wirkt. Ich weiß nicht, ob ich das Leiden der ganzen Welt einatmen will. Manchmal ging es mir so: Ich habe genau gespürt, dass da mit jemandem was ist – aber ich wollte es nicht spüren."

Ilse ist ganz stark gefangen im Muster des ständigen Rennens und Machens. Sie verlangt immer sehr viel von sich und kritisiert sich voller Schärfe. Nachdem sie die Übung eine Zeitlang praktiziert hat, berichtet sie, dass sie ruhiger geworden ist. „Es tut mir unendlich gut und ich fühle einen tiefen Frieden und eine Ruhe, die ich ganz selten erlebt habe."

Wichtig ist, dass wir nicht damit beginnen, das Leiden der ganzen Welt einzuatmen. Wir beginnen immer mit unserem eigenen Leiden und mit dem Wohlsein, der Gesundheit, dem Glück, die wir uns selbst schenken. Für manche Menschen, die sehr stark mit Sorgen, Ängsten, Selbstabwertung und Verletzungen verbunden sind, kann es wichtig sein, bei diesem ersten Schritt mehrere Monate oder noch länger zu verweilen. Erst danach dehnen wir die Praxis aus auf einen Menschen, der uns nahesteht. Und besonders wichtig ist es, sich klarzumachen: Wir tun diese Übung nicht, um irgendjemanden zu retten oder zu ändern. Weder uns selbst noch andere Menschen und schon gar nicht die ganze Welt. Es geht schlicht darum, mit Güte auf uns selbst zu schauen.

Ins Licht gehen: Die Phowa-Übung

Was können wir tun, wenn jemand gestorben ist, wenn es anscheinend nichts mehr zu tun gibt? Der Tod ist oft das Schwierigste für uns. Er konfrontiert uns mit unserer Hilflosigkeit. Und er ist gleichzeitig das Einfachste. Noch belastender ist es, wenn jemand sich das Leben genommen hat, der uns nahestand, den wir betreut oder begleitet haben, dem wir helfen wollten und der sich trotzdem für einen anderen Weg entschieden hat.

Thich Nhat Hanh hat ein sehr schönes Gedicht geschrieben, das mir immer wieder Trost spendet. Es enthält die Essenz dessen, worauf es auch in der Phowa-Übung ankommt, die ich anschließend erläutern möchte.

Einssein

Im Augenblick, in dem ich sterbe,
will ich versuchen, zu dir
so schnell ich kann zurückzukehren.
Ich verspreche, es dauert nicht lang.
Stimmt es nicht,
dass ich bereits jetzt bei dir bin,
da ich jeden Augenblick sterbe?
Jeden Moment kehre ich zu dir zurück.
Schau nur hin
und fühle meine Anwesenheit.
Wenn du weinen möchtest,
so weine nur.
Und du sollst wissen,
ich weine mit dir.
Die Tränen, die du vergießt,
werden uns beide heilen.
Deine Tränen sind auch meine.
Die Erde, auf der ich heute Morgen gehe,
transzendiert die Geschichte.
Frühling und Winter sind beide da in diesem Augenblick.
Das junge und das abgestorbene Blatt sind wirklich eins.
Meine Füße berühren Todlosigkeit,
und meine Füße gehören dir.
Geh jetzt mit mir.
Lass uns eintreten in die Dimension des Einsseins
und den Kirschbaum im Winter blühen sehen.
Warum sollten wir über den Tod sprechen?
Ich brauche nicht zu sterben,
um wieder mit dir zusammenzusein.[96]

Mit der Phowa-Übung können wir uns der Wahrheit der „Todlosigkeit"
schrittweise nähern. Sie ist mir inzwischen eine große Hilfe. Wir stellen
uns bei dieser Visualisierungsübung vor, wie der Betreffende sich ver-
einigt mit dem grenzenlosen Geist, mit Gott, mit Christus, dem Licht, mit
Buddha oder was immer für uns die symbolische Form der Wahrheit ist.
Dazu ist es wichtig, dass wir zunächst eine Form, ein Bild suchen, das
diese „Wahrheit" für uns „verkörpert". Das erleichtert die Visualisierung.
Auch bei dieser Übung kann es hilfreich sein, einem bestimmten ritua-
lisierten Ablauf zu folgen.[97]

1. Wir bringen den Geist heim – kommen im gegenwärtigen Moment an,
   atmen ohne Anstrengung.
2. Dann rufen wir die Wahrheit an. Wir wenden uns ihr zu in einer Form, die
   uns gemäß ist. Das kann im leuchtenden Schweigen geschehen, es kann
   auch das „Vaterunser" sein, das „Gegrüßet seist du, Maria, voll der Gnade",
   oder ein anderer kurzer Text, der uns auf das zentriert, was alle Worte,
   Begriffe und Bilder übersteigt. Ich benutze den folgenden Text:[98]
   Möge durch deinen Segen, deine Gnade und deine Führung, durch die
   Kraft des Lichtes, das von dir ausströmt, all mein negatives Karma, meine
   zerstörerischen Emotionen, Verdunkelungen und Hindernisse gereinigt
   und beseitigt werden. Möge ich für alles Unheil, das ich durch Denken
   und Handeln angerichtet habe, Vergebung finden, möge ich den tiefgründigen Weg des Phowa vollenden und einen guten, friedlichen Tod
   sterben, und möge ich durch die Überwindung meines Todes allen Wesen – lebendig oder tot – wahren Nutzen bringen.
3. Wir visualisieren dabei die Wahrheit in der Form, die uns entspricht. Am
   einfachsten ist es vermutlich für die meisten Menschen, sich grenzen-
   loses Licht vorzustellen. Wir brauchen dieses Bild nicht perfekt vor uns
   zu sehen, die Hinwendung dazu genügt.
4. Nun stellen wir uns den Verstorbenen vor und visualisieren einen Lichtfunken, der von seinem Herzen ausgeht und der dann in die Wahrheit
   eingeht. Das tun wir, solange wir Zeit haben oder solange es angenehm
   ist. Es kann auch nur ein oder zwei Atemzüge sein.
5. Wir schließen die Übung ab mit einer Geste der Dankbarkeit und des
   Respekts, z. B. mit einer Verbeugung.

Wir können die Übung auch als „Übung im Augenblick" tun, ohne uns an einen bestimmten Ablauf zu halten.

Ich praktiziere diese Übung vor allem dann, wenn jemand gestorben ist, der mir nahestand, wenn ich am offenen Grab oder an einem Toten-bett stehe und in den schweren Wochen nach dem Tod eines geliebten Menschen. Die tiefe Wirkung dieser Praxis begann ich aber bereits zu spüren, bevor ich sie zum ersten Mal ausprobierte. „Suche einen Aus-druck, den die Wahrheit für dich hat, und bringe ihn in irgendeiner Form nach außen, als Symbol oder als Bild." Schon diese Aufforderung war für mich eine gewisse Provokation – und eine sehr lehrreiche Erfahrung. Hatte ich doch durch meine protestantische Erziehung die Überzeugung, die sich durch die Zen-Praxis noch vertiefte, dass alle „Bilder" nutzlos sind, dass sie ablenken vom Wesentlichen, welches immer bildlos bleiben muss und nicht vergegenständlicht werden kann. Bei der Suche nach einem Symbol ist mir dann trotzdem recht schnell das Bild von Matthias Grünewald vom auferstanden Christus eingefallen. Dieser Teil des Isen-heimer Altars hatte mich immer wieder besonders beeindruckt und sich mir tief eingeprägt. Ich habe mir das Bild besorgt und es über meinem Bett aufgehängt. Damit begann für mich die Phowa-Praxis.

Manchmal, allerdings sehr selten, gibt es Situationen, in der es für mich passt, diese Übung an jemand weiterzugeben, der einen Verlust erlitten hat. Claudia erzählt in der Supervisionsgruppe: „Mein Vater ist vor vier Wochen gestorben. Ich habe ihn begleitet. Es war schön, aber auch sehr schwierig. Jetzt fällt es mir schwer, zur Ruhe zu kommen. Ich bin so aufgewühlt." Da ich sie und die ganze Gruppe schon lange Zeit kenne, erzähle ich ihr von der Phowa-Übung und frage sie sehr vorsich-tig, ob sie diese Übung hier machen möchte. Sie zeigt sich sehr offen und ich frage sie, was für sie die Wahrheit verkörpert, Jesus, Buddha, Gott, Maria? Spontan antwortet sie: „Das Licht!" Wir visualisieren in der Gruppe die Wahrheit, jeder in seiner Form, sie wendet sich ihrem ver-storbenen Vater zu und lässt einen Lichtfunken aus seinem Herzen ins große Licht gehen. Hinterher sagt sie: „Jetzt geht es mir viel besser. Ich bin ruhiger."

„Wenn etwas nicht funktioniert, dann lass es!"

Besonders die beiden letzten Übungen mögen für manchen befremdlich sein. Für mich sind sie sehr hilfreich, deshalb habe ich sie hier vorgestellt, obwohl mir bewusst ist, dass sie manchen Leserinnen und Lesern vielleicht befremdlich vorkommen, dass sie zu fremd erscheinen oder Widerstände auslösen mögen. Ich möchte an dieser Stelle noch einmal daran erinnern, dass es gut ist, wie bei allen anderen Übungen, zunächst zu prüfen: Passt diese Praxis zu mir? Ist sie mir gemäß? Ist jetzt der richtige Zeitpunkt dafür, dass ich diese Praxis übe? Wenn wir Widerstand spüren, wenn wir merken, dass die Übung nicht heilsam ist, dann ist es gut, diese Praxis einfach zu lassen – und sich vielleicht später irgendwann einmal daran zu erinnern.

In Seminaren lade ich die Teilnehmer/innen immer wieder dazu ein, sich alles freundlich anzuschauen – und das vorüberziehen zu lassen, wie Wolken am Sommerhimmel, was für sie nicht passt oder was nicht hilfreich erscheint. Ich erinnere dann gerne an den Apostel Paulus, der sagt: „Prüft aber alles und das Gute behaltet." (Thess 1,20)

Nicht im Stich lassen

Wie lässt sich dieses Kapitel zusammenfassen? Worum geht es bei der Begegnung mit dem Leiden? Ich möchte nochmals Hilde Domin sprechen lassen, deren Poesie mir so viel bedeutet.

Nicht müde werden

Nicht müde werden
sondern dem Wunder
leise

wie einem Vogel
die Hand hinhalten.[99]

HILDE DOMIN

In ihrer Römerbergrede in Frankfurt a. M. hat Hilde Domin über ihr eigenes Gedicht gesagt: „Das ‚Wunder‘, ein im Lichte der Vernunft – um es mit Spinoza zu sagen – mögliches Wunder, für das hier Bereitschaft verlangt wird, besteht für mich darin, nicht im Stich zu lassen. Sich nicht und andere nicht. Und nicht im Stich gelassen zu werden. Das ist die Mindest-Utopie, ohne die es sich nicht lohnt, Mensch zu sein."[100] Die Utopie, das, worauf es ankommt, ist also einfach: da bleiben, nicht weg laufen, nicht im Stich lassen!

8

Heilung (in) der Institution

Sitting quietly, doing nothing.
Grass grows and spring comes
by itself.

ZENRIN

Das ganze Drumherum

„Die Klienten sind nicht das Problem für mich. Das ganze Drumherum ist es, was schwierig ist, was Kraft kostet und was mich manchmal resignieren lässt." Sehr vielen Helferinnen und Helfern geht es so. In der direkten Begegnung mit Klienten, Schülerinnen oder Patienten fällt es vielen leichter, eine achtsame Grundhaltung zu bewahren, Mitgefühl zu zeigen und die Begegnungen „menschlich" zu gestalten. Aber die Dienstbesprechungen, die vielen Konferenzen und Arbeitsgruppen, die permanenten Umstrukturierungen machen das Leben schwer. Hier entsteht schnell eine negative Energie, Frustration und das Gefühl: Da lässt sich ja doch nichts ändern. „Man müsste aussteigen, eine eigene Praxis gründen, freiberuflich arbeiten", das denken viele Helferinnen und Helfer, die in Institutionen arbeiten. Aber den Kolleginnen und Kollegen, die freiberuflich arbeiten, geht es auch nicht besser. Sie leiden entweder unter Stress und Überlastung oder unter Existenzangst und Geldsorgen. Oder sie werden abwechselnd von beidem geplagt. Aussteigen ist also nicht unbedingt die beste Lösung.

Leiden an der Institution

Nach der Tiefenentspannungsübung sprechen die Pflegekräfte in der Gruppe über ihre Erfahrungen. Vielen hat die Übung gutgetan. Sie sind glücklich und friedvoll. „Mir geht es gar nicht gut.", sagt Gudrun und versucht mühsam, ihre Tränen zurückzuhalten. „Ich spüre ganz deutlich, dass ich meinen Beruf nicht mehr machen will. Ich halte die Unmenschlichkeit einfach nicht mehr aus. Seit fünfundzwanzig Jahren arbeite ich in der Pflege und kämpfe für mehr Menschlichkeit, aber es wird immer schlimmer."

Wenn wir achtsamer werden, werden wir auch empfindsamer für Ungerechtigkeit und institutionell bedingtes Leiden. Die wuchernde Bürokratie, die uns davon abhält, unsere wertvolle Zeit den Menschen zu widmen, sinnlose Routinehandlungen, die dazu dienen sollen, die Abläufe der Institution „rationeller" zu gestalten, unmenschlicher Zeitdruck und Hektik, die kaum Spielräume lassen für wirkliche menschliche Begegnungen, scheinen sich immer mehr auszubreiten. Vor allem engagierte Helfer/innen voller Enthusiasmus halten das manchmal nur schwer aus. Für viele sind diese Dinge viel schwerer zu ertragen, als das direkte Leiden der Patientinnen und Patienten. Wie können wir in „normalen" Institutionen als Helfer/innen zufrieden bleiben, ohne in Resignation oder Burnout zu verfallen, ohne krank zu werden oder auszusteigen?

Es lohnt sich, dem „ganzen Drumherum" Aufmerksamkeit zu schenken und zu fragen: Gibt es auch für Institutionen heilsame Veränderungen, die einzelne Mitarbeiter bewirken können? (Wie) kann der Institution selbst geholfen werden? Was können wir tun, wenn wir mit Chefs auskommen müssen, die kein Verständnis für das Leiden der Klientinnen bzw. Klienten haben, die „nur" aufs Geld schauen, die die praktische Arbeit weder kennen noch schätzen? Wie ist es möglich, mit „der Verwaltung" klarzukommen, die oft so entscheidend, aber auch oft so schwierig ist?

Können auch Institutionen leiden?

Zunächst ist es vielleicht hilfreich, dass wir uns daran erinnern, dass wir mit diesen Erfahrungen nicht allein sind. Sie sind Ausdruck einer allgemeinen Krankheit, die im fünften Kapitel über das Mitgefühl für uns selbst als „kollektiver Wahnsinn" bezeichnet wurde. Mit diesem Begriff charakterisiert Eckhart Tolle treffend die Situation unserer Zeit.[101] Rennen, Hektik, Zeitdruck, Konkurrenz und der Kampf ums Überleben scheinen sich immer mehr zu verbreiten. Wir haben diese Entwicklung bereits aus der Perspektive des Einzelnen betrachtet und sind der Frage nachgegangen, was der Einzelne tun kann, um in dieser Situation Frieden und Wohlbefinden zu bewahren. Die Institutionen des Sozialbereichs sind aber ebenfalls, wie fast unsere ganze Gesellschaft, von diesem Geist des kollektiven Wahnsinns beherrscht. Selbst Kirchen und Klöster sind vom „kollektiven Wahnsinn" nicht ausgenommen.

Wer ist oben? Wer ist besser? Wie kann noch mehr rationalisiert und noch mehr Zeit und Geld gespart werden? Dies scheinen die existenziellen Fragen unserer Zeit zu sein. „Benchmarking" und Rankings, permanente strukturelle Veränderungen mit dem Ziel, alles noch „besser" zu machen, erschöpfen und frustrieren immer mehr Menschen, nicht nur in sozialen Institutionen, statt ihnen zu helfen, ihre Arbeit zufriedener und wirksamer zu tun.

Dafür nur ein kleines Beispiel, das für viele steht: Nachdem die aufwendige Organisationsuntersuchung eines Jugend- und Sozialamtes abgeschlossen ist, für die knapp hunderttausend Euro investiert wurde, und Empfehlungen der Experten für die Veränderung vorliegen – insbesondere die innerbetriebliche Kommunikation soll verbessert werden –, erfahren die Mitarbeiter, dass für die Umsetzung nun kein Geld mehr da ist. Es ändert sich nichts, aber die Frustration im Team ist nun größer als vorher. Vermutlich ein nicht ganz untypischer Fall.

Wie wird dieser kollektive Wahnsinn wirksam? Manchmal können uns Bilder helfen, etwas klarer zu sehen. Der Altenpfleger Kuno beschreibt es in Urs Widmers Roman *Im Kongo* – für mich sehr treffend – so. „Weil es nichts Unwirkliches in den Städten gibt – ich weiß es, ich sage es euch –, wird das Unwirkliche wirklich. Es müssen nur genügend Menschen vom Gleichen träumen, das Gleiche fürchten, vom gleichen sprechen, dann ist es nur allzu bald so wirklich, wie die Herrscher in der Waldzeit waren. Sturzfluten von völlig aus der Luft Gegriffenem fegen über die Städte hinweg und sind am gleichen Abend noch Gewissheit ... Keiner, der, kaum hat er davon gehört, nicht vom heutigen Wahn überzeugt ist, der den von gestern ersetzt.“[102] Wenn auf immer mehr Konferenzen das Gleiche gesagt wird, in immer mehr Managementseminaren die gleichen Rezepte gepredigt werden, immer mehr Organisationsberater die gleichen Lösungsvorschläge machen, muss das kein Zeichen dafür sein, dass die Ideen richtig sind. Es könnte sich auch um „Sturzfluten von völlig aus der Luft Gegriffenem“ handeln, um einen „heutigen Wahn, der den von gestern ersetzt“.

Mitgefühl für die Institution: Still sitzen und nichts tun

Ein wichtiger Aspekt des kollektiven Wahnsinns ist die dauernde Beschleunigung, der Geist des Rennens, von dem ebenfalls schon die Rede war. Manchmal spüre ich diesen Geist des Rennens sogar, wenn ich still dasitze, meditiere oder spirituelle Texte lese. Ich denke dann: Ich müsste das und jenes tun, ich müsste vor allem *mehr* tun, ich dürfte nicht so viel Zeit verschwenden mit „Nichtstun“. Doch dann wird mir klar: Dieses (scheinbare) Nichtstun, das Sitzen in der Stille, das achtsame Atmen, die Übung des Mitgefühls und das achtsame Gehen sind vielleicht das Wichtigste, was ich im Moment für meine Institution überhaupt tun kann. „Still sitzen. Nichts tun. Das Gras wächst und der Frühling kommt von selbst.“ Dieser Zen-Spruch an meiner Bürotür erinnert mich daran, wenn ich es vergesse. Achtsam und langsam von einem Büro zum anderen zu gehen, kann angesichts der übermächtigen Energie des Rennens eine sanfte und heilsame Revolution sein. Es kann für denjenigen, der es versucht – und nur das Versuchen soll gelingen, wie Rico Mark, mein Zen-Lehrer unermüdlich wiederholt – eine wichtige und heilsame Erfahrung sein. Und es kann sogar heilsam für die ganze Institution sein. Einen Moment innehalten – einfach da sein, Entschleunigung üben, das Tempo bewusst verlangsamen können sehr wichtig für uns selbst und unsere Kolleginnen und Kollegen sein. So können wir vielleicht nach und nach gemeinsam eine „Didaktik der Verlangsamung" entwickeln. Zusammenfassend könnten wir sagen: Auch Institutionen leiden, auch sie brauchen unser Mitgefühl.

Absichtslosigkeit und die Qualität des Helfens

Bevor ich auf das achtsame Gehen und einige andere konkrete Möglichkeiten eingehe, wie wir innerhalb unserer Institution Achtsamkeit praktizieren können, möchte ich die Grundhaltung erläutern, mit der wir im institutionellen Kontext tätig sind. Das will ich anhand eines Themas tun, das (nicht nur im Sozialbereich) immer wichtiger wird und viel Zeit und Kraft kostet, das Thema der Qualitätssicherung.

Qualität ist in aller Munde. Die Qualität der professionellen Hilfe soll gesichert, verbessert, entwickelt werden. Dazu ist ein breites Spektrum an Verfahren vorhanden. Aber: Werden diese Verfahren der Praxis des Helfens gerecht? Werden sie in konkreten Handlungsvollzügen überhaupt umgesetzt? Wird die Qualität der Arbeit dadurch tatsächlich besser, oder ist die Qualitätssicherungsoffensive nicht häufig begleitet von einem *Abbau*, statt von einer Verbesserung der Qualität? Worin besteht die wirkliche Qualität guter Hilfe? Wie kann die Grundhaltung der Achtsamkeit und des Mitgefühls auch hier relevant sein? Zunächst vielleicht ganz einfach darin, rechtes Denken und tiefes Schauen zu üben: Was ist tatsächlich hilfreich für die Entwicklung der Qualität der Arbeit und was nicht?

Eine kritische Bestandsaufnahme des „Qualitätsgeredes" scheint mir dringend notwendig. Qualitätsentwicklung, die den Namen auch verdient und nicht nur einen bürokratischen Popanz aufbaut, muss die Hilfe für die Klienten besser und menschlicher machen und für die Helfer/innen Spielräume eröffnen, wie sie ihre Arbeit gut und gerne tun können. (Wie) kann Qualitätssicherung tatsächlich dazu beitragen, die Arbeit des Helfens menschlicher, besser und leichter zu machen? Bertolt Brecht spricht vom „Einfachen, das schwierig zu machen ist."

Eine pauschale und einseitige Verdammung aller systematischen Bemühungen um Qualitätserhaltung und – Verbesserung hat jedoch

fatale Folgen: Erstens überlässt man mit einer solchen Verweigerungs-
haltung das Feld den Kräften, die sich um die Kritik nicht scheren,
zweitens wird dadurch der reale Leistungsabbau wahrscheinlich noch
gefördert und drittens werden vorhandene Mängel der professionellen
Praxis zementiert. Ich denke, dass beides erforderlich ist und zusammen-
gehört: die Kritik zur Schärfung des Blicks für problematische Aspekte
der Qualitätssicherung und konstruktive Überlegungen, wie Qualität
sinnvoll gesichert und entwickelt werden kann.

Wichtig ist daher die Frage, mit welchen konkreten Schritten die Sicherung und Entwicklung von Qualität beginnen könnte und auf welche
Standards es hauptsächlich ankommt, wenn Achtsamkeit und Mitgefühl
die handlungsleitenden Werte sein sollen.

Der Abschied vom Machbarkeitswahn

Alle Qualitätssicherungsmaßnahmen machen nur Sinn, wenn die Grundhaltung der Absichtslosigkeit einen ebenso wichtigen Platz einnimmt wie
Ziele, Programme und Maßnahmen. Wenn in helfenden Institutionen
kein Raum für Stille und Leere ist und wenn sich die Hilfe erschöpft in
Sozial-Techniken, fehlt eine entscheidende Dimension. „Warten auf das
Ereignis Gottes" nannte Frère Roger Schutz, der ehemalige Prior der öku-
menischen Gemeinschaft von Taizé, diese Dimension. Ohne sie wird der
besten Qualitätssicherung Wesentliches fehlen. Manchmal staune ich, wie
wenig Raum selbst in kirchlichen Institutionen dafür ist, wie Ziele und
Programme alles andere überwuchern. Die Bibel ist voll von Geschichten,
in denen das Volk Gottes oder einzelne Menschen von Gott auf Wege, zu
Orten und zu Aufgaben geführt werden, wo sie *nicht* hinwollen. Schon
der Exodus, der Auszug aus Ägypten, folgte überhaupt nicht dem heute
allgegenwärtigen Paradigma von lang- und mittelfristigen Zielen, Projek-
ten und Plänen. Der Prophet Jona wurde von Gott nach Ninive gesandt,
um die Menschen zur Umkehr zu rufen, was er als Zumutung empfand.
Er war überzeugt, die Menschen von Ninive hätten die Ansage des Ge-
richts verdient, statt des Rufs zur Umkehr. Und er floh vor Gott, wurde
ihn aber selbst im Bauch des Walfischs nicht los. Im Johannesevangeli-

um spricht Jesus zu Petrus davon, dass „ein anderer… dich gürten und führen (würde), wo du nicht hin willst" (Joh 21,18). Diese Geschichten können uns lehren, unsere Planungen und Ziele relativ zu sehen. Natürlich kann es sinnvoll sein, zu planen und sich Ziele zu setzen. Aber das Wesentliche im Leben der meisten Menschen ist wohl nicht das, was sie planten, sondern das, was sie *nicht* geplant haben.

Als einen ersten Schritt für eine wirkliche Qualitätsentwicklung, die den Namen auch verdient und nicht nur Deckmantel für Leistungsverschlechterungen und eine geschicktere Vermarktungsstrategie ist, plädiere ich für den Abschied vom Machbarkeitswahn. Wir sollten uns eingestehen, dass viele wichtige Dinge, vielleicht sogar die, auf die es hauptsächlich ankommt, eben nicht plan- und machbar sind, dass sie sich ereignen, statt unserem Planen zu folgen.

Positive Runde

In vielen Institutionen, deren Aufgabe das Helfen und Heilen ist, beschäftigen sich die Mitarbeiter/innen in Sitzungen fast ausschließlich mit dem, was schwierig ist und nicht funktioniert. Sie sprechen über problematische Klientinnen und Klienten, schwierige Vorfälle oder über Kooperationen, bei denen etwas schiefgegangen ist. Diese Themen sind nicht frei gewählt, sondern sie ergeben sich aus den Aufgaben der Institution. Nicht nur aus dem lösungsorientierten Ansatz wissen wir, wie wichtig es ist, den Blick auf das Positive zu richten, auf das, was heilsam ist und was gut funktioniert. Es ist wichtig, dass wir in Sitzungen lernen und üben, unsere Aufmerksamkeit bewusst auch auf das Positive zu lenken. Das kann geschehen, indem wir einen „Standard-Tagesordnungspunkt" dazu einführen. Wir haben ihn „positive Runde" genannt. Fünf bis zehn Minuten kann jeder berichten, was er möchte. Einzige Bedingung: Es muss positiv sein. Diese guten Dinge werden sonst leicht vergessen, sie fallen unter den Tisch, weil es immer so viele Probleme zu besprechen gibt.

Räume gestalten – Anker der Achtsamkeit

Räume, in denen wir arbeiten, können ganz unterschiedlich auf uns wirken. Das Büro, ein Stationszimmer, eine Ecke im Lehrerzimmer können Orte der Kraft sein – oder Orte, die Stress und Überlastung ausstrahlen. Stapel von unerledigter Post auf dem Schreibtisch, Berge ungelesener Bücher und Zeitschriften geben uns ganz schnell ein Gefühl von Stress und Überlastung, ohne dass wir viel tun müssen.

Ein Zimmer kann auch durch seine Möbel, durch die Bilder an der Wand, durch die Gegenstände in den Regalen, zur Zerstreuung einladen oder zur Konzentration. Wie können wir die Räume, in denen wir arbeiten, so gestalten, dass sie uns zur Achtsamkeit ermutigen und dass wir an unsere Übung erinnert werden? Für viele Menschen ist ein ganz einfacher und hilfreicher Anfang das Aufräumen. „Aufräumen macht mich froh", sagt Reine treffend. Aufräumen kann eine wichtige Übung der Achtsamkeit sein: Wir schaffen äußerlich Ordnung – und dadurch wir die innerliche Klarheit gefördert. Wir können immer wieder neu unsere Arbeitsumgebung vereinfachen. Dinge wegzuwerfen, die wir nicht mehr brauchen, kann uns buchstäblich erleichtern und befreien.

Bilder, Symbole oder Gegenstände können darüber hinaus als Anker der Achtsamkeit wirken: eine Duftlampe, ein schöner Spruch auf dem Schreibtisch vor mir, ein Edelstein. „Ich habe eben das Gedicht ‚Achte gut auf diesen Tag' in meinem Büro und hier im Wartezimmer aufgehängt", schreibt Monika, die in einer Suchtberatungsstelle arbeitet. „Ja, ich habe mich einladen lassen, kleine Schritte, auch wenn es ‚nur' Gedanken sind, also eigentlich große Schritte im Kleinformat, zu tun."

Ein Freund von mir ist Goldschmied. Er hat mir vor einigen Jahren zum Geburtstag einen wunderschönen Rheinkiesel geschenkt, aus dem er ein rundes Stück ausgefräst und in Silber gefasst hat. Das runde Teil passt genau in den unbehauenen Stein, dort schlummert es auf meinem Schreibtisch. Manchmal, wenn mir eine schwierige Situation bevorsteht, nehme ich diesen runden Stein heraus, stecke ihn in die Tasche und fühle dann bei der anstrengenden Sitzung nach ihm, oder ich hole ihn kurz aus meiner Tasche und schaue ihn an: das matte Schwarz seiner Oberfläche, die sich kreuzenden weißen Linien. Ich folge einige Momente dem Fluss meines Atems und komme zurück zu mir selbst und zu dem, was wesentlich ist.

Die endlosen Konferenzen und die Übung des Lächelns

Peter kommt aus der Abteilungskonferenz und stöhnt: „Diese endlosen Sitzungen sind das Schwierigste in der ganzen Woche. Hinterher bin ich immer ganz geschafft und brauche einen halben Tag, bis ich wieder einigermaßen im Gleichgewicht bin."

Gefühle sind ansteckend. Das wissen wir aus der Alltagserfahrung schon lange. Wenn wir mit einem Menschen zusammen sind, der voll negativer Energie ist, werden wir leicht davon „infiziert" und fühlen uns auch schlecht. Wenn wir dagegen mit Menschen zusammen sind, die Lebensfreude, Zufriedenheit und Energie ausstrahlen, erfrischt uns das und wir fühlen uns nach der Begegnung besser. Viele psychologische und neurobiologische Forschungen bestätigen inzwischen diese Erfahrung.[103] Was für Einzelne gilt, wirkt umso nachhaltiger in größeren Gruppen: Wenn viele Menschen zusammenkommen und dabei Gefühle von Hass, Ärger, Konkurrenz, Verwirrung oder Angst spüren und entsprechend reden oder handeln, entsteht eine starke kollektive negative Energie, der man sich nur schwer entziehen kann. Das kennen viele Helferinnen und Helfer von Konferenzen und das macht die Teilnahme an Sitzungen oft so anstrengend. Wir werden „infiziert" von einer Stimmung, die mit unserer eigenen wenig zu tun hat, der wir uns aber nur schwer entziehen können, wenn wir nicht aktiv etwas unternehmen, um diese negativen Gefühle und Energien zu transformieren.

Wieder einmal komme ich zurück zur Übung des achtsamen Atmens und des Lächelns. Wenn wir diese Übungen verinnerlicht haben, können wir sie auch an unserem Arbeitsplatz praktizieren. Für die meisten Menschen ist es allerdings hier besonders schwierig, sich an das zu erinnern, was ihnen hilft, und sie sind bei der Arbeit so sehr „außer sich", dass sie in der Hektik alles vergessen, was sie sonst gelernt und geübt haben, so dass ihnen auch diese einfachen Übungen nicht gelingen wollen. Für den Anfang mag es genügen, dass wir auch hier üben, dem gegenwärtigen Moment zuzulächeln. Ab und zu erinnern wir uns an die Übung, die so einfach ist – und die im normalen Wahnsinn eines durchschnittlichen Büros trotzdem revolutionär wirkt.

- Einatmend weiß ich, dass ich einatme. – Ausatmend weiß ich, dass ich ausatme. – Ein – Aus.
- Einatmend schenke ich meinem Körper Ruhe. – Ausatmend lächle ich meinem Körper zu. – Ruhe – Lächeln.
- Einatmend bin ich mir des gegenwärtigen Moments bewusst und weiß, dass es ein wunderbarer Moment ist. – Ausatmend lächle ich dem gegenwärtigen Moment zu. – Wunderbarer Moment – Lächeln.

Wenn wir immer wieder feststellen, dass uns selbst das nicht gelingt, ist das schon ein gutes Zeichen. Wir schauen freundlich darauf, was nicht gelingt – und sind damit schon in der Gegenwart angekommen. Wir schimpfen nicht mit uns, weil wir wieder nicht praktiziert haben, sondern schauen gelassen, wie es ist.

Die Arbeitsplatz-Sangha – Menschen, die uns guttun

Mit gegenseitiger Unterstützung wird die Praxis leichter. Wenn ich die Übung mit einer Kollegin teilen kann und weiß, dass sie auch übt, brauchen wir uns manchmal nur anzuschauen, uns zuzulächeln und können uns so ermutigen und der negativen kollektiven Energie auf ganz einfache, aber wirkungsvolle Weise etwas entgegensetzen. Unsere Glocke der Achtsamkeit hilft uns dabei, das Atmen und das Lächeln nicht zu vergessen. Das Läuten des Telefons, die Sirene des Krankenwagens laden uns ein, drei bewusste Atemzüge zu tun.

Gefühle sind ansteckend. Deshalb ist es wichtig, dass wir uns in der Institution, in der wir tätig sind, Menschen suchen, die uns guttun. Menschen, denen wir vertrauen und deren Ausstrahlung uns Zuversicht und Freude gibt. Wir sollten die Kontakte zu diesen Menschen nicht einfach dem Zufall überlassen, sondern sie aktiv pflegen. Das ist eine Form, wie wir die heilsamen Samen in uns gießen können.

Viele kennen auch die gegenteilige Erfahrung. Wir können die Samen des Neids, des Ärgers und der Frustration in uns – und in unserer Institution – ebenso wässern, indem wir häufig mit Kolleginnen und

Kollegen darüber reden, was nicht gut läuft, wer wieder was falsch gemacht hat und welche Katastrophen drohen. Das nährt den Ärger oder die Angst, wirkt belastend und als zusätzlicher Stressfaktor. Wenn wir in unserer eigenen Institution niemand finden, der uns unterstützen kann, ist es immer möglich, in kooperierenden Institutionen mit dem gleichen Aufgabenbereich Menschen zu finden, mit denen wir uns zusammentun können. Wir brauchen eine kleine „Arbeitsplatz-Sangha": Zwei oder drei Menschen genügen oft, um uns zu helfen, dass wir unsere Orientierung in der Hektik nicht verlieren. Das ist besonders wichtig für Helfer/innen, die in Institutionen arbeiten (müssen), in denen der kollektive Wahnsinn besonders ausgeprägt ist und der Geist des Rennens alle mitreißt.

Die Arbeitsplatz-Sangha unterstützt uns zum Beispiel dabei, auch an unserem Arbeitsplatz die Übung der Rechten Rede nicht zu vergessen. (Auf diese Übung werde ich im nächsten Kapitel näher eingehen.) Wir werden uns darüber bewusst, wie oft wir andere kritisieren oder abwerten, und lernen nach und nach, aus der Kultur der Abwertung auszusteigen und eine Kultur der Wertschätzung einzuüben. Anfangs sind wir damit vielleicht allein, aber mit der Zeit werden wir merken, dass auch Wertschätzung ansteckend ist. Vielleicht können wir uns nach einiger Zeit sogar auf den Weg machen, auch in der Begegnung mit Kolleginnen und Kollegen deren Leiden wahrzunehmen, statt unsere Zeit mit Kritik, Abwertung und Klatsch zu verschwenden.

„Manchmal nervt mich der ganze Strukturkram." Dieses Gefühl kennen die meisten Helferinnen und Helfer sehr gut. Es ist wichtig, auch dieses Gefühl wahrzunehmen, indem wir einfach benennen, was da ist: „Einatmend nehme ich dieses genervte Gefühl in mir wahr, ausatmend lächle ich dem genervten Gefühl zu." Im Team können wir uns auch gegenseitig helfen, indem wir uns daran erinnern, dass es wichtig ist, sich dem „Strukturkram" mit der gleichen liebevollen Aufmerksamkeit zu widmen wie den „großen" Dingen. Es gibt nichts Unwesentliches.

Verlangsamung: Die Übung des achtsamen Gehens

Langsames, aufmerksames und konzentriertes Gehen ist von unschätzbarem Wert, um gelassen zu schauen, wie es ist. Achtsames Gehen ist eine sehr tiefe und doch sehr einfache Übung. Wir gehen ganz bewusst und spüren bei jedem Schritt den Boden unter unseren Füßen. Der Kontakt mit der Erde hilft uns, in der Gegenwart anzukommen und unsere Ängste, Sorgen und Projekte für einige Momente zu unterbrechen. Schon durch wenige achtsame Schritte können wir neue Kraft schöpfen. Unser Atem beruhigt sich, unser Geist klärt sich. Körper und Geist werden wieder eins. Dabei verdrängen wir Gedanken und Gefühle nicht, sondern nehmen sie liebevoll und mit nicht wertender Aufmerksamkeit wahr. Wir nehmen die wirbelnden Sorgen-Gedanken wahr, wenn sie aufsteigen. Wir nehmen unseren Stress und den Ärger wahr und lassen Gedanken und Gefühle zur Ruhe kommen, indem wir achtsam einen Fuß vor den anderen setzen. Wir kommen immer wieder zurück zu dieser körperlichen Erfahrung unserer Schritte, wenn wir merken, dass wir mit der Aufmerksamkeit abgeschweift sind. Dabei koordinieren wir die Atmung mit den Schritten. Wenn wir etwas Zeit haben, können wir ganz langsam gehen und zunächst mit der Einatmung einen Schritt machen, dann mit der Ausatmung den nächsten. Haben wir weniger Zeit, machen wir mit einem Atemzug vielleicht drei oder vier Schritte. Wenn wir sehr langsam gehen, ist es leichter, die Achtsamkeit zu halten, und der Unterschied zum üblichen Gehen wird viel deutlicher. Wir spüren dann leichter und besser die erholsame Wirkung des Gehens. Wenn wir einige Übung entwickelt haben, können wir auch schneller gehen und dabei doch achtsam bleiben. Anfangs mag das langsame Gehen schwierig, ungewohnt, ja unangenehm sein. Da wir das Hasten und Rennen so gewohnt sind, spüren wir unsere Unruhe und Hektik nun umso deutlicher. Aber nach einiger Zeit werden wir das langsame Gehen genießen. Es wird zu einem Balsam für unsere Seele, zu einem wundervollen Mittel gegen den Stress, das uns immer und überall zur Verfügung steht.

In einem schönen Gedicht bringt Thich Nhat Hanh den tiefen Sinn der Gehmeditation zum Ausdruck:

Gehmeditation

Nimm meine Hand.
Wir werden gehen.
Wir werden einfach nur gehen
und uns an unserem Spaziergang erfreuen,
ohne daran zu denken, irgendwo anzukommen.
Friedvoll gehen.
Glücklich gehen.
Unser Gang ist ein Friedensmarsch.
Unser Gang ist ein Gang der Glückseligkeit.

Dabei merken wir,
dass es gar keinen Friedensmarsch gibt,
dass Frieden Gehen ist,
dass es keinen Marsch der Glückseligkeit gibt,
dass Glückseligkeit das Gehen ist.

Wir gehen für uns selbst,
wir gehen für alle,
stets Hand in Hand.

Gehen und den Frieden berühren in jedem Augenblick.
Gehen und die Glückseligkeit berühren in jedem Augenblick.
Jeder Schritt bringt eine frische Brise.
Jeder Schritt lässt eine Blume erblühen unter unseren Füßen.
Küss die Erde mit deinen Füßen.
Hinterlasse auf der Erde den Abdruck deiner Liebe und Glückseligkeit.

Die Erde wird sicher sein,
wenn wir in uns genügend Sicherheit verspüren.[104]

Wir gehen ganz langsam. Wir sehen den blauen Himmel, die Krokusse und die Schneeglöckchen im Vorgarten und die tanzenden Blätter im Wind. Im langsamen Gehen beruhigen sich die Gefühle und wir können sie loslassen. Das geht manchmal schnell, nach einigen Minuten schon spüren wir, wie sich der innere Sturm legt. Ein anderes Mal dauert es vielleicht zwanzig oder dreißig Minuten. Und es gibt Situationen, wo wir immer wieder das achtsame Gehen üben müssen, bis sich die Gefühle transformieren. Es ist gut, wenn wir das achtsame Gehen üben, bevor sich der Sturm der Gefühle erhebt. Wir müssen es erst lernen, um es dann in schwierigen Situationen praktizieren zu können. Es lohnt sich, dafür genauso viel Energie und Zeit aufzuwenden, wie für das Erlernen und Üben von Methoden der Gruppenarbeit, der Beratung oder der Therapie.

„Ich bin eher ein Bewegungsmensch", sagt Ludwig. Er mag das stille Dasitzen nicht. So geht es vielen Menschen. Sie meditieren nicht gerne, aber sie joggen, wandern oder schwimmen. Achtsamkeit kann man auch beim schnellen Gehen üben, beim Laufen oder beim Joggen. Allerdings ist es viel schwieriger, achtsam zu joggen oder zu schwimmen, als langsam achtsam zu gehen. Deshalb ist es hilfreich, zunächst das langsame achtsame Gehen zu üben und später, wenn man damit vertraut ist, vielleicht das achtsame Joggen oder Walken zu versuchen.

Achtsames Gehen heißt, dass wir gehen, wenn wir gehen. Wir hören dabei keine Musik und machen keine Pläne. Wir denken nicht über unsere Sorgen nach oder über das, was wir nachher, morgen oder in zwei Wochen erledigen müssen. Wir gehen langsam, Schritt für Schritt, und achten auf nichts anderes als auf das Gehen und auf den Atem. „Ich" gehe nicht. *Ich bin das Gehen.* Da ist niemand, der geht. „Es" geht. Wenn ich merke, dass ich zu denken begonnen habe, lächle ich dem Gedanken freundlich zu – und kehre zur Erfahrung des Gehens zurück.

Erfahrungen mit dem achtsamen Gehen

Anfangs war es mir peinlich, achtsames Gehen in meiner Wohngegend zu praktizieren. Ich bin zuerst in normalem Tempo 100 Meter von unserem Haus weggegangen und habe dann erst mein Tempo verlangsamt. Inzwischen gehe ich oft den Weg von der Straßenbahnhaltestelle nach Hause, vielleicht 500 Meter, langsam und achtsam – und komme zufriedener und glücklicher zu Hause an. Ich übe sogar, an meinem Arbeitsplatz ab und zu langsam von einem Büro zum anderen zu gehen oder langsam die Treppe hochzusteigen und dabei auf meinen Atem zu achten. Das gelingt mir noch nicht sehr gut, aber dann trösten mich die häufig gehörten Worte, dass nur das Versuchen gelingen soll.

Das hört sich einfach an, ist aber gar nicht so leicht und will geübt sein. „So langsam gehen: Das kann ich nicht!", ist eine häufige Reaktion. Zunächst kann es so ungewohnt sein, dass sich alles in uns dagegen sträubt. Barbara ist Pflegekraft in einer Sozialstation. Der Stress und die Hektik prägen ihr ganzes Leben. Nachdem wir in der Gruppe achtsames Gehen im Garten des Seminarhauses geübt haben, meint sie: „Das war schrecklich für mich. Es kribbelt im ganzen Körper. Ich wäre am liebsten davongelaufen." Aber beim zweiten Mal fällt es ihr schon leichter.

Thich Nhat Hanh sagt: „Wir brauchen gelegentlich eine starke Entschlossenheit, um der Energie des Rennens und Hastens zu widerstehen. Jeder Schritt, den wir langsam, achtsam und bewusst machen, wird auf diese Weise zu einer Art Revolution, weil wir vollkommen entschlossen sind, nicht mehr zu rennen, sondern im gegenwärtigen Augenblick zu leben."[105] Er schlägt vor, beim Gehen die Einatmung zu verbinden mit „Ich bin angekommen" und die Ausatmung mit dem Satz „Ich bin zu Hause".

Wenn wir häufiger so gehen, können wir erstaunliche Erfahrungen machen. Eine Studentin berichtet. „Der allgemeine Gedankenfluss verlangsamte sich erst einmal dabei. Die Lücken zwischen den Gedanken und Empfindungen wurden größer. Auch mein Gang verlangsamte sich und ich gab mehr Acht auf meinen Bewegungsablauf. Dieses Gefühl von Bewusstheit empfand ich als etwas Kraftvolles und Würdevolles. Das hatte wiederum zur Folge, dass ich mehr auf die Umgebung achtete: die Geräusche um mich herum, das Rauschen des Windes in den Bäumen,

Vogelgezwitscher, auch der Autolärm in der Ferne. Ich achtete mehr auf die Gerüche, die unglaublich vielfältig sein können. Aber auch die auftauchenden Gedanken sind deutlicher wahrnehmbar. Meine Aufmerksamkeit verflüchtigte sich immer wieder mit der Folge, dass irgendwelche Gedanken, Erinnerungen mir durch den Kopf gingen. So lange, bis ich es bemerkte, um mich dann wieder zu sammeln."

Achtsames Gehen kann überall praktiziert werden. Eine Pflegekraft berichtet, nachdem wir Gehmeditation in der Supervision geübt haben, bei der nächsten Sitzung: „Das achtsame Gehen hat mir gutgetan. Ich habe es ein paar Mal ausprobiert, nur ein paar Schritte, aber es war jedes Mal sehr gut. Ich habe mir gesagt: Es ist egal, wenn du eine Minute später ankommst und bin einfach langsam gegangen. Es war wundervoll. Schon einfach daran zu denken hilft mir. Das verändert die Situation."

Das achtsame Gehen kann nicht nur einzelne Situationen, es kann unseren ganzen Alltag transformieren. Heike beschreibt ihre Erfahrungen so: „Ich habe die Gehmeditation für mich entdeckt. Die Meditation im Sitzen lag mir einfach nicht, ich brauche Bewegung und liebe ich Spaziergänge. Also war diese Form der Achtsamkeit genau mein Fall. Statt bei kleinen Strecken wie gewohnt die S-Bahn zu nutzen, gehe ich nun zu Fuß, achte auf meine Schritte, meinen Atem, genieße das Wetter und die Umwelt. Generell kann ich nun alles viel gelassener und genauer wahrnehmen. Regte ich mich vorher noch über Dinge wie z. B. schlechtes Wetter auf, nehme ich es jetzt einfach wahr und bin dankbar. Meine Einstellung und Haltung wurde generell eine sehr dankbare. Mir wurde bewusst, wie unglaublich gut es mir geht, an was ich mich jeden Tag erfreuen kann, was vielen anderen auf der Welt leider nicht gegeben ist. Ich lernte auch die Beziehungen zu Menschen, die ich lieb habe, ganz anders zu schätzen."

Gehmeditation erscheint mir wie ein wundervolles Geschenk zur Stressbewältigung – obwohl es bei der Übung der Achtsamkeit nicht darum geht, irgendetwas Bestimmtes zu erreichen oder die Übung zum Mittel zum Zweck zu machen.

Organisationen heilsam gestalten

Kann durch Mitgefühl und Achtsamkeit auch der „Geist" oder die Kultur von Organisationen heilsam beeinflusst werden? Heute, im Zeitalter von Corporate Identity, scheint das keine Frage (mehr) zu sein. Mit Organisationsentwicklungsprojekten wird – meist für viel Geld – versucht, die Organisationskultur positiv zu beeinflussen. Oft bleibt der Erfolg aber trotzdem zweifelhaft. Doch es geht auch anders – ohne Geld, ohne Organisationsberater, ohne Change Management – einfach durch Menschlichkeit.

Im Jugendamt einer Kleinstadt haben einige Mitarbeiterinnen die Idee entwickelt, eine „Talentbörse" zu veranstalten. Nach monatelangen Vorbereitungen steigt eine Show, die auch die resistentesten „Bremser" und Skeptiker, die bis zum Schluss unken, dass das Ganze ein totaler Reinfall wird, vom Hocker reißt. Vom Amtsleiter bis zur Sekretärin präsentiert jeder, der möchte, sein Talent: Gedichte werden vorgetragen, Lieder gesungen. Ernstes und Lustiges, Triviales und Künstlerisches werden dargeboten. Regine, Sozialarbeiterin und eine der treibenden Kräfte des Ganzen, berichtet einige Monate später von den nachhaltigen Auswirkungen der Talentbörse auf das Klima im Amt. Der Amtsleiter hat in den Jahren zuvor immer wieder – erfolglos – versucht, Prozesse anzuregen, um die Kommunikation unter den Mitarbeiterinnen zu verbessern, um eine „Corporate Identity" zu entwickeln. Jetzt scheint sich genau das fast wie von selbst zu entwickeln. Leute, die vorher nicht miteinander geredet haben, lernen sich achten und schätzen. Unter den Mitarbeiterinnen und Mitarbeitern ist ein „Wir-Gefühl" entstanden – und das alles nicht von oben verordnet, sondern „zufällig", von selbst. „Aber der Amtsleiter hat schon dazu beigetragen," sagt Regine, „indem er das Klima dafür schuf, indem er einen Raum dafür bot und vor allem indem er selbst mitgemacht und von sich etwas gezeigt hat, und das nicht zu knapp."

Die Kultur einer Institution verändert sich oft auch dann, wenn wir bewusst die heilsamen Samen begießen. Manchmal ist es sogar möglich, Orte und Kontexte der Achtsamkeit zu schaffen, die helfen, das Klima zu verändern, z. B. einen Raum oder Zeiten der Stille einzuführen. Wichtig ist: Wo passt es? Wer wäre ansprechbar? In manchen Institutionen ist es sogar möglich, Elemente der Achtsamkeit in den normalen Team-Alltag zu integrieren. Ich habe z. B. sehr gute Erinnerungen an eine Phantasiereise, die wir am Ende einer Teamsitzung gemacht haben, bei der alle sehr gestresst waren.

Wieder kann das schon mehrfach erwähnte Prinzip aus dem lösungsorientierten Ansatz hilfreich sein: Wenn etwas nicht funktioniert, dann lass es und mache etwas anderes. Wenn etwas funktioniert, mach mehr davon.

Die kranke Institution

So wie es möglich ist, dass sich in einer Institution ein „positiver Geist" verbreitet, der ansteckend ist, kann allerdings auch das Gegenteil der Fall sein. Es gibt Institutionen, die so beherrscht und durchdrungen sind von Misstrauen, Intrigen, Machtkämpfen und Lügen, in denen so viel Angst und Unsicherheit herrscht, dass es sehr schwer ist, als Einzelner, vor allem wenn man nicht in einer leitenden Position ist, dort etwas zu verändern. Man könnte fast sagen: Auch Institutionen können krank sein oder krank werden – und die dort tätigen Mitarbeiter/innen krank machen, wenn sie nicht gut auf sich aufpassen. Dann kann die Praxis des tiefen Schauens hilfreich sein. Wir denken nach über die Ursachen dieser Institutions-Krankheit und darüber, ob es für uns Veränderungsmöglichkeiten gibt. Wir schauen tief, wo es Handlungsspielräume gibt. Können wir den Kontakt zu bestimmten Menschen reduzieren? Besteht die Möglichkeit, unsere Arbeitszeit zu reduzieren? Können wir irgendwie den Druck mindern, der auf uns lastet? Welche Aufgaben müssen wir unbedingt erledigen und welche Tätigkeiten können wir vereinfachen? Wo kann es sinnvoll sein, Widerstand zu leisten und Auseinandersetzungen zu wagen? Wenn wir uns dazu entscheiden, ist es wichtig, dass wir lernen, liebevoll zu kämpfen, wie es im Aikido, der japanischen Kampfkunst, geübt wird, bei der es darum geht, den Gegner nicht anzugreifen und zu verletzen, sondern *mit* dem Widerstand zu gehen und den „Gegner" durch Liebe zu überwinden.

Besteht die Möglichkeit, eine andere Arbeit zu finden? Was müsste ich dazu tun? Wenn es uns nicht möglich ist, eine solche Institution zu verlassen, bleibt uns die Gewissheit der Vergänglichkeit: Alles ist vergänglich, auch der unheilsame Geist in Institutionen. Er wird sich irgendwann verändern, das ist sicher. Wenn wir gefestigt sind in unserer Praxis, können wir vielleicht auch irgendwann die Schwierigkeiten am Arbeitsplatz als Gelegenheit und Aufgabe zum Praktizieren sehen. „Gehe an die Orte, die du fürchtest", wird in der tibetischen Tradition gelehrt, denn dort kannst du am meisten lernen.[106] Früher war ein solcher Ort oft der Friedhof. Bei uns ist es vielleicht das Sozialamt, das Krankenhaus, die Sozialstation oder das Pflegeheim.

Überlass es der Zeit

Wenn ich mich sehr über irgendetwas aufrege, fällt mir manchmal das folgende Gedicht von Theodor Fontane ein.

Überlass es der Zeit

Erscheint dir etwas unerhört,
bist du tiefsten Herzens empört,
bäume dich nicht auf, versuch's nicht mit Streit,
berühr es nicht, überlass es der Zeit.
Am ersten Tag wirst du feige dich schelten,
am zweiten lässt du dein Schweigen schon gelten,
am dritten hast du's überwunden,
alles ist wichtig nur auf Stunden,
Ärger ist Zehrer und Lebensvergifter,
Zeit ist Balsam und Friedensstifter.[107]

9

Wege zum Glück

Die Ethik der Achtsamkeit

Ich lebe, das heißt, ich liebe.
Liebe ich nicht, lebe ich nicht.

ALBERT SCHWEITZER

Rechte und falsche Achtsamkeit

Ist Achtsamkeit an sich gut und richtig? Gibt es auch Formen von Achtsamkeit, die schädlich und unheilsam sind? „Achtsamkeit in der westlichen Leistungsgesellschaft wird doch leicht verwechselt mit Kontrolle
und Selbstbeherrschung", sagt eine Hospizmitarbeiterin. Leonardo Boff
warnt davor, dass „zu viel" Achtsamkeit einem Menschen auch die Spon-
taneität nehmen kann.[108]

Buddha spricht von „rechter Achtsamkeit". Das erinnert uns daran,
dass es auch eine falsche Achtsamkeit gibt. Ein Dieb kann sehr achtsam
zu Werke gehen bei einem Einbruch und doch übt er nicht die „rechte",
sondern eine falsche Form der Achtsamkeit. Woran erkennen wir rechte
Achtsamkeit? Rechte Achtsamkeit ist die nicht verurteilende Zuwendung
zu dem, was ist. „Rechte" oder „weise" Achtsamkeit dient dazu, unser eigenes Leiden, das Leiden der Menschen, die wir lieben, und das Leiden

unserer Klientinnen und Klienten zu verringern.[109] Ja, sie zielt nicht nur auf die Verminderung des Leidens der Menschen, sondern ist Ausdruck der Achtung vor allem Leben. Sie ist deshalb immer eingebettet in eine ethische Grundhaltung. Ohne Ethik, ohne Sittlichkeit, kann Achtsamkeit gefährlich sein oder für schädliche Zwecke genutzt werden.

Den Blick des Mitgefühls entwickeln

Welche Ethik ist hilfreich, um „rechte" Achtsamkeit von „falscher" Achtsamkeit zu unterscheiden und das Praktizieren rechter Achtsamkeit beim Helfen zu unterstützen? Wie können wir eine Ethik des Helfens begründen, die keine „Sonderethik" ist, keine intellektuelle Spiegelfechterei, sondern die mit den Nöten und Sorgen unseres ganz normalen Lebens zu tun hat? Was braucht eine Ethik des Helfens, um „alltagstauglich" zu sein?

„Kommt durch das Denken über Ethik mehr Ethik in die Welt?", fragt Albert Schweitzer, der protestantische Theologe und Philosoph, der die Ethik von der Ehrfurcht vor dem Leben begründete. Er zweifelt sehr daran, ob das Denken uns tatsächlich hilft, menschlicher, gütiger, mitfühlender zu werden.[110] „Von dem, was gut und böse ist, und von den Erwägungen, in welchen wir die Kraft finden, das eine zu tun und das andere zu meiden, kann keiner zum anderen als ein Gelehrter reden. Immer vermag er davon nur soviel mitzuteilen, als er von dem, was alle bewegen soll, in sich selber findet."[111], sagt er.

Obwohl das Denken (allein) nicht ausreicht, ist es doch sinnvoll, tief zu schauen, d. h. rechtes Denken zu üben, um über eine angemessene Ethik der Achtsamkeit zu reflektieren. Es scheint mir sinnvoll, zwischen zwei Ebenen der „Ethik" zu unterscheiden, die häufig vermischt werden. Einerseits braucht das professionelle Helfen tatsächlich ethisches Reflexionswissen oder „Wertewissen". Das ist die wissenschaftliche Ebene, in der es (nur) um die Klärung von Gedanken geht. Andererseits braucht die einzelne Helferin, der Sozialarbeiter, die Pflegekraft, der Lehrer oder die Erzieherin, eine ganz persönliche Orientierung für ihr tägliches Handeln über das was wahr, gut und schön ist. Diese persönliche Ethik muss deshalb (mindestens) drei Bedingungen erfüllen: Sie muss geeignet sein, zu moralischem Handeln tatsächlich zu motivieren. Sie sollte also nicht nur etwas mit dem Kopf, sondern (auch) mit dem Herzen zu tun haben, mit Emotionen und tief verwurzelten Einstellungen, die Menschlichkeit fördern. Diese persönliche Ethik muss aber zweitens auch eine Richtschnur für das praktische Handeln sein, sie muss Orientierung bieten, ohne zu vereinfachen. Der Blick des Mitgefühls sollte dadurch entwickelt und geschärft werden. Sie muss einfach ausreichen, um uns tatsächlich zu helfen. Und sie muss differenziert genug sein, um in der Komplexität des Lebens und in der täglichen Wirklichkeit des Helfens eine Orientierung geben zu können. Sie darf also nicht bloße „Rezepte" oder (vermeintlich) einfache Lösungen für schwierige Situationen liefern. Die persönliche Ethik sollte vielmehr sinnvolle „regulative Ideen" im Sinne von Immanuel Kant anbieten. Regulative Ideen sind solche Ideen, die sich niemals ganz verwirklichen lassen, die aber trotzdem eine Art Kompass darstellen und die uns dadurch auf unserem Weg helfen. Und drittens sollte diese Ethik trotzdem so offen sein, dass sie für Menschen aus unterschiedlichen religiösen Traditionen einen Weg weisen kann. Ihre Begründung muss nachvollziehbar sein für Helfer/innen mit unterschiedlichen Weltanschauungen, Glaubensüberzeugungen und politischen Einstellungen.

Ein Kompass für das Handeln

Die meisten Ethiken helfenden Handelns erfüllen die genannten Bedingungen – persönlich, einfach genug und trotzdem komplex genug zu sein – nicht. Die meisten anspruchsvolleren westlichen Ethikkonzepte orientieren sich an Immanuel Kant. Er hat mit seinem kategorischen Imperativ den Versuch gemacht, eine allgemeine ethische Richtlinie für das menschliche Handeln zu entwickeln: „Handle stets so, dass die Maxime, die Grundidee deines Handelns, zugleich ein allgemeiner Grundsatz werden könnte."[112] Für die Ebene des Reflexionswissens setzt Immanuel Kant immer noch wichtige Maßstäbe. Aber die Nachteile des kategorischen Imperativs und der in dieser Tradition stehenden Konzepte philosophischer Ethik sind unübersehbar: Ethik wird hier verengt auf die rationale, kognitive Dimension. Sie ist – notgedrungen – sehr abstrakt und bezieht sich nicht auf reale Menschen. Sie ist in einer philosophischen Sprache formuliert, die nicht zum Herzen spricht, und bleibt so allgemein, dass sie keine Orientierung für das praktische Handeln bietet. Auch meine eigenen Überlegungen für eine Ethik der Sozialen Arbeit trifft diese Kritik.[113]

Die Fünf Achtsamkeitsübungen

Ich habe lange Zeit gebraucht, um zu dem (zurück) zu finden, was ganz einfach und doch so unendlich anspruchsvoll ist. Das Denken (allein) vermag die Ethik nicht zu begründen, da hat Albert Schweitzer sicher Recht. Zum guten Leben, zum guten Handeln zu motivieren vermag nur die lebendige Erfahrung. Ich halte daher einfachere, klarere Richtlinien, als sie philosophische Ethik bietet, für notwendig, eine Sittlichkeit, die Herz, Kopf und Hand gleichermaßen anspricht und die uns auch im Alltag hilft. Für mich erfüllen die Fünf Achtsamkeitsübungen in wunderbarer Weise die eben genannten Bedingungen. Es sind die einfachen Regeln, die wir alle kennen: nicht zu töten, nicht zu stehlen, nicht zu lügen, kein sexuelles Fehlverhalten zu praktizieren und keine Rauschmittel oder Gifte zu uns zu nehmen. Thich Nhat Hanh nennt diese Regeln die „Fünf Wege zum Glück". Er formuliert sie so, dass ihre Bedeutsamkeit für unsere Zeit eindrucksvoll deutlich wird.[114]

Erste Achtsamkeitsübung
Ehrfurcht vor dem Leben

Im Bewusstsein des Leidens, das durch die Zerstörung von Leben entsteht, bin ich entschlossen, Mitgefühl und Einsicht in das „Intersein" zu entwickeln und Wege zu erlernen, das Leben von Menschen, Tieren, Pflanzen und unserer Erde zu schützen.

Ich bin entschlossen, nicht zu töten, es nicht zuzulassen, dass andere töten, und keine Form des Tötens zu unterstützen, weder in der Welt noch in meinem Denken oder in meiner Lebensweise. Im Wissen, dass schädliche Handlungen aus Ärger, Angst, Gier und Intoleranz entstehen, die ihrerseits dualistischem und diskriminierendem Denken entspringen, werde ich mich in Unvoreingenommenheit und Nicht-Festhalten an Ansichten üben, um Gewalt, Fanatismus und Dogmatismus in mir selbst und in der Welt zu transformieren.

Zweite Achtsamkeitsübung
Wahres Glück

Im Bewusstsein des Leidens, das durch Ausbeutung, soziale Ungerechtigkeit, Diebstahl und Unterdrückung entsteht, bin ich entschlossen, Großzügigkeit in meinem Denken, Reden und Handeln zu praktizieren. Ich bin entschlossen, nicht zu stehlen und nichts zu besitzen, was anderen zusteht. Ich werde meine Zeit, Energie und materiellen Mittel mit denen teilen, die sie wirklich brauchen. Ich werde mich in tiefem Schauen üben, um zu erkennen, dass das Glück und das Leiden anderer nicht getrennt sind von meinem Glück und meinem Leiden, dass wahres Glück nur möglich ist mit Verstehen und Mitgefühl und dass es viel Leiden und Verzweiflung bringen kann, hinter Reichtum, Ruhm, Macht und sinnlichem Vergnügen herzujagen. Ich bin mir bewusst, dass Glücklichsein von meiner geistigen Haltung und nicht von äußeren Umständen abhängig ist und dass ich glücklich im gegenwärtigen Augenblick leben kann, indem ich mich daran erinnere, dass ich bereits mehr als genug Bedingungen habe, um glücklich zu sein. Ich bin entschlossen, „Rechten Lebenserwerb" zu praktizieren, um so dazu beizutragen, das Leiden der Lebewesen auf dieser Erde zu verringern und den Prozess der globalen Erwärmung umzukehren.

Dritte Achtsamkeitsübung
Wahre Liebe

Im Bewusstsein des Leidens, das durch sexuelles Fehlverhalten entsteht, bin ich entschlossen, Verantwortungsgefühl zu entwickeln und Wege zu erlernen, die Sicherheit und Integrität von Individuen, Paaren, Familien und der Gesellschaft zu schützen. Im Wissen, dass sexuelles

Verlangen nicht Liebe ist und dass sexuelles Handeln, das durch Begierde motiviert ist, immer sowohl mir als auch anderen schadet, bin ich entschlossen, keine sexuelle Beziehung einzugehen ohne wahre Liebe und die Bereitschaft zu einer tiefen, langfristigen und verantwortlichen Bindung, von der meine Familie und meine Freunde wissen.

Ich werde alles tun, was in meiner Macht steht, um Kinder vor sexuellem Missbrauch zu schützen und um zu verhindern, dass Paare und Familien durch sexuelles Fehlverhalten auseinander brechen. In dem Bewusstsein, dass Körper und Geist eins sind, bin ich entschlossen, geeignete Wege zu erlernen, um gut mit meiner sexuellen Energie umzugehen und die vier grundlegenden Elemente wahrer Liebe – liebevolle Güte, Mitgefühl, Freude und Unvoreingenommenheit – zu entwickeln, so dass mein eigenes Glück und das von anderen wachsen kann. Indem wir wahre Liebe üben, werden wir auf sehr schöne Weise künftig fortbestehen.

Vierte Achtsamkeitsübung
Liebevolles Sprechen und tiefes Zuhören

Im Bewusstsein des Leidens, das durch unachtsame Rede und aus der Unfähigkeit, anderen zuzuhören, entsteht, bin ich entschlossen, liebevolles Sprechen und mitfühlendes Zuhören zu üben, Leiden zu lindern und Versöhnung und Frieden in mir und zwischen anderen Menschen, ethnischen und religiösen Gruppen und Nationen zu fördern.

Im Wissen, dass Worte sowohl Glück als auch Leiden hervorrufen können, bin ich entschlossen, wahrhaftig zu sprechen und Worte zu gebrauchen, die Vertrauen, Freude und Hoffnung wecken. Wenn Ärger in mir aufsteigt, bin ich entschlossen, nicht zu sprechen. Ich werde achtsames Atmen und Gehen praktizieren, um meinen Ärger zu erkennen und tief in seine Wurzeln zu schauen, besonders in meine falschen Wahrnehmungen und mein fehlendes Verständnis für mein Leiden und das der anderen Personen. Ich werde in einer Weise sprechen und zuhören, die mir und dem anderen helfen kann, Leiden zu transformieren und einen Weg aus schwierigen Situationen zu finden.

Ich bin entschlossen, keine Nachrichten zu verbreiten, wenn ich nicht sicher bin, dass sie der Wahrheit entsprechen, und Äußerungen zu unterlassen, die Trennung und Uneinigkeit verursachen können. Ich werde „rechtes Bemühen" praktizieren, um meine Fähigkeit zu Liebe, Verstehen, Freude und Unvoreingenommenheit zu nähren und um allmählich Ärger, Gewalt und Angst, die tief in meinem Bewusstsein liegen, zu verwandeln.

Fünfte Achtsamkeitsübung
Nahrung und Heilung

Im Bewusstsein des Leidens, das durch unachtsamen Konsum entsteht, bin ich entschlossen, auf körperliche und geistige Gesundheit für mich selbst, meine Familie und meine Gesellschaft zu achten, indem ich achtsames Essen, Trinken und Konsumieren praktiziere. Ich werde mich darin üben, tief zu schauen, um meinen Konsum und meinen Umgang mit den vier Arten von Nahrung – Essbarem, Sinneseindrücken, Willenskraft und Bewusstsein – zu erkennen.

Ich bin entschlossen, weder Alkohol noch Drogen oder andere Dinge zu benutzen, die Gifte enthalten, wie z. B. bestimmte Internetseiten, Glücksspiele, elektronische Spiele, Fernsehsendungen, Filme, Zeitschriften, Bücher und Gespräche. Ich werde mich darin üben, zum gegenwärtigen Augenblick zurückzukommen, um mit den erfrischenden, heilenden und nährenden Elementen in mir und um mich herum in Berührung zu sein. So lasse ich mich weder von Bedauern und Kummer in die Vergangenheit ziehen noch von Sorgen, Angst oder Begierden aus dem gegenwärtigen Augenblick bringen. Ich bin entschlossen, nicht zu versuchen, Einsamkeit, Angst oder andere Leiden zu überdecken, indem ich mich im Konsum verliere. Ich werde das „Intersein" tief betrachten und auf eine Weise konsumieren, die Frieden, Freude und Wohlergehen sowohl in meinem Körper und Bewusstsein als auch im kollektiven Körper und Bewusstsein meiner Familie, meiner Gesellschaft und unserer Erde bewahrt.

Der Geist der Einfachheit

Die Reaktionen auf diese Übungen sind vielfältig. Manche spüren spontan: Ja, das habe ich schon lange gesucht, genau so möchte ich leben. Schon beim ersten Lesen dieser Übungen melden sich aber bei vielen Menschen auch Einwände und Widerstand. Ist es gut, sich so in Regeln einzuzwängen? Sind diese Achtsamkeitsübungen für unser Handeln in der modernen Welt nicht zu einfach? Sind sie noch zeitgemäß? Lässt sich das überhaupt verwirklichen? Ist es nicht zu idealistisch? Macht uns dieser Anspruch nicht unglücklich, statt Wege zum Glück zu weisen? Ich möchte zunächst diesen Einwänden nachgehen, bevor ich einige persönliche Erfahrungen mit den Übungen beschreibe.

Erstens werde ich kurz auf den verbreiteten Widerstand gegen Regeln überhaupt eingehen. *Zweitens* wende ich mich der Frage nach der Begründung zu. Dabei werfe ich zunächst einen Blick auf die Bezüge zu anderen Traditionen, um dann nochmals auf die Verbundenheit allen Lebens einzugehen, die der „Grund" dieser Ethik ist. *Drittens* stelle ich einen Bezug zum ethischen Reflexionswissen helfender Berufe her und gehe auf die Frage ein, ob diese Regeln angesichts der Komplexität unserer Zeit angemessen sind. *Viertens* möchte ich die Frage bedenken, ob diese Achtsamkeitsübungen, wenn sie denn sinnvoll und begründbar sein sollten, uns nicht mutlos und unglücklich machen, weil wir sie nie erfüllen können. *Fünftens* möchte ich einige Erfahrungen berichten, die ich selbst und andere Helferinnen mit diesen Übungen gemacht haben.

Der Widerstand gegen Regeln

Heute sind viele Menschen grundsätzlich skeptisch gegenüber Geboten und Regeln. Sie wecken unangenehme Erinnerungen aus der Kindheit an die Gebote von Eltern, Lehrern oder Erziehern, von denen wir uns mühsam befreit haben. „Mich erinnern die Fünf Achtsamkeitsübungen immer an die zehn Gebote – das ist so moralisch", sagt Tina. Wenn wir etwas als „moralisch" etikettieren, kritisieren wir damit in der Regel Äußerungen, die uns vorkommen, als wolle uns jemand „vom hohen

Ross herunter" sagen, was richtig und falsch ist, verbunden mit Druck und einer gewissen Heuchelei oder Besserwisserei. Das Adjektiv „moralisch" hat also in unserer Zeit seinen positiven Charakter verloren und bezeichnet etwas, das „man" vermeiden sollte. Mit dem Ausdruck „Gutmenschentum" werden Verhaltensweisen zurückgewiesen, die uns unrealistisch, weltfremd und naiv vorkommen. Wir wehren uns gegen die Einschränkung unserer Autonomie und lernen in der Ausbildung als Helferin und Helfer, jede Aussage, vor allem aber Gebote und Normen, kritisch zu reflektieren, zu „hinterfragen". Manchen wird die Freiheit zu viel und sie wenden sich in die entgegengesetzte Richtung. Sie üben sich darin, Regeln, Lehrmeinungen und religiöse Überzeugungen zu verdinglichen, sie für absolut richtig zu halten und um ihre Einhaltung zu kämpfen. Relativismus und Fundamentalismus sind Grund-Krankheiten unserer Zeit. Zwischen beiden weisen die Fünf Achtsamkeitsübungen einen „mittleren Weg". Denn ohne eine klare und gleichzeitig wohlwollende und freundliche ethische Orientierung wird Achtsamkeit, wie bereits erwähnt, zu einem Werkzeug, das auch für unheilvolle Zwecke eingesetzt werden kann. Helfen wird ohne Ethik zu einem bloßen Geschäft und verarmt dabei innerlich und äußerlich.

Was uns Herz und Vernunft gebieten

Es kann sinnvoll sein, genauer zu fragen: Warum sollen wir überhaupt solche Versprechen ablegen und diese Achtsamkeitsübungen zur Grundlage unseres persönlichen und professionellen Handelns machen? Womit lassen sie sich begründen? Ist die Autorität der Überlieferungen die treibende Kraft? Verhalten wir uns so, weil Buddha es gelehrt, weil Gott es geboten hat, weil die religiösen Traditionen es sagen? Wenn ja: Genügen heute Überlieferung und Tradition noch, um Werte zu begründen?

Die Fünf Achtsamkeitsübungen sind nicht als Gebote formuliert, sondern als Versprechen oder Gelübde. Sie sind also Entscheidungen, die wir freiwillig treffen. Freiwillig heißt nicht willkürlich. Diese Entscheidungen sind nicht beliebig. Es gibt gute Gründe, so zu leben. Man könnte auch mit Immanuel Kant sagen: Die Vernunft gebietet es, so zu handeln. Der wichtigste Grund dafür ist aber keine reine Vernunftüber-legung, wie bei Kants kategorischem Imperativ, sondern die lebendige Erfahrung, die wir täglich machen können, dass wir nicht getrennt sind von anderen Menschen, von der Welt, vom Kosmos und dass wir leiden, wenn wir so handeln, als wären wir getrennt.

In Thich Nhat Hanhs Begriff „Achtsamkeitsübungen" kommt zum Ausdruck, dass wir diese Regeln nicht befolgen, weil irgendeine Autorität es uns gebietet und weil wir Strafe fürchten müssen, wenn wir sie nicht einhalten. Es sind nicht Gebote im traditionellen Sinne, sondern Ver-pflichtungen, die wir eingehen. Wir geloben freiwillig, diese Übungen zur Grundlage unseres Lebens zu machen – weil unser Herz und unser Verstand es uns gebieten. Buddha lehrte vor 2500 Jahren diese (fünf) „silas" genannten Tugenden. Aber sie sind nichts „Buddhistisches", son-dern enthalten universelle Werte, deren Begründung nicht in der Au-torität einer Offenbarung liegt, die nicht abhängig sind von einem be-stimmten Glauben oder einer Religion, sondern die der Einsicht in das „Intersein" entspringen.

Bemerkenswert ist, dass sich diese „Wege zum Glück" in ähnlicher Form in allen großen religiösen oder Weisheitstraditionen der Menschheit finden. Sie enthalten alles, was uns die christliche Tradition an Werten vermittelt. Sie sind der Kern der Gebote der jüdisch-christlichen Tradi-tion: Menschen, Tiere und Pflanzen, Felsen und Berge sind nicht iso-liert voneinander. Sie sind – aus christlicher Sicht – die gute Schöpfung Gottes. Sie sind auf einer tieferen Ebene eins – und wir können andere Menschen, aber auch Tiere, Pflanzen und Berge, nicht verletzen, ohne uns selbst zu verletzen. Das ist der Sinn der Botschaft des Alten Testaments und auch der Sinn der Verkündigung Jesu, wie sie im Neuen Testament überliefert wurde. Im Matthäusevangelium ist dies wundervoll in einem Satz zusammengefasst: „Du sollst den Herrn, deinen Gott, lieben von ganzem Herzen, von ganzer Seele und von ganzem Gemüt. Dies ist das höchste und größte Gebot. Das andere aber ist dem gleich: ‚Du sollst deinen Nächsten lieben wie dich selbst.' In diesen zwei Geboten hängt das ganze Gesetz und die Propheten." (Mt 22,37–40) Unsere „Nächsten" sind heute auch die Flüsse, die Tiere und die Berge. Aber heißt es nicht auch: „Seid fruchtbar und mehret euch und füllet die Erde und macht sie euch untertan und herrschet über die Fische im Meer und über die

Vögel unter dem Himmel und über das Vieh und über alles Getier, das auf Erden kriecht." (1. Mose 1,28)? Das haben die Menschen christlichen Glaubens, und nicht nur sie!, viele Jahrhunderte lang gründlich getan – und gründlich missverstanden. Wir sollen nicht nur „unseres Bruders Hüter sein", sondern auch die Natur, die Tiere und Pflanzen, die Meere und die Wälder bewahren. Es heißt ebenfalls im 1. Buch Mose: „Gott der Herr nahm den Menschen und setzte ihn in den Garten Eden, dass er ihn bebaute und bewahrte." (1. Mose 2,15). Nur wurde das lange unterschlagen oder missverstanden. Und doch gab es in der christlichen Tradition immer auch Bewegungen und Strömungen, die das nicht vergessen haben: Der heilige Franziskus wusste das, in vielen spirituellen Bewegungen in der Geschichte des Christentums war es lebendig.[115] Und heute wird (glücklicherweise) in allen großen christlichen Kirchen (wieder) an die Einheit der Schöpfung und an den Auftrag zu ihrer Bewahrung gemahnt.

Das tiefe Wissen der Menschheit

Die Ethik des Islam oder die Tradition der Gewaltlosigkeit, der „ahimsa", im Hinduismus gehen von den gleichen Grundwerten aus. Auch die afrikanische Kultur kennt diese Werte. Dort werden sie „Ubuntu" genannt.[116] Der Begriff heißt wörtlich „Gratis" und bezeichnet eine Art afrikanischer Lebensphilosophie. Das Wort „Ubuntu" kommt aus den Sprachen der Zulu und der Xhosa, und bedeutet in etwa „Menschlichkeit", „Nächstenliebe" und „Gemeinsinn". Damit wird eine afrikanische Grundhaltung bezeichnet, die sich vor allem auf wechselseitigen Respekt und Anerkennung, Achtung der Menschenwürde und das Bestreben nach einer harmonischen und friedlichen Gesellschaft stützt, aber auch den Glauben an ein „universelles Band des Teilens, das alles Menschliche verbindet". Ubuntu umfasst auch politische und religiös-spirituelle Aspekte, die die Verortung des Individuums innerhalb seiner Gemeinschaft betonen.

Die Tradition der Aufklärung und der sittlichen Selbstbestimmung hebt diese Werte auf – in Hegels dreifachem Sinn: Sie bewahrt sie, sie hebt sie auf eine neue Stufe und sie hebt die Form ihrer Begründung auf, indem sie versucht, die Werte universell und auf der Grundlage der Vernunft zu begründen.

Es scheint tatsächlich ein tiefes Wissen der Menschen in ganz unterschiedlichen Kulturen darüber zu geben, welches Handeln zu Wohlsein, Frieden und Glück führt und welches Handeln uns selbst und der Welt Leiden schafft.

„Das sind alte Geschichten, alte Mythen, Weisheiten, die mit moderner Wissenschaft nichts zu tun haben!", mag eingewendet werden. Erstaunlicherweise wird in der modernen Systemtheorie, in der Physik und in der Biologie die Erkenntnis der Einheit des Kosmos neu entdeckt. In wissenschaftlicher, teilweise sehr abstrakter Sprache formulieren Systemtheoretiker wie Ervin Laszlo, Biologen wie Rupert Sheldrake oder Physiker wie Fritjof Capra die Weisheit des „Interseins" neu.[117] Für manche von uns mag es wichtig sein, sich daran zu erinnern, dass der Auftrag zur Bewahrung der Erde, die Liebe zu uns selbst und zu unseren Nächsten nicht (nur) auf einem göttlichen Gebot beruhen, sondern einfach auf der physikalischen und biologischen Tatsache, dass wir eins sind mit allem im Kosmos.

Albert Schweitzer hat Anfang des letzten Jahrhunderts als einer der ersten Denker dieses gemeinsame Grundthema der ethischen Traditionen der verschiedenen Kulturen herausgearbeitet und auf dieser Grundlage die „Ethik der Ehrfurcht vor dem Leben" entwickelt. Der katholische Theologe Hans Küng lädt mit dem von ihm initiierten „Projekt Weltethos" heute Menschen aus allen großen spirituellen Traditionen der Welt zum Bedenken dieser ethischen Grundsätze ein, die in den Fünf Achtsamkeitsübungen einen bewegenden Ausdruck finden.

Ethik ohne Herz?

In welcher Beziehung stehen die Fünf Achtsamkeitsübungen zu dem ethischen Reflexionswissen von helfenden Berufen? Professionelles wie alltägliches Helfen an sich ist immer schon bestimmt von ethischen Werten, ob diese nun bewusst gemacht werden oder nicht. Ohne angemessene

Ethik verliert das Helfen seinen Sinn. Auch wenn soziale Dienstleistungen „nur" verkauft werden, um möglichst viel Geld damit zu verdienen, liegt diesem Handeln eine implizite Ethik zugrunde. „Gut ist, was dem Unternehmen nützt." Das ist nicht prinzipiell falsch. Unternehmen, auch soziale Unternehmen, können auch die Aufgabe haben, Gewinn zu erwirtschaften. Ethik als Reflexionswissen fragt danach, ob diese Begründung angemessen, ob sie ausreichend und sinnvoll ist. Ethik kann in diesem Sinne verstanden werden als eine philosophische Disziplin, die nach der moralischen Begründung unseres Handelns fragt. Sie ist geleitet von der Grundfrage Kants: „Was sollen wir tun?" Es gibt sehr unterschiedliche ethische Begründungsversuche für helfendes Handeln.

Je länger ich mich mit dem Thema beschäftige, umso mehr merke ich aber, wie wenig hilfreich hier abstrakte Überlegungen und Konzepte sind. Ich werde immer skeptischer auch gegenüber meinen eigenen theoretischen Versuchen zu diesem Thema. Philosophische Überlegungen motivieren wohl kaum jemand dazu, sich tatsächlich moralisch zu verhalten. Und sie sind auch keine (hinreichende) Grundlage für Mitgefühl oder Solidarität. Bei philosophischen Reflexionen, so wichtig sie für die Theoriebildung in den einzelnen Disziplinen des Helfens – Medizin, Soziale Arbeit oder Pflege – sein mögen, geht es stets um Wissen, um kognitive Kompetenzen. In der Ethik des Helfens brauchen wir aber nicht nur Wissen, sondern auch – oder vielleicht vor allem – emotionale und soziale Intelligenz, z. B. die Fähigkeit zum Mitgefühl.[118] Angemessene ethische Reflexion muss nicht nur die Frage nach der (vernünftigen oder theoretischen) Begründung unseres Handelns stellen, sondern auch fragen: Wie können wir die Bereitschaft, die Motivation zu mitfühlendem Handeln entwickeln? Was kann uns helfen, die Fähigkeit zu mitfühlendem Handeln zu üben?

Wege zum Glück

Ähnlich wie wir uns am Polarstern orientieren können, ohne ihn beim Wandern je zu erreichen, sind die Fünf Achtsamkeitsübungen Ideen, an denen wir als Helferinnen und Helfer unser Handeln orientieren können, ohne dabei den Anspruch der Perfektion zu erheben. Es geht dabei einfach nur um eine Richtung für unser Üben, nicht um Vollkommenheit. Denn schon schnell wird man merken, dass es unmöglich ist, diese Übungen auch nur annähernd zu verwirklichen. Sie sind aber keine Lasten, die wir uns aufbürden, sondern Sterne, die uns den Weg in der Dunkelheit weisen.

Wenn wir uns entschließen, diese Wege zum Glück zu gehen, kann es tatsächlich geschehen, dass wir mutlos werden. „Mich strengt das total an", sagt Markus, als wir uns im Seminar darüber austauschen, welche Bedeutung die Fünf Achtsamkeitsübungen für uns persönlich haben. Es ist wichtig, uns immer wieder klarzumachen: Es geht nicht darum, diese Regeln zu einem Götzen zu machen! Wir erinnern uns daran, mit uns selbst freundlich umzugehen, wenn wir nicht entsprechend gehandelt haben. Es gibt keine Perfektion. Es gibt keine Schuldlosigkeit. Es gibt kein reines Gewissen. Wir können unsere Hände nicht in Unschuld waschen, wie Pilatus, nachdem er Jesus dem Urteil des wütenden Volkes überantwortete. Das ist wohl eine der wichtigsten Erfahrungen, die wir mit diesen Übungen machen können. Es gibt nicht die Edlen und die Schlechten. Wir gehören nicht zu den Guten und „die anderen" sind nicht die Bösen. Das Böse ist ein Teil von uns selbst. Es schlummert als Möglichkeit, als Samen, in jedem von uns. Die Ethik der Achtsamkeit ist nicht dazu da, uns ein gutes Gewissen zu verschaffen. Diese Ethik bestärkt uns nicht in unserer Selbstgerechtigkeit. Sie stellt uns immer wieder in Frage und führt uns auf einen Weg ganz persönlicher Erfahrungen. Dieser Weg kann und wird für jeden Menschen anders aussehen.

Die Transformation unseres Denkens, Fühlens und Handelns

So einfach und klar diese Achtsamkeitsübungen formuliert sind, so anspruchsvoll und folgenreich wird es, wenn wir anfangen, sie umzusetzen. Ihre Bedeutung reicht viel tiefer als unsere Vernunft. Sie erfasst unseren Herz-Geist, unser ganzes „Denk-Fühlen"[119] oder unsere gesamte Existenz. Diese Übungen können unser Denken, Fühlen und Handeln im Laufe der Zeit umformen. Die Ethik der Achtsamkeit spricht Kognition, Emotion und Handeln – Kopf, Herz und Hand – gleichermaßen an. Diese Ethik ist konkret genug, um Orientierung im Handeln zu ermöglichen, aber sie spricht nicht nur zum Kopf.

Die Fünf Achtsamkeitsübungen sind für mich inzwischen ein einfacher, wunderbarer „Wegweiser" geworden, der mir sehr hilft, mir Klarheit und Orientierung schenkt. Sie sind ein Geschenk für mich, keine Last. Ich habe den Text dieser Übungen vor einigen Jahren auswendig gelernt. Und sie unterstützen mich tatsächlich, auf eine unspektakuläre, unscheinbare Weise Glück und Wohlgefühl zu finden. Sie helfen mir, indem sie mich immer wieder ermuntern, schrittweise mein Leben zu ändern. Wie geschieht das? Was verändert sich durch diese Übungen? Ich möchte einige meiner eigenen Erfahrungen berichten und damit dazu einladen, eigene Erfahrungen mit den Achtsamkeitsübungen zu machen. Aber ich möchte nicht „moralisieren" und möchte davor warnen, diese Erfahrungen zu verallgemeinern.

Das Kleine und das Große

Lange Zeit war ich ein begeisterter Leser von Kriminalromanen. Und ich habe mir gerne Krimis im Fernsehen angeschaut. Wenn ich entschlossen bin, nicht zu töten, keine Form des Tötens zu dulden, weder in meinen Gedanken noch in meiner Lebensführung, wird das frag-würdig. Tatsächlich hat mich eine Freundin gefragt: „Wie kannst du dich amüsieren dabei, wie andere Menschen getötet werden?" Ich habe irgendwann damit aufgehört, diese Art von Unterhaltung zu konsumieren, ohne mich dazu zwingen oder anstrengen zu müssen. „Es" hat aufgehört, ohne dass ich etwas vermissen würde. Genauso ging es mir mit dem Essen von Fleisch. Ich koche und esse gerne, mein Großvater war Metzger und in meiner Herkunftsfamilie war das Essen von Fleisch ein Ausdruck von Lebensgenuss. Inzwischen genieße ich es seit vielen Jahren sehr, kein Fleisch mehr essen zu *müssen*, und hatte nie das Gefühl dabei, mich zu kasteien oder mir etwas zu verbieten, was ich eigentlich gerne tun würde. Wenn ich die Augen der Tiere vor mir sehe, die geschlachtet wurden, esse ich viel lieber leckeres Gemüse.

Ich lerne immer klarer zu erkennen, wie eng das Kleine, Private, mit dem Großen, mit Politik, mit Krieg und Frieden, verknüpft ist und was „Intersein", die Verbundenheit allen Seins, konkret bedeutet. Als mein Sohn Simon davon erfuhr, dass die US-Army PC-Spiele zum Training von Soldaten einsetzt, um die Tötungshemmung zu beseitigen, schwand seine Begeisterung für Killerspiele am PC. In einer bewegenden Veranstaltung zum Irakkrieg hörte ich Claude Anshin Thomas über seine Erfahrungen als amerikanischer Soldat im Vietnamkrieg sprechen. Er war mg-Schütze und hat vom Hubschrauber aus Hunderte von vietnamesischen Menschen erschossen. Nach seiner Rückkehr aus dem Krieg war er, wie viele andere Veteranen, psychisch zerrüttet, wurde drogenabhängig und schließlich obdachlos. Jahre später entschied er sich, ein Leben der Achtsamkeit zu führen, und ließ sich als buddhistischer Mönch ordinieren. Er sprach über den Weg der Gewaltlosigkeit und darüber, was wir hier konkret für den Frieden tun können. „Kinder liebevoll zu erziehen ist Friedensarbeit", sagte er und erzählte von den schrecklichen Erfahrungen in seiner eigenen Familie, von Schlägen, Gewalt und Alkoholismus der Eltern. Um diesen Erfahrungen zu entfliehen, hat er sich mit siebzehn freiwillig bei der Army gemeldet. Ich hörte bei dieser Veranstaltung von einer Untersuchung, die feststellte, dass viele amerikanische Soldaten, die sich freiwillig für den Vietnamkrieg gemeldet hatten, ebenfalls aus zerrütteten Familien kamen, in denen sie selbst Opfer von Gewalt wurden. Die meisten Kriegsdienstverweigerer kamen dagegen aus intakten Familien mit liebevollen Beziehungen. Mir wurde wieder einmal mit Erschrecken bewusst, welche Konsequenzen unsere täglichen Handlungen haben – positiv wie negativ – und wie tiefgründig die erste Achtsamkeitsübung ist. Friedensarbeit muss nicht laut und demonstrativ sein. Sie geschieht vielleicht genauso wirkungsvoll zu Hause beim Abendessen mit unseren Kindern. Auf Friedensdemonstrationen keinen Hass zu schüren und nicht in Selbstgerechtigkeit zu verfallen ist ein Teil der ersten Achtsamkeitsübung.

Die Achtsamkeitsübungen lenken unsere Wahrnehmung immer wieder auf das Intersein. Dabei handelt es sich nicht um ein bloßes philosophisches Konzept, sondern um eine Einsicht, die uns – fast unmerklich – verändern kann.

„Das Intersein hat mich sehr beschäftigt." schreibt eine Studentin. „Alles hängt mit allem auf allen Ebenen zusammen. Es fällt mir auf, dass ich oft in meinem kleinen Bezugsrahmen lebe und fühle und nicht sehe, was für Bereiche der Erde mich beeinflussen und was ich alles beeinflusse. Ganzheitlich alle Zusammenhänge der verschiedenen Ebenen wahrzunehmen ist ein Ziel, das ich mir setzen möchte. Es wird zwar nicht dazu führen, dass ich Konsumgewohnheiten, wie Essen, Trinken, Kleidung, Auto usw. komplett umstellen werde, allerdings bemerke ich, dass ich immer wieder kleine Schritte in diese Richtung mache."

Die Verwandlung von Beziehungen

Auch unsere Begegnungen mit unseren Klientinnen oder Patienten können transformiert werden, wenn wir die Achtsamkeitsübungen tatsächlich als Spiegel benutzen, um unser Verhalten klar zu sehen. Eine Sozialpädagogin beschreibt ihre Erfahrungen mit der vierten Achtsamkeitsübung – dem liebevollen Sprechen und aufmerksamen Zuhören – so: „Ich beobachtete aufmerksam meine Gedanken und mein Handeln während verschiedener Gespräche. Das Ergebnis: Ich fühlte mich geradezu vor den Kopf gestoßen! Mir fiel auf, dass ich sehr oft, während mein Gegenüber redete, an etwas komplett anderes dachte. Wenn der Redebeitrag meines Partners sich dem Ende zuneigte, nickte ich bestätigend, ohne wirklich zugehört zu haben. Oder während eines Telefonats konnte ich die Hände nicht stillhalten. Ich fing an zu zeichnen, surfte im Internet, las Zeitung – ich schämte mich richtig dafür, so eine schlechte Zuhörerin zu sein."

Es kann tatsächlich sein, dass wir in diesem Spiegel zunächst Unangenehmes sehen. Aber es geht nicht darum, uns abzuwerten oder uns zu kritisieren, sondern darum, unser Verhalten einfach bewusster wahrzunehmen. Dann machen wir vielleicht die Erfahrung, dass es möglich ist, uns freundlich und sanft zu ändern. Die Sozialpädagogin drückt es so aus: „Ich versuchte nun auch in diesem Bereich viel mehr Achtsamkeit einfließen zu lassen. Schnell stellte ich fest, dass dies die schwierigste aller Achtsamkeitsübungen werden würde. Immer wieder schweiften meine

Gedanken ab. Aber auch wenn es eine Weile dauerte, bemerkte ich nach und nach, dass sich etwas an den Gesprächen änderte. Ich gab andere Antworten, andere Kommentare. Konnte ich einen Gedanken überhaupt nicht loslassen, sprach ich dies an, egal, ob er belastend oder erfreulich war. Ich hatte das Gefühl, dass sich meine Gesprächspartner deshalb ernst genommen fühlten und die Kommunikation intensiver und ehrlicher wurde. Ich war begeistert! Die Achtsamkeit bewirkte nicht nur, dass ich zufriedener und ruhiger wurde, sondern sie wirkte sich auch positiv auf meine Kommunikation und somit auch auf die Beziehungen aus!"

Die Kultur der Wertschätzung

Wenn wir uns in der Achtsamkeitsübung der Rechten Rede schulen, kann dies sogar das Klima in unserer Einrichtung nachhaltig verändern. „Ich gelobe, nichts zu kritisieren oder zu verurteilen, worüber ich nichts Genaues weiß, und keine Worte zu gebrauchen, die Hass und Zwietracht säen." Abwertung, Tratsch und Kritik sind Teil der inoffiziellen „Betriebskultur" vieler sozialer Einrichtungen. Die vierte Achtsamkeitsübung kann uns darin bestärken, dem etwas entgegenzusetzen und stattdessen eine Kultur der Wertschätzung an unserem Arbeitsplatz zu entwickeln und zu unterstützen. Wie oft können wir feststellen, dass wir etwas kritisieren, worüber wir nichts Genaues wissen. Wir tun es, weil es opportun ist. Die Kritik oder die Abwertung von Kollegen oder Vorgesetzten entspringt oft weniger der Absicht, etwas zu verbessern, sondern oft auch dem Bedürfnis, eigene Unsicherheiten zu verdecken, anderen gefallen oder dazugehören zu wollen.

Das sind nur einige Beispiele. Wer die Achtsamkeitsübungen einige Zeit lang praktiziert, wird erkennen, wie hilfreich sie sind und wie sehr sie das Leben vereinfachen können. Wir können merken, wie gut es tut, eine Orientierung zu haben, um sich nicht (zu oft) im Wirrwarr der Meinungen, Versprechen und Vergnügungen zu verirren. Es könnte sich lohnen, über diese „Wege zum Glück" nicht nur nachzudenken, sondern sie immer wieder zu meditieren und sie tatsächlich zu „üben". Sie atmen den wunderbaren Geist der Einfachheit. Aber das Einfache ist oft das Schwierigste.

10

Achtsamkeit als Falle
Gefahren und Risiken

Wie ich es sehe, gibt es nicht viel zu tun.
Seid ganz natürlich – legt eure Kleider an,
esst euer Essen und verbringt die Zeit damit,
nichts zu tun.[120]

LINJI, ZEN-MEISTER (9. JAHRHUNDERT)

Spiritueller Zuckerguss

Kann Achtsamkeit gefährlich sein? Hat sie Risiken und Nebenwirkungen? Welche Schatten sind mit dem Mitgefühl verbunden? Kann Spiritualität auch eine Falle sein?

Beim Vortrag des Dalai Lama sehe ich nur friedliche, lächelnde Gesichter. Das ist schön. Aber es ist mir fast zu viel Friedlichkeit. Werden hier die negativen Emotionen einfach ausgeblendet? Was ist mit den Menschen, von denen ich weiß, dass sie sich hassen, die aber einträchtig bei dieser „Friedensveranstaltung" sitzen? Die Teilnahme an einer solchen Veranstaltung kann tatsächlich ein erster Schritt sein, um wirklich Frieden zu schließen. Aber es beschleicht mich auch Skepsis – oder ist das nur mein kritischer Geist, der mir da einen Streich spielt? Auch das mag sein und es ist gut, die Einwände gelassen zu betrachten.

Ähnlich geht es mir manchmal, wenn ich eine säuselnde, zuckersüße Stimme höre, die zur Meditation anleiten möchte. Es entstehen bei mir schnell Widerwille und der Verdacht, dass hier etwas verdrängt wird, dass die Stimme des Alltags eine ganz andere ist als die Stimme in der Meditationsanleitung. Ich nehme diese Ablehnung in mir achtsam wahr, ohne sie zu bewerten – und frage mich, was ich daraus lernen kann. Ich lerne etwas über mich selbst, über meine Aversionen und blinden Flecken. Und ich lerne – vielleicht – auch etwas über die Gefahren von „spirituellem Zuckerguss".

Mir fällt die bereits erwähnte Geschichte ein, bei der ein Mann aus Rache einem Bekannten beim Tapezieren der Wohnung einen Hering unter die Tapete klebt. Nach einigen Tagen beginnt es dann fürchterlich zu stinken, nur weiß keiner, wo es herkommt. Die rosa Brille kann unsere Realitätswahrnehmung trüben. Spiritueller Zuckerguss versteckt das Hässliche darunter. Sexuelles Begehren, Machtkämpfe und Gier nach Geld sind auch in spirituellen Kreisen mächtige Triebfedern des Denkens, Fühlens und Handelns. Aber oft werden sie verleugnet, tabuisiert, ausgegrenzt – und wirken dadurch umso verhängnisvoller. Wirklich gefährlich sind vor allem die Schatten, die wir *nicht* wahrhaben wollen. Scheinheiligkeit und Heuchelei sind nahe Feinde von Freude und Liebe.

Wir sind nicht nur Engel – wir sind auch Affen! Die Verhaltensforschung zeigt uns, wie allgegenwärtig Streit, Konflikte und Kämpfe um Macht, Sex und Essen bei Primaten – insbesondere bei Schimpansen und Bonobos (Zwergschimpansen) – sind. Rein biologisch betrachtet *sind* wir Tiere. Unser Primatenerbe ist ebenso Teil unserer Natur wie unsere „Buddhanatur". Schimpansen streiten und kämpfen häufig, aber sie haben, wie Verhaltensforscher eindrucksvoll zeigen, auch komplexe Versöhnungsrituale entwickelt.[121] Nach einem Streit küssen, „groomen", d. h. lausen und umarmen sich die Kontrahenten und ermöglichen dadurch ein Weiterleben in der Gruppe. Wenn wir nur im „Himmel der Achtsamkeit" schweben, kann es sein, dass wir unsere tierische Natur verleugnen. Unsere Machtkämpfe hören zwar nicht auf, aber sie werden auf eine subtile Ebene verlagert und nicht „wahr" genommen. Wir tun dann so, als gäbe es sie nicht, nach dem Motto: „Was nicht sein soll, das gibt es nicht". Das ist gefährlich. Wir können von den Schimpansen lernen: Machtkämpfe lassen sich vielleicht nicht vermeiden – aber wir

können uns danach wieder versöhnen. Sexueller Missbrauch und Macht-
missbrauch sind eine Realität auch in Kirchen und Klöstern – und auch
„Achtsamkeitszirkel" sind nicht davor gefeit.

Wenn wir in Streit geraten, ist das natürlich. Aggression ist nichts
Schlimmes, wir können sie transformieren – aber nur wenn wir sie nicht
verleugnen. Ebenso können wir sexuelles Begehren wahrnehmen, ohne
dieses Begehren in Handlungen umzusetzen. Dazu müssen wir es aber
zuerst sehen und anerkennen.

Die Feinde des Mitgefühls

Achtsamkeit und Mitgefühl sind eng miteinander verbunden, das ist eine
der Grundaussagen, die in diesem Buch immer wiederkehren. Aber auch
das durch Achtsamkeit getragene Mitgefühl ist frag-würdig.

„Alles immer so sanft und weich. Da kann doch was nicht stimmen.",
sagt Alexander nach einem Seminar über Achtsamkeit. Und er hat Recht.
Wirkliches Mitgefühl ist nicht (immer) sanft und weich, sondern auch
klar und entschlossen. Es ist nicht eine Haltung, die alles akzeptiert, die
nichts fordert und alles gibt. Mitgefühl kann auch darin bestehen, dass
wir klare Grenzen setzen, unsere eigenen Bedürfnisse erkennen und formulieren und dem anderen etwas zumuten. So wie es falsche Achtsamkeit gibt, gibt es auch falsches Mitgefühl. Pema Chödrön spricht von
„idiotischem Mitgefühl"[122].

Jeder der Vier Grenzenlosen Geisteszustände hat in den buddhistischen
Lehren einen fernen und einen nahen Feind, so auch das Mitgefühl.[123]
Die fernen Feinde des Mitgefühls sind Feindseligkeit, Gewalt und Hass.
Diese Feinde des Mitgefühls sind in der Praxis des Helfens immer gegenwärtig, auch wenn es auf den ersten Blick nicht so scheint. Helfen umfasst immer auch einen Aspekt der Machtausübung und Helfen kann
eine Form von versteckter, umgewandelter Aggression sein. Dies haben
Tiefenpsychologen seit Freud immer wieder eindrücklich beschrieben und
ich habe bereits im fünften Kapitel darauf hingewiesen. Auch körperliche Gewaltausübung begleitet oft Hilfeprozesse, wie empirische Untersuchungen zeigen: Gewalt gegenüber Pflegebedürftigen, in Einrichtungen

der Jugendhilfe, in Behinderteneinrichtungen ist viel häufiger, als man zunächst annimmt. Wo dieser Aspekt geleugnet wird und die potentielle Möglichkeit der Gewaltausübung nicht gesehen und reflektiert wird, ist die Gefahr des fernen Feindes noch größer. Klientinnen und Patienten sind oft erstaunlich sensibel und spüren auch versteckte Aggression intuitiv. Deshalb reagieren sie häufig nicht wie erwartet mit Dankbarkeit, sondern mit Wut und Ablehnung auf Hilfeangebote.

Der nahe Feind des Mitgefühls ist schwerer zu erkennen. Er hat zwei Aspekte. Eine Seite besteht darin, das Leiden nicht wahrnehmen, es sogar zu schnell beseitigen zu wollen, also in einer falschen Form von Lösungsorientierung. Der andere Aspekt des nahen Feindes ist das Mitleid, das auch die Form des Selbstmitleids annehmen kann. Mitleid kann demütigen, macht klein, abhängig und zwingt zur Dankbarkeit. Im Selbstmitleid sieht der Helfer nicht das Leid des anderen, sondern spürt sein eigenes Leiden. Dies wird im Tod besonders deutlich: Nicht um des anderen willen bin ich traurig über seinen Tod, sondern ich bemitleide mich selbst. Das kann gesund und wichtig sein, aber es ist bedeutsam, solche Gefühle dort zu lassen, wo sie hingehören, und sie nicht mit Mitgefühl zu verwechseln.

Falsche Mystik

Die Gefahren von Spiritualität untersucht Joachim Weber in seinem Buch über *Spiritualität und Soziale Arbeit*.[124] Er sieht eine Gefährdung der Freiheit durch die Spiritualität, eine Entwertung der Alltagswelt des praktischen Handelns. Er beschreibt die „Strukturmomente des Heiligen" und stellt diesen die „Strukturmomente des Praktischen" gegenüber.

Wir können fragen, ob mit dieser Kritik auch das Konzept und die Praxis der Achtsamkeit getroffen sind, ob die „Spiritualität an sich" oder eher die „schlechte Spiritualität" einer Weltverleugnung oder Weltverachtung, die in der Praxis der Achtsamkeit auch gegenwärtig sein kann, thematisiert wird. Der Boom von Spiritualität und Esoterik – oder besser: von seichter Spiritualität und falscher Esoterik – die keine Veränderung unseres Handelns, Denkens und Fühlens bewirkt – kann tatsächlich das Vergessen oder Verdrängen der sozialen Realität fördern. Wahre Spiritualität und Mystik ist aber immer auch Kampf gegen ungerechte Strukturen, gegen die Verdinglichung von Menschen, wie die evangelische Theologin Dorothee Sölle in ihrem Buch *Mystik und Widerstand* überzeugend dargelegt hat. Außerdem fordert sie eine „Demokratisierung der Mystik". Mystik soll nicht nur etwas für eine ausgewählte Elite sein, die sich den Luxus erlauben kann, zu meditieren und ein spirituelles Leben zu führen. Die Praxis der Achtsamkeit weist hier einen Weg. Achtsamkeit ist nicht etwas, was sich nur im Kloster oder in langen Meditationskursen praktizieren lässt. Achtsamkeit findet hier und jetzt statt. Genau hier, wo das Leben ist, wo wir arbeiten, wo wir uns über unsere Kinder aufregen, die nicht aufräumen, wo wir mit unserem Partner streiten, wo dauernd das Telefon klingelt und die tägliche Flut von E-Mails uns ärgert.

Der gute Mensch von Sezuan und die Kältestrukturen

Meine Praxis und das Nachdenken über Achtsamkeit und Mitgefühl geschehen in dem klaren Bewusstsein, dass im Sozialbereich, wie in unserer kapitalistischen Gesellschaft insgesamt, „Kältestrukturen" wirksam sind, die es strukturell, d. h. nicht nur zufällig und in Ausnahmefällen, sondern geradezu systematisch verunmöglichen, die Haltung des Mitgefühls zu verwirklichen. Helferinnen und Helfer stehen deshalb in einem permanenten und vielleicht unauflösbaren Widerspruch zwischen ihren moralischen oder spirituellen Ansprüchen bezüglich „guter", einfühlsamer Hilfe (oder Nicht-Hilfe) und den ökonomischen und strukturellen Zwängen, welchen die Einrichtungen unterworfen sind. Diese machen es schwer, Mitgefühl so zu praktizieren, wie sie es in der Ausbildung gelernt haben, wie sie es selbst gerne möchten und wie es ihre professionelle Ethik von ihnen fordert. Das führt, wie Untersuchungen zeigen, bei Helferinnen und Helfern zu „Kältereaktionen", zur „moralischen Desensibilisierung", die dem Selbstschutz dienen und ein routiniertes Funktionieren oder einfach das Überleben unter diesen Bedingungen ermöglichen sollen. Bertolt Brecht hat in seinem Theaterstück *Der gute Mensch von Sezuan* dieses Dilemma literarisch verdichtet. Er erzählt die Geschichte von der armen Shen Te, die gut sein und den Menschen helfen möchte. Doch die Verhältnisse, die sind nicht so. Um zu überleben, muss sie sich ab und zu in den bösen und hartherzigen Shui Ta verwandeln, sonst droht sie selbst im Ozean von Leid und Armut unterzugehen. Am Ende des Stückes klagt sie verzweifelt die Götter an, die ihr befahlen, gut zu sein:

Euer einstiger Befehl,
gut zu sein und doch zu leben,
zerriss mich wie ein Blitz in zwei Hälften. Ich
weiß nicht, wie es kam: gut zu sein zu anderen
und zu mir konnte ich nicht zugleich.
Andern und mir zu helfen, war mir zu schwer.
Ach, eure Welt ist schwierig! Zu viel Not, zu viel
Verzweiflung!
Die Hand, die dem Elenden gereicht wird,
reißt er einem gleich aus! Wer den Verlorenen hilft,
ist selbst verloren! Denn wer könnte
lange sich weigern, böse zu sein, wenn da stirbt, wer kein Fleisch isst?
Aus was sollte ich nehmen, was alles gebraucht wurde? Nur
aus mir! Aber dann kam ich um! Die Last der guten Vorsätze
drückte mich in die Erde. Doch wenn ich Unrecht tat,
ging ich mächtig herum und aß vom guten Fleisch!
Etwas muss falsch sein an eurer Welt.[125]

Wenn man diese Zerrissenheit der „falschen Welt" ausblendet, besteht die Gefahr, die Widersprüche und die damit verbundenen Zwänge zur „moralischen Desensibilisierung" für Helferinnen mit einem rosa Mäntelchen der Achtsamkeit zuzudecken. Dann führt – falsche – Achtsamkeit zu Macht- und Strukturblindheit. Die „Kältestrukturen" können aber weder mit dem Zuckerguss von moralischem Pathos noch mit Achtsamkeitsübungen aufgelöst werden. Und trotzdem gibt es – sozusagen als andere Seite der Medaille – immer auch Handlungsspielräume, Nischen und Chancen, das Mögliche wirklich werden zu lassen, seien sie auch noch so klein.

Shopping auf dem Glücksmarkt

„Die Begriffe Spiritualität und Achtsamkeit sind in den sozialen Berufen absolut abgegriffen.", sagt mir eine Mitarbeiterin aus einem Hospiz. Spiritualität ist „in". Achtsamkeit boomt. Sie hält Einzug in Medizin, Psychotherapie und Pflege. Das ist eine wunderbare Entwicklung. Sie hat allerdings auch Schattenseiten. Achtsamkeit scheint fast schon ein Modetrend zu werden. Manchem geht das Gerede von Achtsamkeit inzwischen schon auf den Wecker. Wenn schon der Bundespräsident in seiner Weihnachtsansprache zu mehr Achtsamkeit ermahnt, kann das ein Zeichen einer positiven gesellschaftlichen Entwicklung sein. Es kann aber auch auf die Gefahr aufmerksam machen, die darin liegt, dass der Begriff Achtsamkeit zu einer abgegriffenen Münze wird, die keinen Wert mehr hat.

Wo Achtsamkeit zu einem Werkzeug wird, um bestimmte Ziele zu erreichen, besteht die Gefahr, dass sie missverstanden oder gar missbraucht wird. Wird Achtsamkeit gar zu einem „Produkt" auf dem Glücksmarkt, ist große Vorsicht geboten. In den Industriegesellschaften ist in den vergangenen Jahrzehnten ein regelrechter Markt für persönliches Glück, Wachstum und Erleuchtung entstanden. Eine Sehnsucht vieler Menschen nach Tiefe, nach Sinn und Erfüllung kommt hier zum Ausdruck. Der Esoterikmarkt wird dabei immer unübersichtlicher. Mit dem Versprechen von Wachstum und Glück wird inzwischen viel Geld verdient. Seichte Esoterik und spirituelle Beliebigkeit sind aber das Gegenteil von wirklicher, weiser Achtsamkeit.

Spirituelle Erfahrungen sind bedeutungslos, wenn sie nicht auf der Grundlage der Sittlichkeit bzw. Ethik aufgebaut sind.

Achtsamkeit als Ideologie

Lisa sagt: „Ohne Achtsamkeit wird jeder Glaube leicht zum engstirnigen dogmatischen Gefängnis, sagst du. Aber das kann Achtsamkeit an sich doch auch werden?" Und sie erzählt eine Geschichte, die mir gut gefällt.

Ein Meister pflegte seinen Schülern zu sagen: „When you walk, you just walk. When you eat, you just eat. When you drink, you just drink." Und die Schüler übten emsig, angestrengt und verbissen. Bis sie eines Tages den Meister beim Frühstück mit der Zeitung ertappten und ihn erzürnt darauf ansprachen. Er aber antwortete heiter und gelassen: „When I eat and read, I just eat and read."

Wenn wir nicht achtsam sind, kann Achtsamkeit sogar zur Ideologie werden. Daran erinnert uns die erste Achtsamkeitsübung im letzten Kapitel, die uns vor Intoleranz warnt und dazu mahnt, Denksysteme und religiöse Überzeugungen, auch die Achtsamkeitslehren, nicht zu Götzen werden zu lassen. Manchmal geht es auch darum, uns vor einer zu starken Ritualisierung und einer Erstarrung in Regeln und Formen zu hüten. Zu jeder Regel und jeder Übung in diesem Buch gehört deshalb auch diese Erinnerung: Vergiss die Regeln! Es geht nicht um Regeln und Übungen, sie sind nur ein geschicktes Mittel, um uns beim Aufwachen zu helfen. Wenn sie das nicht tun, ist es besser, sie zu lassen.

Der Zwang zur Selbstverbesserung

„Mein Problem ist nicht, dass ich nicht wüsste, was ich tun soll oder wie ich üben soll", sagt Silke. „Mein Problem ist, gnädig mit mir umzugehen, wenn ich es trotzdem nicht mache."

Die vielen Möglichkeiten, Achtsamkeit zu üben, können wundervolle Gelegenheiten sein. Sie können aber auch zum Zwang werden: Wir können uns selbst anklagen und beschimpfen, wenn wir nicht tun, was wir eigentlich tun sollten oder wollten. Die Übung der Achtsamkeit kann auch dazu benutzt werden, unsere eigenen Neurosen zu pflegen: Wir können sie, ohne es zu merken, in unser Programm der Selbstverbesserung integrieren oder sie dazu verwenden, uns selbst zu kritisieren und abzuwerten. Achtsamkeit kann sogar zu einem Teil des Machbarkeitswahns werden, der unsere Gesellschaft so stark prägt: Wir meinen dann, mit Achtsamkeit könnten oder müssten wir ein anderer, besserer Mensch werden, unser Leiden beseitigen, unsere Depression heilen, uns von unserer Sucht befreien. Das alles *kann* natürlich durchaus geschehen und es geschieht auch bei manchen Menschen. Aber es *muss* nicht geschehen. Und wenn es nicht geschieht, müssen wir uns nicht als Versager/in fühlen. Es ist nichts falsch, wenn wir leiden. Leiden ist eine Grundtatsache des Lebens. Das ist die Erste Edle Wahrheit Buddhas.

Deshalb ist es wichtig, die Übung der Achtsamkeit mit dem Mitgefühl für uns selbst zu verbinden. Wir müssen keine glücklichen Gefühle entwickeln. Es ist nichts falsch daran, wenn wir unglücklich sind.

Wir *müssen* nicht achtsam die Treppe hochsteigen, Tee trinken und essen. Wir *dürfen* es. Es ist eine Gelegenheit und kein Zwang. Es gibt keinen Grund, uns zu beschimpfen, wenn wir es nicht tun. Wir können die Unachtsamkeit wahrnehmen, sie benennen und ihr freundlich zulächeln. „Einatmend nehme ich wahr, dass ich unachtsam bin. Ausatmend lächle ich meiner Unachtsamkeit zu."

Spirituelle Praxis als Flucht vor dem Leben

Jack Kornfield, der weise amerikanische Lehrer, sagt, dass gerade die Bereiche in unserem Leben, die uns nicht leichtfallen, in denen wir Schwierigkeiten haben und die uns Probleme bereiten, für unsere spirituelle Entwicklung am wichtigsten sind: „Nicht das, was uns leichtfällt, bringt uns weiter, sondern die Zuwendung zu dem, was uns schwerfällt. Der Bereich in uns, wo wir uns am besten dem Geheimnis des Lebens öffnen können, liegt in dem, was wir nicht gut können, womit wir uns herumschlagen und wo wir verletzlich sind."[126] Der Bereich, der mir leichtfällt, ist das Denken und das Wissen. Auch das Schweigen, die Zurückgezogenheit in der Stille fällt mir leicht. Das sind also die Bereiche, die nicht so bedeutsam sind für meine Entwicklung: Weitere Bücher zu lesen, noch mehr Wissen anzusammeln und noch länger in Stille zu sitzen wird mich wahrscheinlich nicht entscheidend verändern. Es ist gut und wichtig, Schweigeretreats zu machen, aber für mich sind sie nicht die entscheidende Herausforderung. Was mir schwerfällt ist die Achtsamkeit im Alltag: das Putzen, Aufräumen, Einkaufen, die tausend Dinge im Haushalt und in der Erziehung der Kinder. Das war 10 bis 15 Jahre lang mein Hauptlernfeld – und ist es heute noch. Zuvor waren es die

Gefühle: Gefühle spüren, zulassen und ausdrücken fiel mit als Jugendlicher sehr schwer. Es war eine große Herausforderung und sie hat mich auch viele Jahre lang beschäftigt: Therapie und Selbsterfahrungsgruppen waren zu dieser Zeit für mich wichtiger als die Meditationskurse. Die Auseinandersetzung mit Krankheit, Leiden, Trauer und Tod ist ein weiterer Bereich, der mir schwerfällt – und mit dem ich mich viele Jahre lang intensiv beschäftigt habe, in beruflichen Kontexten, aber besonders in eigenen Erfahrungen chronischer Krankheit, beim Tod meines Vaters, nach dem schweren Unfall unseres damals 12jährigen Sohnes. In den letzten Jahren ist die große Herausforderung die Pflegebedürftigkeit meiner Mutter, ihr Leiden nach dem Schlaganfall und meine Besuche bei ihr. Das bereitet mich vielleicht auf einen weiteren Bereich vor, der eine große Herausforderung darstellt: älter werden, eigenes Alter und Krankheit akzeptieren. Das hat als Aufgabe schon begonnen und wird mir in Zukunft vermehrt „aufgegeben" sein. Der Tod wird mich weiter begleiten, als Aufgabe und als Lehrmeister.

Man kann Meditation und spirituelle Praxis auch benutzen, um vor solchen Herausforderungen zu fliehen: vor den Gefühlen in die bloße Beobachtung; vor den kleinen Dingen des Alltags in die weihevolle Gemeinschaft eines Klosters oder einer spirituellen Gruppe; vor der Aufgabe, soziale Beziehungen einzugehen, in Stille und Abgeschiedenheit; vor der Aufgabe, Kontakt zu finden und auf andere zuzugehen, in das stille Sitzen mit dem Gesicht zur Wand; vor den konkreten Herausforderungen der Partnerschaft in esoterische Erfahrungen oder spirituelle Höhenflüge; vor der Versöhnung mit den Eltern und der achtungsvollen Ablösung von ihnen in den Dunst von Räucherstäbchen und religiöse Gesänge. Statt uns mit unseren vergangenen Inkarnationen zu beschäftigen, kann es wichtiger sein, uns dem täglichen Chaos im Büro liebevoll zu stellen. Statt die Begegnung mit Engeln oder glückselige, entrückte Geistesszustände zu suchen, geht es vielleicht darum, dass wir ganz einfache Dinge lernen: unseren Nachbarn offen zu begegnen, die uns solche Schwierigkeiten machen, freundlich zu unseren Kindern zu sein, die nicht so sind, wie wir sie gerne hätten, oder unserer Partnerin bzw. unserem Partner zuzuhören, die/der uns Dinge sagt, die wir nicht gerne hören wollen.

Das Nicht-Üben üben

„Meine Freunde, in der Praxis des Buddhadharma ist harte Arbeit nicht erforderlich", sagte Linji, der chinesische Zen-Meister, der die Linie des Rinzai-Zen begründete. „Das Prinzip ist: nicht zu versuchen, etwas Besonderes zu sein, und nichts zu tun zu haben. Wenn ihr eure Robe anlegt, euer Mahl esst, uriniert, eure Notdurft verrichtet, ruht, wenn ihr müde seid, dann werden die Törichten lachen, doch die Weisen werden verstehen."[127] Die Praxis der Achtsamkeit dient nicht dazu, etwas Besonderes zu werden. Sie soll uns nicht helfen, besondere Erfahrungen zu machen oder andere Erfahrungen aus unserem Leben auszuschließen. So haben wir vielleicht auch das Nicht-Üben zu üben, unsere Jagd nach dem Glück aufzugeben, unsere Bemühungen, ein besserer Mensch zu werden, zu belächeln und uns unseren Freuden wie unseren Leiden zu stellen.

Ryokan, ein japanischer Zen-Meister und Dichter, drückt es so aus:

Mein Vermächtnis – was wird es sein?

Die Blumen im Frühling,
der Kuckuck im Sommer
und die dunkelroten Blätter des Herbstes.

Anfängergeist

Was sind die wichtigsten Elemente der Praxis der Achtsamkeit in der Kunst des (nicht) Helfens? Ich hoffe, dass in diesem Buch deutlich wurde, dass sich das nicht mit einigen Thesen zusammenfassen lässt, die man memorieren und als Wissen abspeichern kann, sondern dass es auf eine Haltung ankommt, die unser ganzes Wesen durchdringt und die eine lebenslange Aufgabe bleibt. Ganz gleich, wie viele Diplome oder Zusatzausbildungen wir erworben haben mögen, wie viele Belehrungen erwachter Meister wir gehört und wie viele Stunden wir meditiert haben, in dieser Kunst bleiben wir Lernende, Anfänger/innen, deren Aufgabe es ist, den „Anfängergeist", von dem Shunryu Suzuki Roshi sprach, zu bewahren. Und einige Dinge sind uns auf diesem Weg besonders aufgegeben:

Es geht es darum, die Demut (wieder neu) zu lernen. Es ist nicht alles machbar. Auch mit den besten Methoden und der umfassend gesicherten Qualität ist es nicht möglich, das Leiden aus der Welt zu schaffen. Achtsames Helfen heißt, dem Leiden nicht auszuweichen, heißt, sich demütig vor ihm zu verbeugen, ihm mit tiefem Mitgefühl freundlich zuzulächeln – auch und besonders unserem eigenen Schmerz, vor dem wir auf so viele verschiedene Weisen davonlaufen und den wir so gerne vor uns selbst und vor anderen verbergen.

Es ist uns aufgegeben, dem Tod und der Vergänglichkeit ins Auge zu sehen, der Begrenztheit der menschlichen Existenz nicht auszuweichen.

Die Achtsamkeit führt uns irgendwann dazu, unsere eigene Leere zu erkennen. Wir erkennen, dass wir „nichts" sind, kein getrenntes Selbst haben, sondern nur in der Verwobenheit mit allem anderen Sein existieren, im „Intersein". Deshalb gibt es keine Trennung zwischen dem, der hilft, und dem, der Hilfe empfängt.

Es kommt beim achtsamen Helfen immer auch darauf an, offen zu sein oder zu werden für das, was uns selbst und den anderen – im Sinne Paul Tillichs – unbedingt angeht, was der „Grund" unserer Existenz ist, unsere Re-ligio. Achtsames Helfen ist offen für die Dimension der Spiritualität – im weitesten Sinne des Wortes. Wir sollten also nicht nur bestrebt sein, materielle, psychologische und soziale Hilfe zu leisten, sondern den Mut entwickeln, auch spirituelle „Hilfe" anzubieten – und sie von unseren Klientinnen und Klienten zu empfangen, denn diese können unsere wichtigsten Lehrerinnen und Lehrer sein. Die Sinndimension, die Dimension der Lebens- und Weltdeutung (wieder) in das helfende Handeln einzubeziehen kann das, was wir einst als unsere Berufung verstanden haben, wieder zum Leuchten bringen.

Achtsames Helfen ist kein Zustand, sondern eine Haltung, die immer wieder neu eingeübt wird. Es ist ein Weg, der immer wieder neu gegangen wird. Und dieser Weg entsteht durch das Gehen selbst.

Caminante	*Wanderer*
Caminante, son tus huellas	*Wanderer, deine Spuren*
el camino, y nada màs;	*sind der Weg, sonst nichts;*
caminante, no hay camino,	*Wanderer, es gibt keinen Weg,*
se hace camino al andar.	*Weg entsteht im Gehen.*
Al andar se hace camino,	*Im Gehen entsteht der Weg,*
y al volver la vista atràs	*und schaust du zurück,*
se ve la senda que nunca	*siehst du den Pfad, den du*
se ha de volver a pisar.	*nie mehr betreten kannst.*
Caminante, no hay camino,	*Wanderer, es gibt keinen Weg,*
sino estelas en la mar.	*nur eine Kielspur im Meer. "*

ANTONIO MACHADO

Anmerkungen

1 In: Seitz, Was ist der Weg?, 1985

2 In: Hanh, Lächeln, 1991, S. 20

3 Thich Nhat Hanh spricht oft von der Bedeutung der Gewohnheitsenergie, die uns dazu bringt, nicht achtsam zu sein, nicht heilsame Dinge zu tun (Hanh, Lächeln, 1991)

4 Johanson / Kurtz, Sanfte Stärke, 1993, S. 14

5 Dogen Zenji, Shobogenzo, 1989, Bd. 1, S. 121

6 Hanh, Das Herz von Buddhas Lehre, 1999

7 Steindl-Rast, Achtsamkeit des Herzens, 1997, S. 8

8 Aus: Hilde Domin, Gedichte, 10. Auflage, Frankfurt a. M., S. Fischer, 2004, S. 28 (letzte Strophe des Gedichtes: Bau mir ein Haus, S. 27 – 29)

9 Gendlin, Focusing, 1981; Focusing-orientierte Psychotherapie, 1998

10 Lowen, Die Spiritualität des Körpers, München 1991, S. 11 (zit. in: Campbell/ McMahon, Bio-Spiritualität, 1992, S. 174)

11 Die Geschichte der christlichen Spiritualität, 2002, S. 9

12 Interessant scheint mir hier der Begriff der BioSpiritualität zu sein, den Campbell und McMahon, (BioSpiritualität, 1992) geprägt haben. Ihr Buch trägt den bezeichnenden Untertitel „Glaube beginnt im Körper".

13 Föllmi, D / Föllmi, O., Weisheit des Buddhismus, 14. Dezember

14 Zitiert in Enomiya-Lasalle, Zen-Unterweisung, 1987, S. 8

15 Ulla Hahn, Das verborgene Wort, München, DTV, 2005, S. 15

16 Tillich, P., Die Frage nach dem Unbedingten, 1964, S. 35

17 Tillich, P., Frage nach dem Unbedingten, 1964, S. 27

18 Küng, H., Projekt Weltethos, 2001

19 Hanh, Lächeln, 1991

20 Fernando Pessoa, Das Buch der Unruhe, Zürich: Ammann, 2003, S. 51

21 Aus: Hartmut von Hentig: Meine deutschen Gedichte. Velber: Kallmeyersche Verlagsbuchhandlung 1999, 2. Aufl. 2001, S. 64

22 Sogyal Rinpoche, Das tibetische Buch vom Leben und Sterben, 2003, S. 81

23 Rico Mark, In: Grille, Mitteilungen aus dem Sonnenhof, Nr. 53, Ostern 2007, S. 1

24 In: Steindl-Rast, Achtsamkeit des Herzens, 1997, S. 139

25 Sonnenhof Holzinshaus, Rezitationstexte, o. J., S. 66

26 Aus: Thich Nhat Hanh, Gesammelte Gedichte, 1997, S. 178

27 Zitiert in Wendekreis 7/8 2001, leider auch dort ohne Angabe des Namens dieses weisen Menschen.

28 Sonnenhof Holzinshaus, Sutras, o. J., S. 13

29 Thich Nhat Hanh, Das Herz von Buddhas Lehre, 1999

30 Sonnenhof Holzinshaus, o. J., Sutras, S. 1

31 Aus: Hartmut von Hentig: Meine deutschen Gedichte. Velber: Kallmeyersche Verlagsbuchhandlung 1999, 2. Aufl. 2001, S. 430

32 Kornfield, J., Frag den Buddha, 2000

33 Diese Praxis erläutert z. B. Allmen, Buddhismus, 2007, S. 264

34 Steffensky, Schwarzbrot-Spiritualität, 2005, 20 – 22

35 Aus: Bertold Brecht, Die Gedichte von Bertold Brecht in einem Band. Frankfurt a. M., Suhrkamp, S. 888

36 Hanh, Einssein, 1991, S. 62

37 Carlos Ruiz Zafón. Der Schatten des Windes, S. 406

38 Keith Dixon, Evangelisten des Marktes, 2000

39 Damals sprach man noch von „Obdachlosen", nicht von „Wohnungslosen".

40 Ciompi 1993, S. 25

41 Villinger 1999

42 Aus: Kruse, Arbeit und Ambivalenz, 2004, 169f, Transkription leicht verändert und angepasst von mir.

43 Rogers, C., Die Kraft des Guten, 1988; Therapeut und Klient, 1992

44 Rogers, C., Personzentrierte Haltung, 1983

45 Zitiert in Föllmi / Föllmi, Weisheit des Buddhismus, o. J., 29. November

46 Sonnenhof Holzinshaus, Rezitationstexte, o. J., S. 17

47 Buber, Das dialogische Prinzip, 1984

48 Lame Deer, in: Weisheit der Indianer, 1986, S. 8

49 Hanh, Jeden Augenblick genießen, 2004, S. 114 – 116

50 Goethe, Maximen und Reflexionen, Werke Bd. 12, Hamburger Ausgabe, München, DTV, 1998, S. 398

51 Fengler, Helfen macht müde, 2008

52 z. B. Fengler, Helfen macht müde, 2008; Pines u. a., Ausgebrannt, 2007

53 Schmidbauer, Hilflose Helfer, 1998

54 Santorelli, Zerbrochen und doch ganz, 2009

55 Siehe dazu ausführlich Hanh, Aus Angst wird Mut, 2003

56 z. B. Bauer, Das Gedächtnis des Körpers, 2002

57 Pfeifer-Schaupp, Globalisierung und Soziale Arbeit, 2005

58 Steindl-Rast, Achtsamkeit des Herzens, 1997

59 Bucher, Psychologie des Glücks, 2009, S. 181f.

60 Evang. Gesangbuch. Ausgabe für die Evang. Landeskirche in Württemberg, Stuttgart, Gesangbuchverlag, 1996, S. 924 f.

61 Aus: Reps, Ohne Worte – ohne Schweigen, 1985, S. 29

62 Pascal Mercier, Nachtzug nach Lissabon, München, Wien, Carl Hanser, 2004, S. 434

63 Siehe z. B. Hanh, Lächeln, 1991; Das Herz von Buddhas Lehre, 1999

64 Hanh, Jeden Augenblick genießen, 2004; Kabat-Zinn, Zur Besinnung kommen, 2006

65 Saki Santorelli beschreibt den Ablauf und die Wirkung dieser Kurse in seinem Buch „Zerbrochen und doch ganz" (2009) sehr lebendig und berührend.

66 Sabine Jaenicke, Meine Mutter in mir. Die Erde berühren und Heilung erfahren, in: Intersein Nr. 30, Mai 2007, S. 20

67 Morgenthaler, Systemische Seelsorge, 2005, S. 114

68 Beck, Zen, 1996, S. 77

69 Dostojewski, Die Brüder Karamasow, Stuttgart: Parkland, 1975, S. 82

70 Dostojewski, Die Brüder Karamasow, S. 80 f.

71 Roy, A., Der Gott der kleinen Dinge, München: Blessing, 1997, S. 56

72 Tillich, Frage nach dem Unbedingten, 1964, S. 44

73 Dixon, Evangelisten des Marktes, 2000

74 Frankl, Psychotherapie für den Laien, 1992

75 Mingyur Rinpoche, Buddha und die Wissenschaft vom Glück, 2007; Bauer, Das Gedächtnis des Körpers, 2002; Siegel, Das achtsame Gehirn, 2007

76 Kabat-Zinn, Zur Besinnung kommen, 2006

77 Kabat-Zinn, ebd.

78 Allmen, Buddhismus, 2008

79 Siehe Heidenreich / Michalak, Achtsamkeit und Akzeptanz, 2006

80 Aus: Regenwörter, Gedichte, Stuttgart, Reclam, 1994, S. 84

81 Dogen Zenji, Shobogenzo, Bd. 2, 1989, 127

82 Hilde Domin, Zärtliche Nacht. Gesammelte Gedichte, 10. Auflage, Frankfurt a. M., S. Fischer, S. 215

83 Hanh, Einssein, 1991

84 Schulze, Erlebnisgesellschaft, 1996, S. 13

85 Zit. in: Die Geschichte der christlichen Spiritualität, 2002, S. 322

86 Aus: Frankfurter Anthologie. Gedichte und Interpretationen. Herausgegeben von Marcel Reich-Ranicki. Bd. 14, S. 139

87 Sogyal Rinpoche, Das Tibetische Buch vom Leben und Sterben, 2003; Chödrön, Wenn alles zusammenbricht, 2001; Neumann, Mittlere Sammlung, 1995; Zumwinkel, Mittlere Sammlung, 2001

88 Chödrön, Wenn alles zusammenbricht, 2001, S. 93

89 Hanh, Herz von Buddhas Lehre, 1999, S. 10 ff.

90 Aus: Sämtliche Gedichte, Stuttgart, Klett Cotta, 1998, S. 221

91 Siehe HYPERLINK „http://www.dharmaseed.org" www.dharmaseed.org. Hier kann man Vorträge vieler verschiedener Dharmalehrer – auf englisch – downloaden.

92 Aus: Paul Celan, Sprachgitter. Die Niemandsrose. Gedichte, Frankfurt a. M.: S. Fischer, S. 25

93 Aus: Hilde Domin, Gesammelte Gedichte, 10. Auflage, Frankfurt a. M., S. Fischer, S. 121

94 Pema Chördön beschreibt die Tonglen-Übung sehr anschaulich in ihrem gleichnamigen Büchlein: Chödrön, Tonglen, 2001

95 Die Geschichte der christlichen Spiritualität, 1992, S. 26, 135 ff., 149;

96 Aus: Thich Nhat Hanh, Nenne mich bei meinem wahren Namen, Gesammelte Gedichte, Berlin, Theseus, 1997

97 Ich folge damit dem Vorschlag von Sogal Rinpoche, Das tibetische Buch vom Leben und Sterben, 2003

98 Sogyal Rinpoche, ebd., S.260

99 Aus: Hilde Domin, Gesammelte Gedichte, 10. Auflage, Frankfurt a. M., S. Fischer, S. 294

100 Domin, Essays, 1992, S. 406

101 Tolle, Jetzt, 2002

102 Urs Widmer, Im Kongo. Zürich, Diogenes, 1996, S. 91

103 Golenam, Soziale Intelligenz, 2006; Emotionale Intelligenz, 2007

104 Hanh, Nenne mich bei meinem wahren Namen. Gesammelte Gedichte, Berlin, Theseus, 1997, S. 188

105 Hanh, Jeden Augenblick genießen, 2004, 28.

106 Siehe z.B Chödrön, Wenn alles zusammenbricht, 2001

107 Theodor Fontane: Überlass es der Zeit. In: Hartmut von Hentig: Meine deutschen Gedichte. Velber: Kallmeyersche Verlagsbuchhandlung 1999, 2. Aufl. 2001, S. 30

108 Boff, Logik des Herzens, 1999, S. 175

109 Hanh, Herz von Buddhas Lehre, 1999, S. 68 ff., Lexikon der östlichen Weisheitslehren, Smriti, S. 357

110 Schweitzer, Kultur und Ethik, 1990. S. 116

111 Schweitzer, Kultur und Ethik, 1990, S. 116

112 In der Bibel wird dieser Grundsatz bereits ähnlich formuliert, nur etwas einfacher. Die „goldene Regel" lautet: „Was du nicht willst, das man dir tu, das füg' auch keinem anderen zu!".

113 Ich habe versucht, die von Jürgen Habermas und Karl-Otto Apel begründete Diskursethik, die eine Weiterführung der kognitivistischen Ethik Kants ist, für die Soziale Arbeit fruchtbar zu machen. Diese Versuche scheinen mir heute unzureichend. (Pfeifer-Schaupp, Diskurs und Verantwortung, 1996; Jenseits der Familientherapie, 1997.)

114 Hanh, Die fünf Pfeiler der Weisheit, 2000; Fünf Wege zum Glück, 2005; Die fünf Achtsamkeitsübungen wurden 2009 neu überarbeitet. Der zitierte Text stammt aus Intersein 2/2009, S. 32 – 33

115 Die Geschichte der christlichen Spiritualität, 2002

116 Wikipedia: http://de.wikipedia.org/wiki/Ubuntu_(Philosophie), 8.8.2007

117 Laszlo, Systemtheorie als Weltanschauung, 1998, ders., Holos, 1998; Capra, Das Neue Denken, 1987; Sheldrake, Das schöpferische Universum,1999.

118 Goleman, Soziale Intelligenz, 2006, Emotionale Intelligenz, 2007

119 So übersetzt von Allmen treffend das Sanskritwort. Es geht weit über das hinaus, was im westlichen Denken unter „Geist" verstanden wird.

120 Hanh, Aufwachen, 2007, S. 55.

121 Z. B. de Waal, Wilde Diplomaten.1991; Der gute Affe. 1997; Der Affe in uns. 2006.

122 Chödrön, Wenn alles zusammenbricht, 2001

123 Allmen, Buddhismus, 2007

124 Weber, Spiritualität und Soziale Arbeit 2005.

125 Brecht, Bertolt, Sämtliche Stücke in einem Band. Frankfurt a. M., 4. Aufl., Suhrkamp, 1982, S. 639 f.

126 Kornfield, Frag den Buddha, 2000, S. 102.

127 Hanh, Aufwachen, 2007, S. 40

Literatur

Allmen, Fred von, *Buddhismus.* Stuttgart: Theseus, 2007.

Bauer, Joachim, *Das Gedächtnis des Körpers. Wie Beziehungen und Lebensstile unsere Gene steuern.* Frankfurt a. M.: Eichborn, 2002.

Beck, Joko, *Zen.* München: Knaur, 1996.

Boff, Leonardo, *Die Logik des Herzens. Wege zu neuer Achtsamkeit.* Düsseldorf: Patmos, 1999.

Buber, Martin, *Das dialogische Prinzip.* Heidelberg: Lambert Schneider, 1954, 5. Aufl. 1984.

Bucher, Anton, *Psychologie des Glücks. Ein Handbuch.* Weinheim, Basel: Beltz, 2009.

Campbell, P., McMahon, E., *BioSpiritualität. Glaube beginnt im Körper*, München: Claudius, 1992.

Capra, Fritjof, *Das neue Denken. Die Entstehung eines ganzheitlichen Weltbildes im Spannungsfeld zwischen Naturwissenschaft und Mystik.* Bern u. a.: Scherz, 1987.

Chödrön, Pema, *Wenn alles zusammenbricht. Hilfestellung für schwierige Zeiten.* München: Goldmann, 2001.

Chödrön, Pema, *Tonglen.* Freiamt: Arbor, 2001.

Ciompi, Luc, *Affektlogik.* Stuttgart: Klett Cotta, 1982.

Ciompi, Luc, „Man muss den Menschen lieben". Interview am 8. 12. 1991. In: *Sozialpsychiatrische Informationen* 23 (2), S. 22 – 26.

Csikszentmihalyi, Mihaly, *Lebe gut! Wie Sie das Beste aus Ihrem Leben machen.* Stuttgart, Klett Cotta, 2. Aufl. 1999.

Die Geschichte der christlichen Spiritualität. Zweitausend Jahre in Ost und West. Herausgegeben von Gordon Mursell, Stuttgart: Kreuz, 2002.

Dixon, Keith, *Die Evangelisten des Marktes. Die britischen Intellektuellen und der That-cherismus.* Konstanz: UVK, 2000.

Dogen Zenji, *Shobogenzo. Die Schatzkammer der Erkenntnis des Wahren Dharma.* 2 Bde., Zürich: Theseus, 2. Aufl. 1989.

Domin, Hilde, *Gesammelte Essays. Heimat in der Sprache.* München, Zürich: Piper, 1992.

Enomiya-Lasalle, Hugo, *Zen-Unterweisung.* München: Kösel, 1987.

Fengler, Jörg, *Helfen macht müde. Zur Analyse und Bewältigung vorn Burnout und beruflicher Deformation.* München: Pfeiffer, 7. Aufl. 2008.

Föllmi, Danielle & Föllmi, Oliver, *Die Weisheit des Buddhismus Tag für Tag*, o. O.: Knesebeck, o. J.

Frankl, Viktor E., *Psychotherapie für den Laien.* Freiburg: Herder, 1992.

Gendlin, Eugene T., *Focusing. Technik der Selbsthilfe bei der Lösung persönlicher Probleme.* Salzburg: Otto Müller, 1981.

Gendlin, Eugene T., *Focusing-orientierte Psychotherapie. Ein Handbuch der erlebens-bezogenen Methode.* München: Pfeiffer, 1998.

Goleman, Daniel, *Soziale Intelligenz.* München: Droemer, 2006.

Goleman, Daniel, *Emotionale Intelligenz.* München: DTV, 19. Aufl., 2007.

Hanh, Thich Nhat, *Ich pflanze ein Lächeln.* München: Goldmann / Arkana, 1991.

Hanh, Thich Nhat, *Einssein.* Zürich, München: Theseus, 1991.

Hanh, Thich Nhat, *Nenne mich bei meinem wahren Namen. Gesammelte Gedichte.* Berlin: Theseus 1997.

Hanh, Thich Nhat, *Das Herz von Buddhas Lehre.* Freiburg i.Br.: Herder, 2. Aufl. 1999.

Hanh, Thich Nhat, *Klar wie ein stiller Fluss.* Heidelberg: Kristkeitz, 1999.

Hanh, Thich Nhat, *Die fünf Pfeiler der Weisheit.* München: Knaur, 2000.

Hanh, Thich Nhat, *Aus Angst wird Mut. Grundlagen buddhistischer Psychologie.* Zürich, München: Theseus, 2003.

Hanh, Thich Nhat, *Jeden Augenblick genießen. Übungen zur Achtsamkeit.* Berlin: Theseus, 2004.

Hanh, Thich Nhat, *Wie Siddharta zum Buddha wurde. Eine Einführung in den Buddhis-mus.* München: DTV, 4. Aufl. 2004.

Hanh, Thich Nhat, *Fünf Wege zum Glück.* Berlin: Theseus, 2005.

Hanh, Thich Nhat, *Aufwachen zu dem, der du bist. Die Zen-Unterweisungen des Meisters Linji.* Frankfurt a. M.: Barth, 2009.

Heidenreich, Thomas, Johannes Michalak (Hrsg.), *Achtsamkeit und Akzeptanz in der Psychotherapie. Ein Handbuch*. Tübingen: Dgvt, 2. korr. Aufl. 2006.

Illich, Ivan, *Die Enteignung der Gesundheit*. Reinbek: Rowohlt, 1975.

Jäger, Willigis, *Suche nach Der Wahrheit. Wege – Hoffnungen – Lösungen*, Petersberg: Via Nova, 3. Aufl. 2002.

Johanson, Greg, Kurtz, Ron, *Sanfte Stärke. Heilung im Geiste des Tao te king*. München: Kösel, 1993.

Kabat-Zinn, Jon, *Zur Besinnung kommen. Die Weisheit der Sinne und der Sinn der Achtsamkeit in einer aus den Fugen geratenen Welt*. Freiamt: Arbor, 2006.

Kern, Peter, H.-G. Wittig, *Notwendige Bildung. Studien zur pädagogischen Anthropologie*. Bern, Frankfurt/M.: Peter Lang, 1985.

Kornfield, Jack, *Frag den Buddha und geh den Weg des Herzens*. München: Kösel, 5. Aufl. 2000.

Kornfield, Jack, *Das weise Herz. Die universalen Prinzipien buddhistischer Psychologie*. München: Arkana, 2008.

Kruse, Jan, *Arbeit und Ambivalenz. Die Professionalisierung Sozialer und Informatisierter Arbeit*. Bielefeld: Transcript, 2004.

Küng, Hans, *Projekt Weltethos*. München: Piper, 6. Aufl. 2001.

Laszlo, Ervin, *Systemtheorie als Weltanschauung. Eine ganzheitliche Vision für unsere Zeit*. München: Diederichs, 1998.

Laszlo, Ervin, *Holos – die Welt der neuen Wissenschaften*. Petersberg: Via Nova, 2003.

Lexikon der östlichen Weisheitslehren. Bern, München, Wien: O.W. Barth, 2001.

Mingyur Rinpoche, *Buddha und die Wissenschaft vom Glück*. München: Arkana, 2007.

Morgenthaler, Christoph, *Systemische Seelsorge*. Stuttgart: Kohlhammer, 4. Aufl. 2005.

Neumann, Karl Eugen, *Die Reden des Buddha. Mittlere Sammlung aus dem Pali Kanon übersetzt*. Herrnschrot: Beyerlein-Steinschulte, 1995

Painadath, Sebastian, *Der Geist reißt Mauern nieder. Die Erneuerung unseres Glaubens durch interreligiösen Dialog*. München: Kösel, 2. Aufl. 2004.

Pfeifer-Schaupp, Ulrich, Angenommen, Sozialarbeit würde Spaß machen – Über die Nützlichkeit systemischer Konzepte in der Sozialarbeit. *Sozialmagazin* 16, 7/8 1991, S. 34–45.

Pfeifer-Schaupp, Ulrich, *Jenseits der Familientherapie. Systemische Konzepte in der Sozialen Arbeit*. Freiburg i.Br.: Lambertus, 2. Aufl. 1997.

Pfeifer-Schaupp, Ulrich, *Helfen sollen und Hilfe annehmen müssen. Eine qualitative Studie zum Alltag sozialpsychiatrischer Beratung.* Freiburg i.Br.: Lambertus, 1999.

Pfeifer-Schaupp, Ulrich, Diskurs und Verantwortung in Beratung und Therapie. Ein Plädoyer zur Rehabilitierung der Vernunft in der systemisch-konstruktivistischen Praxis. *Zeitschrift für systemische Therapie* 14 (1), 1996, S. 33 – 46.

Pfeifer-Schaupp, Ulrich, Im Westen was Neues? Grundprinzipien und Entwicklungs-linien systemischer Praxis. In: Pfeifer-Schaupp, U. (Hg.) (2002): *Systemische Praxis. Modelle – Konzepte – Perspektiven.* Freiburg i. Br.: Lambertus, 2002.

Pfeifer-Schaupp, Ulrich, Globalisierung *und Soziale Arbeit.* Hamburg: VSA, 2005.

Pfeifer-Schaupp, Ulrich, Achtsamkeitsbasierte Kontaktarbeit – Prä.Therapie in der Altenpflege. Person. *Internationale Zeitschrift für Personzentrierte und Experientielle Psychotherapie und Beratung,* 13. Jg., 1/2009, S. 14 – 24

Pines, Ayala M., Aronson, Elliot & Kaffry, Ditsa, *Ausgebrannt. Vom Überdruss zur Selbstentfaltung.* Stuttgart: Klett Cotta, 10. Aufl. 2007.

Reps, Paul, *Ohne Worte – ohne Schweigen. 101 Zen-Geschichten aus vier Jahrtausenden.* Frankfurt a. M.: O.W. Barth, 5. Aufl. 1985.

Rogers, C.R., Meine Beschreibung einer personenzentrierten Haltung. *Zeitschrift für personenzentrierte Psychotherapie und Psychologie* 4, S. 75 – 77, 1983.

Rogers, Carl R., *Die Kraft des Guten.* München: Fischer, 1988.

Rogers, Carl R., *Therapeut und Klient.* Frankfurt a. M.: Fischer, 1992.

Santorelli, Saki, *Zerbrochen und doch ganz. Die heilende Kraft der Achtsamkeit.* Freiamt: Arbor, 2009.

Schmidbauer, Wolfgang, *Hilflose Helfer. Über die seelische Problematik der helfenden Berufe.* Reinbek: Rowohlt, 1998.

Schulze, G., *Die Erlebnisgesellschaft. Kultursoziologie der Gegenwart.* Frankfurt a. M.: Campus, 6. Aufl. 1996.

Schweitzer, Albert, *Kultur und Ethik.* München: Beck, 1990.

Seitz, Rudolf, *Was ist der Weg – er liegt vor deinen Augen: Zen-Meditation in japanischen Gärten.* München: Kösel, 1985.

Sheldrake, Rupert, *Das schöpferische Universum. Die Theorie des morphogenetischen Feldes.* Berlin: Ullstein, 1999.

Siegel, Daniel, *Das achtsame Gehirn.* Freiamt: Arbor, 2007.

Sölle, Dorothee, *Mystik und Widerstand.* München: Piper, 8. Aufl. 2006.

Sogyal, Rinpoche, *Das Tibetische Buch vom Leben und Sterben. Ein Schlüssel zum tieferen Verständnis von Leben und Tod.* Bern: Scherz, 2003.

Steffensky, Fulbert, *Schwarzbrot-Spiritualität*. Stuttgart: Radius, 2005.

Steindl-Rast, David, *Die Achtsamkeit des Herzens. Ein Leben in Kontemplation*. München: Goldmann, 1997.

Tillich, Paul, *Die Frage nach dem Unbedingten. Schriften zur Religionsphilosophie*. Ges. Werke, Bd. V, Stuttgart: Ev. Verlagswerk, 1964.

Tillich, Paul, *Das Christentum und die Begegnung der Weltreligionen*. Stuttgart: Ev. Verlagswerk, 1964.

Tolle, Eckhart, *JETZT! Die Kraft der Gegenwart. Ein Leitfaden zum spirituellen Erwachen*, Bielefeld: Kamphausen Verlag, 2002.

Villinger, Ulrike, Die unsichtbare Seite der Pflege. Qualitätsmerkmale psychiatrischer Pflege auf einer Station. *Mabuse* Nr. 117, 24. Jg., S. 35 – 38, 1999.

de Waal, Frans, *Wilde Diplomaten. Versöhnung und Entspannungspolitik bei Affen und Menschen*. München, Wien: Carl Hanser, 1991.

de Waal, Frans, *Der gute Affe. Der Ursprung von Recht und Unrecht bei Menschen und anderen Tieren*. München: DTV, 1997.

de Waal, Frans, *Der Affe in uns. Warum wir sind, wie wir sind*. München, Wien: Carl Hanser, 2006.

Weber, Joachim, *Spiritualität und Soziale Arbeit*, Münster: LIT, 2005.

Weisheit der Indianer. Ausgewählt und übertragen von Käthe und Georg Bydlinsky. Wien, Freiburg, Basel: Herder, 14. Auflage 1986.

Wilber, Ken, *Das Spektrum des Bewusstseins. Eine Synthese östlicher und westlicher Psychologie*. Reinbek: Rowohlt, 1991.

Wilber, K., *Das Wahre, Schöne, Gute. Geist und Kultur im 3. Jahrtausend*. Frankfurt a. M.: Wolfgang Krüger, 1999.

Zumwinkel, Kai, *Die Lehrreden des Buddha aus der mittleren Sammlung (Majjhima Nikája)*, 3 Bände. Uttenbühl: Jhana-Verlag.

Nachweise der Gedichte

Rose Ausländer, *Wachsen dürfen*. Aus: dies., Im Aschenregen die Spur deines Namens: Gedichte und Prosa 1976. © 1984 S. Fischer Verlag GmbH, Frankfurt am Main

Gottfried Benn, *Abschied*. Aus: Statische Gedichte. Hg. von Paul Raabe. © 1948, 2006 Arche Literatur Verlag AG, Zürich-Hamburg

Bertolt Brecht, *Alles wandelt sich*. Aus: Große kommentierte Berliner und Frankfurter Ausgabe, Band 15. © 1993 Suhrkamp Verlag, Frankfurt am Main

Hilde Domin, *Zärtliche Nacht*. Aus: dies., Gesammelte Gedichte. ©1987 S. Fischer Verlag GmbH, Frankfurt am Main

Hilde Domin, *Haus ohne Fenster*. Aus: dies., Gesammelte Gedichte. ©1987 S. Fischer Verlag GmbH, Frankfurt am Main

Hilde Domin, *Nicht müde werden*. Aus: dies., Gesammelte Gedichte. ©1987 S. Fischer Verlag GmbH, Frankfurt am Main

Hilde Domin, *Laß uns landeinwärts gehen*. Letzte Strophe aus: Hilde Domin, Bau mir ein Haus. In: dies., Gesammelte Gedichte. ©1987 S. Fischer Verlag GmbH, Frankfurt am Main

Ricarda Huch, *Nicht alle Schmerzen*. Aus: Liebesgedichte. © 1958 Insel Verlag Frankfurt am Main und Leipzig

Thich Nhat Hanh, *Ich pflanze ein Lächeln*. Aus: Die Wege der Achtsamkeit. © 1992 Arkana Verlag, München in der Verlagsgruppe Random House GmbH; Übersetzung: Jürgen Saupe

Thich Nhat Hanh, *Vierundzwanzig brandneue Stunden / Gehmeditation / Einssein*. Aus: Nenne mich bei meinem wahren Namen. © 1999 Unified Buddhist Church

Adressen
Praxis der Achtsamkeit

Europäisches Institut für angewandten Buddhismus (EIAB)
Schaumburgweg 3
51545 Waldbröl
Tel. 02291 9071373
E-Mail: info@eiab.eu
Homepage: www.eiab.eu
(Kurse und Retreats in der Zen-Tradition von Thich Nhat Hanh)

Sonnenhof
Verein für spirituelle Wege e.V.
Holzinshaus 1
79677 Aitern
Tel. 07673 372
E-Mail: sonnenhof-holzinshaus@t-online.de
Homepage: www.sonnenhof-holzinshaus.de
(Zen in der japanischen Sanbo-Kyodan-Tradition
und christliche Kontemplation)

Dank

„Ich besitze kein getrenntes Selbst, sondern bin Teil eines Lebensstromes von spirituellen und leiblichen Vorfahren und Nachkommen, der seit Tausenden von Jahren in der Vergangenheit fließt und der in Tausenden von Jahren in der Zukunft fließen wird. Meine Vorfahren und Nachkommen sind in mir gegenwärtig." Das ist eine der wundervollen Übungen von Thich Nhat Hanh, dessen Weisheit und Liebe mich tief geprägt haben und mich immer wieder neu inspirieren. Ihm gilt mein besonderer Dank. Seine einfachen und doch so tiefgründigen Lehren sind, so hoffe ich, auf jeder Seite dieses Buches spürbar. Er hat tatsächlich ein Lächeln gepflanzt.

Alles was an diesem Buch nützlich und hilfreich sein mag, verdanke ich diesem Strom von Vorfahren der Erde, des Landes, der leiblichen und der spirituellen Familie. Ich bin vielen Menschen dankbar, die meine Lehrerinnen und Lehrer waren und sind:

meinem Vater, dessen Leben und Tod mir Ansporn waren bei der Suche nach dem, was der menschliche Geist ist und was ihn nährt und heilt; meiner Mutter, die den Samen der Spiritualität gesät hat, deren Leidenschaft das Helfen war und die sich jetzt, am Ende ihres Lebens, in einer noch größeren Kunst üben muss: sich helfen zu lassen; Hanne, die mir eine wundervolle Partnerin ist, mich Liebe und Mitgefühl lehrt, mir eine Lehrerin des Gewahr-Seins im Haushalt und im Familienalltag ist und die das Manuskript in verschiedenen Stadien der Entstehung gelesen, kommentiert und mit ihrer Kritik zur Verbesserung beigetragen hat; meinen Kindern Simon und Julia, über deren Wege ich mich freue und die mich vor allem das Nicht-Helfen und das Lassen lehrten; dass Simon mit dem Text des Manuskripts etwas anfangen konnte, obwohl seine Welt eine ganz andere ist, hat mich besonders ermutigt;

meiner Schwester Regine, die mir vorlebt, dass man auch die Arbeit mit sehr schwierigen Klientinnen und Klienten glücklich und zufrieden tun kann, wenn man den Weg der Achtsamkeit geht, und die aus ihrer Praxis viele wichtige Anregungen zum Text gab; Rico Mark, meinem unnachahmlichen Zen-Lehrer, dessen Güte und Humor mich ermutigen und dessen Begleitung es ermöglicht, auch auf steilen Pfaden zu gehen, ohne abzustürzen; meiner Sangha in Freiburg, die eine wirkliche Zuflucht ist; Thay Phap Y, der mich auf dem Weg der vierzehn Achtsamkeitsübungen begleitete; meiner Männergruppe, die mich schon so viele Jahre stärkt, in Frage stellt und ermutigt; Daniela Tausch, die mich in der Sterbemeditation zum ersten Mal den Weg zum Licht erfahren ließ, den ich seither viele Male allein und mit anderen gegangen bin; von Daniela lernte ich auch, dass Yoga vor allem heißt, liebevoll mit sich selbst umzugehen; Eugene Gendlin, der mir in seinen Focusing-Seminaren die Kunst vermittelte, die Botschaften des eigenen Körpers achtsam zu hören und zu verstehen; Markus Weitbrecht, der mich bis in die ersten Ursprünge und zur „Neu-Geburt" begleitet hat; Katharina Kleissle, mit deren Hilfe es mir gelang, die eingefrorenen Gefühle auftauen zu lassen; Roger Schutz, der mir in Taizé den Weg vom Wissen zur Erfahrung und vom Reden zum Schweigen wies; Sebastian Painadath SJ, der die achtsame Begegnung der Religionen Wirklichkeit werden lässt und der mir ein leuchtendes Beispiel ist, die verschiedenen Wege zu achten; vielen, vielen Klientinnen und Klienten, Studentinnen und Studenten, Seminarteilnehmern und Supervisanden, denen ich zugehört und von denen ich unendlich viel über die Kunst des Helfens und des Nicht-Helfens gelernt habe; sie haben mit ihren Erfahrungen dieses Buch mitgeschrieben.

Viele Menschen haben mich „nur" durch Bücher, Filme oder Tonaufnahmen inspiriert und geprägt. Trotzdem sind sie mir sehr nahe, als sei ich ihnen viele Male „wirklich" begegnet. Von den vielen nenne ich nur drei: Carl Rogers, der mich das Zuhören mit dem Herzen lehrte, Elisabeth Kübler-Ross, von der ich gelernt habe, dass der Tod kein Feind sein muss, und Jack Kornfield, dessen Dharmavorträge mich so oft – vor allem vor dem Einschlafen – inspirieren.

Rodney Smith, der Hospiz-Helfer und buddhistische Meditationslehrer, hat mir mit einem Workshop über „die Kunst des Lebens und Sterbens" den Anstoß gegeben, dieses Buch zu schreiben. Seine erfrischende, lebendige, einfache Art, über die tiefsten Dinge des Lebens zu sprechen, hat mich ermutigt, ein sehr persönliches Buch zu schreiben.

Für die aufmerksame und sorgfältige Korrektur des Manuskripts und viele hilfreiche Anregungen danke ich herzlich Lisa Wagner. Die Rückmeldungen von Ursula Deinhart, Johanna Hermes, Björn Kraus und Juliane Weerenbeck haben viel dazu beigetragen, dass der Text „realitätsnäher" wurde. Herzlichen Dank!

Über den Autor

Ulrich Pfeifer-Schaupp wurde 1955 im Nordschwarzwald geboren und lebt mit seiner Frau in Freiburg i.Br. Seine beiden Kinder sind erwachsen und gehen inzwischen eigene Wege. Er praktiziert seit 1985 Zen und Achtsamkeits-Meditation.

Das Studium der Verwaltungswirtschaft hat er zwar abgeschlossen, sich aber danach entschieden, das Helfen zu seinem Beruf zu machen. Er studierte Soziale Arbeit und Erziehungswissenschaft und ist Systemischer Therapeut und Supervisor. 16 Jahre lang war er in verschiedenen Feldern der Sozialen Arbeit praktisch tätig, u. a. in der Beratung und Begleitung von psychisch erkrankten Menschen, in der Bezirkssozialarbeit und in der Arbeit mit Flüchtlingen.

Nach der Promotion an der Eberhard-Karls-Universität in Tübingen übernahm er 1999 eine Professur für Sozialarbeitswissenschaft an der Evang. Hochschule für Soziale Arbeit in Freiburg i.Br. Dort lehrt er Sozialpsychiatrie, Systemische Beratung, Achtsamkeit und Buddhismus. Bei seinen Versuchen, Studierenden die Bedeutung der Achtsamkeit für das Helfen nahezubringen, ist er immer wieder überrascht, wie offen und dankbar sie dafür sind. Er forscht u. a. zur Bedeutung von Achtsamkeit in der Kommunikation mit schwer dementen Menschen und ist freiberuflich tätig im Bereich Systemische Beratung, Weiterbildung und Supervision. Er leitet das Freiburger Institut für Systemische Therapie, Beratung und Supervision.

Weitere Literatur aus dem Arbor Verlag

Karen Kissel Wegela

Die Kunst, wirklich zu helfen

So nutzen Sie Achtsamkeit und mitfühlende Präsenz,
um anderen zu helfen, sie zu unterstützen und zu ermutigen

Unser Partner steckt nach dem Jobverlust in der Krise. Die Tochter
erlebt den ersten Liebeskummer. Der Klient leidet an einer chronischen
Depression. Wir erleben Menschen in Not und möchten helfen – aber
wie? Manch einer wird da zum „hilflosen Helfer". Dabei können wir
alle lernen, wie man sich anderen einfühlsam zuwendet, besser zuhört
und besonnener handelt.
Die Kunst, wirklich zu helfen basiert auf einer grundlegenden Einsicht:
Wer mit seiner eigenen Trauer, Angst oder Wut nicht im Reinen ist,
wird mit solchen Gefühlen auch bei seinen Mitmenschen nicht umgehen können. Lernen wir, mit uns selbst liebevoll, achtsam und präsent
in jedem Augenblick zu sein, wird unser Gegenüber das spüren und
sich von uns getragen fühlen. Die größte Herausforderung besteht
nicht darin, sein Problem korrekt zu analysieren, sondern darin, mit
ihm „in Schmerz und Bedrängnis anwesend zu sein".
Karen Kissel Wegela baut mit ihrem Ansatz der „kontemplativen
Psychotherapie" eine Brücke zwischen Ost und West. Ihr Heilmittel
ist das bedingungslose Ja zu uns selbst. Wer das verstanden hat, wird
aufhören, an sich und anderen „herumzudoktern". Die radikalste Veränderung geschieht, wenn wir nicht mehr krampfhaft versuchen, uns
zu verändern.

ISBN 978-3-86781-073-9

Bob Stahl & Elisha Goldstein

Stressbewältigung durch Achtsamkeit

Das MBSR-Praxisbuch

Stress und Schmerzen sind im täglichen Leben fast unvermeidbar, sie sind Teil unseres menschlichen Seins. Doch Stress führt oftmals dazu, dass wir uns gereizt, angespannt, überwältigt und ausgebrannt fühlen.
Es geht auch anders!
Lernen Sie in Stressbewältigung durch Achtsamkeit, wie Sie ungesunde Gewohnheitsmuster durch achtsame Gewohnheiten ersetzen können – eine Fähigkeit, die Sie ein Leben lang begleiten kann. Der Schlüssel zur Wahrung der Balance liegt darin, auf Belastungen nicht mit Frustration und Selbstkritik zu reagieren, sondern mit einem achtsamen nicht-urteilenden Gewahrsein unseres Körpers und der Aktivitäten unseres Geistes. Unmöglich? Tatsächlich ist es viel einfacher, als es scheint!

Mit einem Vorwort von Jon Kabat-Zinn

ISBN 978-3-86781-017-3

Rick Hanson mit Richard Mendius

Das Gehirn eines Buddha

Die angewandte Neurowissenschaft
von Glück, Liebe und Weisheit

Das Gehirn eines Buddha weist uns wirksame Wege, wie wir Liebe, Weisheit und wahres Glück in unserem Leben erfahren können, und erklärt uns auch physiologisch, wie und warum das funktioniert.

Der Strom unserer Gedanken formt unser Gehirn und vermag uns so, neue Möglichkeiten, Handlungsräume und Gefühlswelten zu eröffnen – oder auch zu verschließen. Demgemäß lautet die grundlegende Botschaft aktueller neurobiologischer Forschung: „Indem du dein Gehirn verändern kannst, kannst du dein Leben ändern."

Gestützt auf jüngste Forschungsergebnisse zeigt uns *Das Gehirn eines Buddha* auf, wie wir unser Gehirn stimulieren und stärken können, um zu erfüllenderen Beziehungen und zu einem stärkeren Gefühl von innerem Vertrauen und Wert zu finden.

ISBN 978-3-86781-025-8

Bonnie Badenoch

Gehirn und Psyche

Interpersonelle Neurobiologie als Grundlage
einer erfolgreichen therapeutischen Praxis

Gehirn und Psyche integriert die wissenschaftlichen Grundlagen inter-
personeller Neurobiologie in die Kunst der Psychotherapie.
Indem sie Fortschritte der Neurowissenschaften in klinische Anwen-
dungen übersetzt, gelingt es Bonnie Badenoch, in enormer Dichte
Neurowissenschaften und Psychotherapie geradezu miteinander zu
verweben.
Ein Buch, das für eine wissenschaftlich fundierte Langzeit-Psycho-
therapie plädiert und neueste Erkenntnisse der Neurowissenschaften
in die tägliche Praxis des Therapeuten trägt.

Mit einem Vorwort von Daniel Siegel – Autor von *Das achtsame
Gehirn* und Begründer der Interpersonellen Neurobiologie.

ISBN 978-3-86781-010-4

Jon Kabat-Zinn

Zur Besinnung kommen

Die Weisheit der Sinne und der Sinn der Achtsamkeit in einer aus den
Fugen geratenen Welt

Unsere Gesundheit und unser Wohlergehen stehen auf dem Spiel, wenn
es uns nicht gelingt, in dieser aus den Fugen geratenen Welt wieder zur
Besinnung zu kommen, als Individuen und als menschliche Gemeinschaft.
Dies ist die zentrale These des bekannten Verhaltensmediziners und
Meditationslehrers Prof. Dr. Jon Kabat-Zinn, dessen Programm der
„Stressbewältigung durch die Praxis der Achtsamkeit" (MBSR) weltweit in
immer mehr Universitätskliniken, Krankenhäusern, Gesundheitszentren,
aber auch in wirtschaftlichen und politischen Institutionen erfolgreich
praktiziert wird.
Wir haben weitgehend den Kontakt verloren zur wahren Wirklichkeit
dessen, was wir in unserer Tiefe und in allen unseren Möglichkeiten sind;
ebenso zu unserem Körper und zu den „Körperschaften" unserer gesellschaftlichen und politischen Institutionen. Diese Entfremdung von dem,
was wirklich ist, macht uns und unsere Gesellschaft auf die Dauer krank.
Das Tor, durch das wir erneuten Zugang zu unserem inneren Potential, zu
unserem Körper, unseren Gefühlen, unseren Mitmenschen und unseren
Organisationen gewinnen können, ist das unserer Sinne – und zu denen
zählt der Autor aus buddhistischer Sicht auch den denkenden Geist.
Der Königsweg zu dieser Belebung der Weisheit der Sinne ist die Achtsamkeit. Ihre heilsame Kraft ist in der buddhistischen Meditationspraxis
seit zweieinhalb Jahrtausenden erforscht, erprobt und angewendet worden.
Dieses Buch zeigt, wie wir mit Hilfe dieser Praxis wieder zur Besinnung
kommen und mit allen Sinnen zu einem gesunden und erfüllten Leben
in der Gemeinschaft finden können.

ISBN 978-3-936855-82-1

www.arbor-verlag.de

Online finden Sie umfangreiche Leseproben
aller unserer Bücher, unseren versand-
kostenfreien Bestellservice sowie unseren
kostenlosen Newsletter.

Arbor Verlag • 79111 Freiburg • Tel. 0761. 401 409 30 • info@arbor-verlag.de